江苏省教育科学“十四五”规划课题“幼儿深度学习取向的幼儿园生成课程的实践研究”（批准号：D/2021/4/28）成果
扬州市社科联重大课题资助出版项目
扬州大学出版基金资助

幼儿深度学习生成课程的实践研究

黄爱铭 著

江苏大学出版社
JIANGSU UNIVERSITY PRESS
镇 江

图书在版编目（CIP）数据

幼儿深度学习生成课程的实践研究 / 黄爱铭著. --
镇江：江苏大学出版社，2022. 11
ISBN 978-7-5684-1539-2

Ⅰ. ①幼… Ⅱ. ①黄… Ⅲ. ①学前教育-教学研究
Ⅳ. ①G612

中国版本图书馆 CIP 数据核字（2022）第 136644 号

幼儿深度学习生成课程的实践研究
You'er Shendu Xuexi Shengcheng Kecheng De Shijian Yanjiu

著　　者/黄爱铭
责任编辑/夏　冰
出版发行/江苏大学出版社
地　　址/江苏省镇江市京口区学府路 301 号（邮编：212013）
电　　话/0511-84446464（传真）
网　　址/http://press.ujs.edu.cn
排　　版/镇江文苑制版印刷有限责任公司
印　　刷/镇江文苑制版印刷有限责任公司
开　　本/710 mm×1 000 mm　1/16
印　　张/19
字　　数/346 千字
版　　次/2022 年 11 月第 1 版
印　　次/2022 年 11 月第 1 次印刷
书　　号/ISBN 978-7-5684-1539-2
定　　价/60. 00 元

目 录

第一章 基本概述：深度学习与生成课程双向融合

第一节 研究背景与意义

一、研究背景

（一）“生成课程”是幼儿园课程改革的内在需求

在我国基础教育课程改革的背景下，以重视预设为主的教学活动阻碍了教师教学的发展与创新。传统的教学模式往往只关注教师预先设定的教学计划和方案，教师大多只关心如何教，而没有关注幼儿的需要和感受。预设的课程确实有可取之处，它的目标较为清晰，也能为教师实施教学导航，但使教师的教学缺少了灵活性。近年来，随着基础教育课改的不断发展和推进，“生成课程”已不再是一个陌生的词汇，在教育发达地区，越来越多的教师开始主动探索如何生成课程。当下的幼儿园课程改革明确提出“以幼儿发展为本”的思想，教育要体现尊重幼儿的理念，以幼儿为主体，教师设计活动也要以幼儿的实际情况为先。在实际的教学中，教师如何设计活动、以何种形式实施活动都没有硬性指标，这就赋予了教师生成课程的时间和空间。因此，“生成课程”成为幼儿园课程改革、观察“以幼儿发展为理念”的内在需求。

（二）教师生成课程是《幼儿园教育指导纲要（试行）》的要求

我国学前教育的不断改革和进步，对于幼儿园教师的专业发展也有了更高的要求，他们需要具备新的课程能力，如组织教材的能力、开发课程的能力，以及随机在活动中生成课程的能力等。2016 年颁布的《幼儿园教育指导纲要（试行）》（以下简称《纲要》）提出要重视幼儿的兴趣，将预设课程和生成课程进行融合。《纲要》还对课程进行了新的定义，指出课程应该包含幼儿的所有日常活动，如生活、运动、游戏等，教师应该根据幼儿具体情况对其进行有情境的随机教育。幼儿实际的学习是综合的、整体的，幼儿园教育内容范畴的划分是相对的，教育过程中应依据幼儿的学习特点进行整合处理，以使幼儿通过真实而有意义的活动生动、活泼、主动地学习，获得完整的经验，促进身心全面和谐的发展。这就要求教师对幼儿的具体情况进行价值判断，把握各种教育契机，生成合适的课程，让幼儿从中获得有益的经验。

（三）深度学习对幼儿终身发展具有重要的影响

人类社会从农耕文明发展到信息化时代，社会变迁促使人们由浅层学习方式如记忆、模仿等，走向更加有意义、有深度的学习方式。为此，联合国教科文组织指出，21 世纪的教育应从认知层面、做事层面、共同生活及生存层面确定目标。构建学习型社会，进入人力资源强国行列是我国教育的战略目标。学前教育具有基础性、先导性的作用，是基础教育的重要组成部分，也是终身教育的奠基阶段，良好的学前教育可使幼儿有一个良好的开端，以利于后续教育的开始，因此，全社会都应开始关注如何帮助幼儿形成良好的学习品质，为其一生的发展奠定基础。我国在《3～6 岁儿童学习与发展指南》（以下简称《指南》）中倡导，幼儿园要重视幼儿的学习品质，要保护幼儿的好奇心和求知欲，尊重幼儿的学习兴趣，帮助幼儿逐步养成积极主动、认真专注、不怕困难、敢于探究和尝试、乐于想象和创造等良好的学习品质。我国台湾地区在《幼儿园教保活动课程暂行大纲》中也明确指出，要培养幼儿的觉知辨识、表达沟通、关怀合作、推理赏析、想象创造和自主管理六大能力。当幼儿处于深度学习状态时，他们会积极主动地与外界环境相互作用，通过不断地同化与顺应解决实际问题，从而使自身的学习品质诸如观点采择、积极主动性、反思与批判性不断地获得发展，因此时代的发展与进步呼唤着幼儿的深度学习。

深度学习顺应了正确的儿童观。儿童观是指成人如何看待和对待儿童观点的总和，我国教育界主流的儿童观主要有以下几种：第一，儿童的发展是在主体和客体相互作用下的主动的发展；第二，儿童本身具有巨大的发展潜力，在适当的环境与教育中，儿童的潜力有可能获得最大限度地发展；第三，儿童是通过活动来发展的，在对物体的操作过程中获得发展；第四，每个儿童都是独特的个体，他们的发展水平、发展速度、爱好和兴趣不同。深度学习是以建构主义理论、元认知理论、情境认知理论、分布认知理论为基础，强调发展儿童的主动性、关注幼儿与环境的互动，因而，深度学习与正确的儿童观不谋而合，对儿童终身发展有重要的价值。

二、研究意义

（一）理论价值

本书通过梳理幼儿生成课程实践和深度学习的相关理论，丰富学前教育领域中关于幼儿深度学习的研究，为幼儿深度学习中生成课程的开展提供了一定的理论依据。

（二）实践价值

本研究旨在加深幼儿教师对幼儿生成课程的实践及幼儿深度学习重要性的认识，引导幼儿教师在深度学习理论的指引下进行生成课程的有效开展，以幼儿为原点细化形成衍生的子课题，完成实践研究，形成科研论文；对现有课程进行补充和完善，优化生成幼儿爱学、乐学、会学、自学的生成课程；构建以幼儿为本的师幼合作、同伴合作的学习共同体，提升课程实施质量，为深度学习与生成课程的有机结合提供实施范式。

（三）研究创新

我们在搜集资料的过程中发现，很多学者已经开始注意到学前教育领域中幼儿深度学习的重要性，但关于深度学习和幼儿生成课程实践整合的研究较少。因此，本书在已有研究的基础上，将深度学习与生成课程实践相结合，创新了深度学习的研究方向，为幼儿生成课程实践活动的开展与实施提供具体的可操作性的建议，为相关领域的研究者和实践者提供参考。

第二节　国内研究综述

在国内，有关深度学习的研究起步较晚。上海师范大学黎加厚教授曾率先对深度学习展开论述，他指出深度学习是有机体在剖析与批判的前提条件下获取新信息与知识，从而让原有认知结构获得扩充与丰富，并在问题解决情境中联系原有经验、应用原有经验进行决策和解决问题的学习。

在国内，诸多学者对深度学习和浅层学习之间的差异做出过详细的论述。张浩和吴秀娟通过分析两类学习方式在认知层面、元认知层面、幼儿动机层面等方面的差异，得出深度学习的五大特征分别为整合孤立零散的知识信息、强调批判性思维能力、重建认知体系、迁移运用、面向问题解决，并强调五大特征是相互联系、相互促进的统一整体。段金菊指出深度学习是幼儿在学习过程中在投入较多积极情感的基础上通过批判性思考、反思形成复杂的认知结构，真正吸收理解概念。安富海则认为深度学习具有以下四个特征：第一，批判地学习信息知识；第二，将孤立、零散的知识加以整合；第三，建构与反思学习过程；第四，重视迁移与运用学习经验。

通过整理国内关于“深度学习”与“幼儿”相关的文献得知，幼儿教育中有关深度学习的研究寥寥无几。最早在学前教育阶段提出深度学习的是北京师范大学冯晓霞教授，她论证了在学前教育阶段也可以进行深度学习，并从游戏环境、游戏时空、游戏与教学联系、教师指导方法角度提出了在区域活动中促进深度学习的四点建议。汪宁馨根据布卢姆的教育目标分类法，对教师的言语指向深度学习的程度进行质性和量化分析，得出三个结论：第一，教师的言语指向运用维度较多，指向其他深度学习维度较少；第二，从各类知识方面看，教师指向事实性知识和程序性知识较多，概念性知识次之，对反省认知知识的关注最少；第三，同一主题下的三次建构活动中，教师指向幼儿深度学习的言语指导频率逐次递增。仇雅琳提出了区域活动中幼儿深度学习存在的问题及影响因素，进而从环境和教师支持的角度提出了促进幼儿深度学习的具体策略。

一、生成课程相关研究

随着人们对幼儿主体性认识的提高，以及对过度关注课程计划的传统教学模式的批判，生成课程的理念也应运而生。“生成”是一个相对于“预设”和“既定”的概念，在《辞海》中的解释是“自然形成”。

国内很多学者都持以下观点，认为生成课程是在师幼互动的过程中，教师根据幼儿的兴趣、需要等，灵活把握、随机生成的过程。在我国台湾地区有“萌发课程”，意思与“生成课程”相近，为“逐渐萌芽发展，而不是事先预定”。“主张由教师观察儿童偶发的兴趣，或是儿童的切身生活经验，以及儿童周围的环境特色，从中找出对儿童有意义的人、事、物，再据此布置教室的情境，准备可用的丰富材料，从儿童每天的走向决定下一步学习活动与内容。”

我国对“生成课程”的理解以《上海市学前教育课程指南》最为详细，认为是“幼儿依据自己的兴趣、经验和需要，在与环境和他人交互作用中自主产生的活动”；“也指教师在幼儿游戏与其他活动中发现一些有意义的活动，及时介入进行随机教育，或者对该活动加以进一步的充实和扩展”。北京师范大学冯晓霞教授认为：生成课程是在师幼互动过程中，通过教育者对儿童的需要和感兴趣的事物的价值判断，不断调整活动，以促进儿童更加有效学习的课程发展过程，也是一个动态的师生共同学习与建构对世界、对他人、对自己的态度和认识的过程。曹华的《对幼儿园生成课程的思考》、夏如波的《幼儿园生成课程实施策略的研究》、吴亚梅的《精彩来自未曾预设的生成》、李晓峰和白彦茹的《论课程理解的过程理想》、杜丽的《浅谈生成课程》等从生成课程的主体——教师与幼儿，以及幼儿的兴趣、教师的支持等多个方面阐释了对生成课程的广义理解。

通过以上综述，课题组认为生成课程是以幼儿为中心的课程，是能够良好地促进幼儿进行深度学习的一种课程方式。

（一）生成课程的基本理念

生成课程概念出现的历史虽然不长，但有关生成课程的思想和理念其实早已有之。国外对生成课程的研究起步较早，研究的历史相对较长，从杜威的教育即生成到斯滕豪斯的“生成性”目标取向的课程，再到伊丽莎白·琼斯第一次使用生成课程一词，是一个持续的过程，这些都对生成课程的提出和研究起到了积极的推动作用。他们的理念中都阐释了对儿童主体性的认识、注重活动的过程、幼儿身边的偶发事件等。

在国内，生成课程的理念其实也早已存在，但直到 20 世纪 90 年代末才出现一些理论层面的文章。早期的有 20 世纪 30 年代的陶行知、陈鹤琴等人的实践研究，近期的有 20 世纪 90 年代冯晓霞等人陆续地介绍引进与实践探索，彰显生成课程思想在我国幼儿教育中的生命力。

陶行知的“生活教育”理论主张生活即教育，社会即学校，教学做合一。他认为：“生活教育是生活所原有，生活所自营，生活所必需的教育。教育的根本意义是生活之变化。生活无时不变，即生活无时不含有教育的意义。”从陶行知的思想中可以看出，他认为课程的内容并不是固定的，需要源于生活、源于幼儿的兴趣等。陈鹤琴所倡导的“活教育”，主张幼儿园课程应以大自然、大社会为中心，幼儿园课程的组织形式应该是综合的，提倡“整个教学法”。从陈鹤琴的思想可以看出，他认识到幼儿喜欢大自然、热爱大自然，课程的内容也应源于自然。张雪门在《行为课程》的研究中认为，幼儿园课程应从生活中来，在生活中展开，在生活中结束。他曾精辟地概括道：“我说这份课程包括了工作、游戏、音乐、故事等材料，也和一般的课程一样，然而这份课程，完全依据于生活：它从生活中来，从生活中展开，从生活中而结束。不像一般的完全局限于教材的活动。”他们的主张中都体现了教育应源于生活，课程的内容并不是固定不变的，而是需要生成的思想。

其后由于历史的原因，我国幼儿园生成课程的理论与实践研究被中断。到了 20 世纪 90 年代，随着幼儿园课程改革的不断推进，人们对传统的目标教学和重知识教育的学校教育质疑，生成课程理念又开始出现，并相继产生了理论层面的文章。但主要以翻译和介绍性的文章居多，本土性研究和实践较少。随着世界幼教越来越重视生成的理念和关注教师的生成能力，我国对生成课程的研究从理论到实践层面也逐渐增多。综合上述国内外生成课程产生的历史渊源，可以看出生成课程理念在国外产生的时间较早，而且相对较多。我国关于生成课程的研究虽起步较晚，但近些年不论是在理论层面还是在实践层面，对生成课程的研究都越来越多。幼教界越来越重视生成课程，对幼儿教师生成课程的能力也提出了具体的要求，这些都推动着生成课程在我国的不断发展。

（二）生成课程的特征

任一客体都具有众多特性，人们根据一群客体所共有的特性形成某一概念。这些共同特性在心理上的反映，称为该概念的特征。要正确地认识生成课程，就需要理解生成课程的特征，许多学者对生成课程的特征进行了总结，关于生成课程的特征主要包括以下三种观点。

第一种观点认为生成课程有计划性和过程性。代表性的有：伊丽莎白·琼斯于1970年所著的《课程就是发生的事》（*Curriculum is What Happens*）一书的前言中认为，生成课程的基本特征是具有自发性。正如琼斯所言，人们对“生成课程可以感受它，但无法预测它。它需要实践它的人对游戏的力量充满信任，对在许多可能性之间自发选择的信任”，“你无法把生成课程当作一个计划，或一个产品来呈现。我们意识到，它应该是在一个特定群体中产生的一个计划过程”。与此同时，生成课程也力图在课程的自发性和课程的计划性之间保持平衡。因为生成不是偶然的、随意的、教师被孩子牵着鼻子走的课程。“如果真是那样，课程就不叫课程了。”

第二种观点认为生成是对预设的超越。唐小华认为，生成课程追求的不是对外界的顺从、接受，不是去更多地储存预设课程所欲传递的文化遗产，而是一种永不满足的、不断超越现实的、创造无限可能的勇气和精神。超越是生成课程的精髓。美国学者费尼克斯探讨了超越的内涵：一是暂时性，是指在时间方面的超越，过程是无限的、流动的，因此，超越不是一劳永逸的。二是拓展性，是指在范围方面的超越。任何事物不是孤立的，而是总处于与其他事物的无限的关系之中的，保持一种开放的视野。三是质性，是指在优异的程度方面进行超越的无限的可能性。任何存在都只具有相对价值，都具有改善和提高的无限的可能性，没有任何一个存在达到了完全的质的成就，超越已有的现实而达到更高的现实是可能的。唐小华认为生成课程是一个不断超越的过程，不断地有新突破的过程。卜湘玲从课程目标、课程内容、课程组织与实施及课程评价方面阐述了生成课程是对预设课程的继承与超越。

第三种观点认为生成课程彰显人的生命价值。人是课程的核心主题，但传统课程是重心“在儿童以外，重心在教师，在教科书以及在你所喜欢的任何地方和一切地方，唯独不在儿童自己的直接的本能和活动”。但“教育是人的灵魂的教育，而非理智知识和认识的堆积”。唐小华指出，生成课程彰显人的生命价值。它不是以客观的科目内容为特征的，不关注传统意义上的内容、学科、结构等，而是师生所构成的学习共同体相互作用共同创造的过程，其目的是逐步出现的，在活动中、在多元互动中萌发的，它不是活动的终结，而是活动的转折点。在生成的过程中，师生可以一起互动、体验、愉悦。

综合上述的研究，生成课程最基本的特征是过程性或者生成性，这些特征充分体现出生成课程的能动性，彰显出师幼在课程中的生命主体性，这是与生成课程的内涵相吻合的。

（三）生成课程的内容来源

生成课程的内容来源是进行生成课程的前提和基础，只有把握生成课程的时机，才能进行生成。生成课程内容的来源丰富多彩，但也是与生成课程内涵相吻合的，即主要是生成课程的主体及他们所处的社会环境和物质环境，主要有三种倾向。

第一种倾向认为主要来自教师、幼儿、物质环境和社会环境等。美国太平洋橡树学院约翰·尼莫在其著作《生成课程》一书中列出，生成课程的可能来源是：（1）儿童的兴趣；（2）教师的兴趣；（3）儿童发展的阶段任务；（4）物质环境中的事物；（5）社会环境中的人们；（6）资料；（7）意料之外的事件；（8）共同的生活；（9）社会、社区、家庭、学校的价值观。

第二种倾向认为关键在于抓住生成课程的契机。如吴亚梅认为：（1）精彩，生成在“兴奋”时；（2）精彩，生成在“错误”里；（3）精彩，生成在“顿悟”中；（4）精彩，生成在“插曲”时。吴亚梅虽然没有明确说明生成课程内容的来源，但所说的精彩生成在兴奋、错误、顿悟及插曲时，恰是灵活把握生成课程时机的表现。

第三种倾向认为要充分发挥人的主体性。如夏永庚认为，生成课程的来源是主体性的充分发挥，处于实践中的主体人必须具备这样三个素质或者说特征：人的自由，人的理性思维，以及人的非理性因素。

上述可见，生成课程内容的来源是丰富多彩的，但问题的关键在于，教师能否恰当地把握时机，以及灵活地判断生成的价值，采取恰当的生成策略，这也是本书力求探讨的核心内容。

（四）生成课程对教师的要求

教师是幼儿园生成课程的主体，教师在生成课程中的角色、教师的教育理念、教师设计生成课程的能力等将直接影响到生成课程能否顺利地进行及生成的效果。

首先，教师在生成课程中的角色。姜勇在《“生成课程”模式初探——兼论幼儿教师在“生成课程”中的角色》中认为教师的角色是：第一，惊异者，即发现事物的独特性，对幼儿所具有的吸引力。第二，解放的“思”者。“生成课程”是以“突现”思想为其理论基础的，而“突现”思想的一个重要特性是关系性。“生成”不是孤立的，而是在复杂的关系网络中进行的。关系性说明了教师在教育中的“思”不是就事论事从一个方面出发思考，而是说教师的“思”要从各方面关系入手，从纵向横向的各个方面来考虑，因此教师的“思”不局限于单方面的“思”，而要做解放的“思”。第三，生成者。“生成课程”中教师的另一个主要角色是生成者，也即自我教育者、生长者、成长者。教师通过与幼儿的交往、互动，通过参与幼儿的活动、分享幼儿的情绪情感体验，而不断成长。

其次，教师在生成课程中的教育理念。熊高飞认为：（1）在主题探索活动中，教师与幼儿是平等的主体，教师不是活动唯一的设计师。（2）教师必须努力提升自己的专业化水平，具备敏锐的观察能力、记录能力、领悟能力。（3）给幼儿的探索提供充分的物质空间，为孩子的发现创设条件。曹华认为，生成课程要求教师具有以孩子为本的教育理念，善于观察孩子并捕捉孩子生活中的问题，从孩子生成的问题出发设计主题，为孩子提供丰富的学习材料。张敏认为，教师要及时抓住幼儿抛出的问题，激发幼儿大胆表达自己想法的愿望，让幼儿在相互讨论中发现答案。研究者们认为教师要有主动发现生成的契机、以孩子为本的教育理念。

最后，教师设计生成课程的能力。张敏认为，教师设计生成课程的能力探析：一个好的儿童观察者才能计划一个生成课程；一个思维发散者才能建构网络图；一个关注儿童需求者才能真正抓住课程生成的契机；一个能随机应变者才能生成适应儿童需求的课程。

通过梳理以上综述中研究者们从不同的角度阐述生成课程对教师的要求，课题组认为教师首先要有生成的意识，不仅仅关注幼儿在教学活动领域的兴趣、偶发事件等，更要关注幼儿在日常活动中的兴趣等；其次，教师要有对于幼儿诸多生成的价值判断的能力，然后采取相应的生成课程的策略等。

（五）生成课程中存在的问题及对策

每一种课程模式都有其各自的优缺点，生成课程亦是如此。在具体实施生成课程的过程中，出现了过度重视预设而缺少真正生成的现象，导致教师的教学目的性过强而形成了“高控”的课程模式。随着新课程改革的进行，生成理念日益受到幼教工作者的重视，许多幼儿园也在大张旗鼓地开展生成课程，但在实际的操作过程中，却存在一系列的问题，主要有以下观点。于冬青认为，目前幼儿园课程的弊端主要表现在过于重视预先设计的教案或计划、忽视幼儿兴趣和需要，以及幼儿学习方式过于单一等。夏如波认为，幼儿园教师生成课程意识淡薄、生成课程观念模糊、对生成课程价值把握不透，以及在实际的操作中，存在生成课程态度消极被动、生成课程能力欠缺等问题。曹华认为，教师在以预设为主的集体活动中存在的问题是，教师没有关注到生成的机会或者关注到了但没有生成和预设主题相关的课程等。

通过对上述研究者的综述可知，目前幼儿园的生成课程中还存在很多的问题，课题组认为主要原因是教师对生成课程的内涵把握不清，生成课程的意识和观念淡漠、模糊，且生成也主要局限在教学活动和主题活动领域，对于幼儿园的日常活动关注不多，而这些正是本书研究的关键所在。面对这些问题，研究者们提出了不同的观点，代表性的主要有以下几种。

第一种，提高教师生成课程观念和生成课程能力的策略。夏如波通过例子详细地论述了提高教师生成课程的策略，主要包括强化生成课程意识、提高生成课程观念、转变生成课程价值判断等；提高教师生成课程能力的策略则包括转变教师对生成课程的态度、提高教师发展生成课程的能力等多个方面；而对于如何强化教师的生成课程观念和如何提高教师生成课程的能力，则有判断生成的价值、激发幼儿的兴趣等。

第二种，提高教师处理课程“预设性”和“生成性”之间的关系的策略。曹华认为，教师首先要处理好课程“预设性”和“生成性”之间的关系，要肯定“预设”和“生成”对幼儿发展具有同等重要的价值。其次，“预设”和“生成”不是截然相对的两部分，在一定教育过程中是可以相互转化的。由于“预设”和“生成”之间有无数种中间状态，因此“预设”和“生成”的程度也就具有层次多样性的特点。

第三种，提高教师生成课程理念的策略。北京师范大学的冯晓霞教授在《生成课程与预成课程》一文中提出：教师应该理解生成课程的理念和价值，在此基础上按照预成课程的设计方式制订自己的教育计划，并自觉地引进生成课程的思想，在实施时注意做到多考虑一些方案，并且要敢于打破原来的计划，根据实际情况，及时地进行调整。

综合上述研究，可发现提高教师生成课程策略的关键在于教师自身观念的转变，教师在开展生成课程的过程中需要有一定的教学计划，不能盲目地采取生成课程的方法，而缺乏既有的课程“预设性”。

基于此，我们在借鉴先前学者们对此问题研究成果的前提下，将研究的视角转向促进幼儿深度学习的生成课程，以案例分析为主要研究方法，呈现幼儿园教师促进幼儿深度学习而开展生成课程的实时状态，并对幼儿园教学活动中幼儿深度学习和教师生成课程的基本特征及影响因素进行分析，以便能够对相关的问题提出合理的建议。

二、基于深度学习的生成课程相关研究

生成性课程以建构主义学习理论为基础，强调知识的协同建构和动态生成，强调学生的深度思考、交流和互动。针对目前因课程固化、封闭、机械带来的诸多问题，如学生浅层次学习严重、学习效率低、学习积极性较弱等，根据生成性课程的基本思想，利用学习元平台资源生成与进化的特征，研究师生协同建构、互教互学的课程，通过生成性教学目标、开放性教学活动、个性化课程资源、同伴互助的知识建构、交互性学习过程、发展性教学评估等方式，可激发学生主动参与各项学习活动和教学过程的热情，提升学生的认知投入水平，促进学生的深入学习，培养学生的创新意识。

（一）协同知识建构促进深度学习与课程生成研究

仅仅为学习者提供学习的内容、技术工具、学习要求等单向传输的方式并不能使学习者的有效学习自然发生，只有为学习者设计适当的学习活动和学习策略，才能促进学习者高阶思维的发展。采用协作学习的方式，有助于培养学习者的自我反思意识，发展学习者的批判性思维，促进学习者共同建构知识和意义。在协作的过程中，学习者通过讨论、争辩、分享、答疑等交互活动引发认知冲突，促进自我反思，优化已有的知识结构，从而创造性地产生新的知识和新的技能。

学习者的协同知识建构意味着教师的教学思路需要转变。教师需要重点关注学习者知识建构的过程和生成的内容，关注学习者知识创造和改进的过程，而不只是关注教学的内容、教学活动的表面形式、学习者参与学习的次数等。而在学习者的交互、协作过程中，往往会产生与课程前期预设不同的结果，形成生成性课程教学的新形态。生成性课程是一种区别于预设性课程的课程实施形态，其实施具有协同性、建构性和进化性特点。

虽然教师的教学需要具有适度的计划性和目的性，但教师更要关注课程过程中学习群体生成的元素，如学习者在讨论过程中产生的新概念、在冲突争论中产生的新思想、在交流反思中产生的新建议、在学习任务完成中产生的新作品等。生成性课程是一种处于动态变化过程中的课程形态，需要关注学习者主体意识及知识结构的发展。在教学过程中，教师可根据生成的元素调整课程提供的学习资源、学习活动和学习支持服务。生成性课程是一种具有开放意义的课程形态，教师应该允许学习者对自己提供的学习资源进行修订和补充，允许学习者设置创新性的学习活动，允许学习者对教学的课件或讲稿进行完善和更新，在师生的共同参与中促进内容、技能、活动、思维等的深度进化，实现真正意义上的深度学习。

（二）促进深度学习支持课程生成的学习元平台

学习元是一种支持泛在学习的新型学习资源的组织模型，其中“元”具有三层含义：一指“元件”，是可动态重组的基本单元，具有微型化和标准化的特性，能进一步形成更高级的学习资源；二指“元始”，是萌发性的学习资源，具有由小到大、由弱到强的进化功能；三指“类似于神经元”，强调资源的语义连接与社会性连接，具有社会智能性和适应性。学习元平台是基于生成性、开放性、联通性、内聚性、可进化发展、智能型、微型化和自跟踪等新理念，以学习元作为最小资源组织单位的泛在学习平台。学习元平台主要包括学习元、知识群、知识云、学习社区、学习工具、模板中心和个人空间七大模块。学习元平台提供了一系列用于支撑协同知识建构与课程生成的特色功能，如灵活开放的内容创生与访问、学习内容与学习活动整合、内容协同编辑与批注、权限协同管理、学习元多元格式、基于过程信息的评估、KNS 网络等。

三、生成课程支持幼儿深度学习的特征分析

（一）生成课程指向幼儿深度学习目标的预设性与生成性

1. 放眼幼儿的发展，预设主题与方案

幼儿的深度学习是在教师的引领下，围绕具有挑战性的主题，全身心积极参与、体验成功、获得发展的有意义的学习过程。

生成课程主题的选择与活动的益处息息相关，潜在主题的数量是相当大的，因此教师需要对主题的选择做出判断。

2. 落地幼儿的兴趣，创生探究式的课程

生成强调课程计划需在儿童的兴趣中形成。兴趣是幼儿持续、深入探究的内在动力，在幼儿的兴趣中生成活动内容能够充分调动幼儿探究的欲

望，让幼儿积极、专注地探究。

（二）生成课程指向幼儿深度学习动机的渗透性与外显性

1. 隐藏于幼儿的“忘我”探究，支持幼儿独立尝试

教师对幼儿深度学习的支持具有渗透性或内隐性的特点。活动的整个过程是教师“低控制”和“高支持”的，幼儿的活动是自主的。

教师充分转变角色，作为幼儿活动的观察者、倾听者与支持者，站在幼儿活动的“背后”，为他们提供帮助。教师对幼儿的活动进行观察、记录与分析，耐心倾听幼儿的表达，不打断幼儿的学习与思考，并及时对幼儿做出回应。整个活动过程中，真正能够看到幼儿独立思考、独立解决问题、独立决定、独立尝试，在不断试错中一点点成长。独立是对幼儿最好的爱，是幼儿成长的有力底气。而在幼儿的深度学习中，教师很好地支持了幼儿的这一点。

2. 显现于幼儿的需要与问题，启发幼儿的深度思考

在幼儿深度学习的过程中，教师引导幼儿层层深入探究至关重要。在幼儿园主题活动中，教师运用语言、材料、动作，通过家园之间的交流合作，利用园所自身的资源等为幼儿提供外显的支持，使幼儿能够持续、专注地进行探索，学习层层深入。

（三）生成课程指向幼儿深度学习方法的互动性与留白性

1. 着眼幼儿的思维，关注活动过程中的三重互动

教师对幼儿深度学习的支持在活动过程中体现出三方面的深层互动：师幼之间的互动、同伴之间的互动及幼儿与材料之间的互动。幼儿只有在这三方面深层互动的过程中才能够达到深度学习的效果。

每次师幼互动对于幼儿感知自己及学习的内容和方式，都有潜在的积极影响。教师有意识、有目的地与幼儿进行交流，对幼儿的学习有明显的促进作用，其提问、评价与反馈对幼儿的学习具有较大的影响。同伴间的合作、交流与创造是幼儿最好的学习方式，因此在自主探究中，教师应给予幼儿充分与同伴沟通交流的时间和空间，在与丰富的“低结构”材料的互动中，幼儿能够充分感知、操作、创造，在深度体验中获得最好的学习与发展。

2. 放手幼儿的体验，注重幼儿探寻过程中的留白

“自主”是幼儿深度学习的关键。真正赋予幼儿自主探究的权利源于教师内心对幼儿的信任，相信幼儿能够在自主探究中进行学习，相信幼儿是有能力的学习者，这是教师内隐于心的儿童观。教师对幼儿的“放手”并不意味着放任自流，而是把更多的主动权交还给幼儿，让幼儿自由选择材

料的使用方式、自主控制活动的过程。教师应更多地关注幼儿的探究过程，减少对正确答案的期待，要以支持者的身份，支持幼儿的学习与思考，在幼儿提出问题或遇到困难时要“忍得住”，给幼儿独立思考和探究的机会，相信幼儿的学习能力。

（四）生成课程指向幼儿深度学习结果的连续性与循环性

1. 关注幼儿经验的连续性，提供持续不断的支持

开展主题活动是生成课程的重要途径，它的开展过程是一个长时间、连续不断的过程，在这个过程中，应注重幼儿完整经验的获得。纵观主题活动开展的全过程，每一个环节都离不开教师的支持。从教师在主题活动中支持幼儿深度学习的路径来看，教师对幼儿的支持是一个连续不断的动态过程，贯穿幼儿深度学习的始终。在这个过程中生成课程，教师在整个活动当中持续地支持、追问、启发幼儿的思维，使幼儿能够层层深入地进行思考、探究，达到自己的深度学习状态。

2. 致力于幼儿能力的提升，提供循环深入的支持

教师在主题活动中对幼儿深度学习的支持是一个循环推进，并且层层深入、螺旋上升的过程。教师的支持始于幼儿的兴趣或问题，教师在幼儿前一阶段活动的基础上对其进行更深入的支持，使幼儿在不断的自主探究与教师支持的循环中达到深度学习状态。

第三节　国外研究综述

一、深度学习概念的研究

深度学习的概念最早是由来自瑞典哥德堡大学的马顿（Marton）和萨尔约（Saljo）提出，他们认为深度学习是一个迁移知识的过程，有利于提高幼儿的决策能力和问题解决能力。

从此以后，众多学者开始了对深度学习的研究。学者琼斯（Jones）与柯利斯（Collins）等认为，深度学习是指幼儿以理解为目的而进行学习，主要体现在批判性地理解学习内容，注重与已有知识和经验的联系，关注得出结论的证据及知识之间的逻辑关系。美国的威廉和弗洛拉·休利特基金会（William and Flora Hewlett Foundation，WFHF）认为深度学习是幼儿胜任公民生活和21世纪工作所必须具备的能力，主要包括团队协作、有效沟通、批判性思维和复杂问题的解决、掌握核心学科知识、学习毅力、学会学习六个维度的基本能力，这些能力可以帮助幼儿灵活而有效地掌握和理解学科知识，以及运用所学知识去解决未来生活中可能要面临的问题。

（一）深度学习影响因素的研究

学者 Chin Christine 指出生成性思维、元认知活动、发现问题和提出问题、理解概念、完成任务的方法是深度学习得以发生的五个关键因素。学者 Matthew Hall 和 Alan Ramsay 在其联合发表的论文中提出学习环境的改变能够影响幼儿的学习方法进而影响到幼儿的深度学习这一判断和结论，并着重指出小组学习环境能够对幼儿的深度学习产生重要的影响。Alison Rushton 在其 “Formative Assessment：a Key to Deep Learning” 一文中着重探析了评价对幼儿进行深度学习的影响，并指出了教师的反馈在形成性评价过程中具有重要的地位。比格斯（Biggs）在其 *Teaching for Quality Learning at University* 一书中从教师和幼儿两个方面细致分析了促进幼儿进行深度学习的条件及致使幼儿浅层学习的原因。教师方面的因素主要包括教师的环境创设、评价方式、教学方法等，幼儿方面的因素主要包括幼儿的知识背景、学习意图、理解能力等。

（二）幼儿深度学习的研究现状

近年来，随着深度学习在教育领域中的不断深入，许多学前教育工作者也开始关注幼儿的深度学习。

相比于对其他教育阶段中深度学习的研究，国外对幼儿深度学习的研究较少。美国学者德布·柯蒂斯和玛吉·卡特在他们的著作《和儿童一起学习：促进反思性教学的课程框架》一书中提到了有关幼儿深度学习的内容，提倡教师要把儿童看作有能力的幼儿，不应把儿童的自发活动看作对计划课程的干扰，而应看作深化学习的手段。在书中，作者从实践的角度提出了促进幼儿深层次学习的八项原则：第一，在了解儿童已有发展水平的基础上，向儿童提出新挑战来促进他们的进一步发展；第二，引导儿童运用不同的表征方式来探究和表达自己的想法；第三，利用儿童对音乐的热爱，帮助他们愉快地学习；第四，创造能反映儿童兴趣的戏剧表演机会，鼓励他们进行表征，通过象征性游戏促进理解、拓展思维；第五，在儿童不断用身体尝试新挑战时，教师可要求儿童对自己的身体进行思考和探究，以便拓展他们的思维和学习空间；第六，儿童通过直觉理解和自然界建立深层的联系并展开学习，户外蕴含着进行丰富探究、重温和再次表征学习领域概念的机会；第七，儿童行为背后蕴含着其试图理解世界运转的各种理论，教师可以为丰富幼儿的思考提供支持；第八，运用记录指导儿童的技能学习、活动过程。在每个原则下都有相关教师对教育实践进行陈述和反思，为学前教育工作者提供了良好的学习范本。美国学者贾尼斯·斯特拉瑟和丽萨·穆夫森·布雷森在著作《小脑袋，大问题——促进幼儿深度学习的高水平提问》中，以布鲁姆目标分类学为理论模型，聚焦于如何将高水平提问与师幼的多种互动有机地融合在一起，具体内容包括如何在教室的活动区中使用问题、如何在一日常规的其他环节中使用问题，以及如何在其他学习机会出现时使用问题。

二、幼儿的生成活动和生成课程

“生成”显然是相对于“预设”而言的。生成活动是指教师与幼儿在互动中共同生成的、具有教育价值的具体教育活动。生成活动是对预设活动的有利补充，能够调动幼儿学习的主动性、积极性，它有利于幼儿主体性的发展，同时也有利于激发教师创造性开展活动的热情，促进教师各方面素质的提高。生成活动的过程是教师与幼儿互动的过程，是幼儿园教育活动中不可或缺的一部分。

当学界对于以幼儿为本、以幼儿发展为中心的思想认识不断统一之后，生成课程的理念也就越发重要起来。最早提出“生成课程”的是伊丽莎白·琼斯，她在1970年出版的《生成课程》（*Emergent Curriculum*）一书的前言中认为，课程计划要从班中的孩子和大人的日常生活，特别是从孩子的日常兴趣中形成。她同时还认为，不能把生成课程当成一个预先设计的计划，而是一个计划的过程。不少国外学者也有相似看法，如美国学者约翰·尼莫认为，生成课程既不是“罐头式”的课程，也不是“放牛式”的随意课程。

（一）幼儿园生成课程特点的研究

伊丽莎白·琼斯认为，生成课程的基本特点是自发性。正如琼斯所言，人们对“生成课程可以感受它，但无法预测它。它需要实践它的人对游戏的力量充满信任，对在许多可能性之间自发选择的信任”，“你无法把生成课程当作一个计划，或一个产品来呈现。我们意识到，它应该是在一个特定群体中产生的一个计划过程”。与此同时，生成课程也力图在课程的自发性和课程的计划性之间保持平衡。因为生成不是偶然的、随意的、教师被孩子牵着鼻子走的课程。如果真是那样，课程就不叫课程了。琼斯认为的生成课程要同时具备生成性和计划性两个主要的特点。

（二）幼儿园生成课程来源的研究

约翰·尼莫认为，幼儿园生成课程的可能来源是：（1）儿童的兴趣；（2）教师的兴趣；（3）儿童发展的阶段任务；（4）物质环境中的事物；（5）社会环境中的人们；（6）资料；（7）意料之外的事件；（8）共同的生活；（9）社会、社区、家庭、学校的价值观。可以看出，幼儿园生成课程的来源主要但不限于幼儿本身，应该说和幼儿生活直接相关的一切事物，包括教师的主观意愿，都是幼儿园生成课程的来源。

第四节 主要研究方法

一、文献分析法

通过搜集并阅读有关深度学习及幼儿园相关区域活动的书籍、期刊、硕博士论文等资料，了解生成课程及幼儿深度学习的研究现状，对前人的研究成果进行总结、汲取并在其基础上进行研究展望，明确本研究的研究方向并为本研究的写作提供理论支撑。

二、行动研究法

为了能够更加客观、全面地了解幼儿在深度学习中生成课程实践的现状，我们以自身所在的幼儿园为地点，利用自身的各种感官及摄像机等工具，运用参与式观察与非参与式观察的方法对幼儿一日活动进行了详细的观察和记录。其主要包括幼儿生成课程实践的探究主题、活动材料、活动时长、幼儿探究技能的使用、活动环节的进展状况等方面，尤其是结合幼儿深度学习的特征对幼儿在生成课程实践过程中的表现进行详细观察，如幼儿能否预先计划探究的主题及内容、在活动过程中能否灵活地迁移运用已有知识技能与经验等。

三、案例分析法

本研究通过对江苏省扬州大学幼教中心下属各幼儿园的生成课程实践进行深入的实地观察，对观察过程中较为典型的案例进行详细的记录、整理，并从幼儿在活动中的表现等多个角度进行解读与分析，以期发现生成课程实践过程中幼儿深度学习所存在的真实问题，为原因的探寻及支持性策略提供部分证据支持。

四、经验总结法

本研究通过对实践活动中的具体情况进行归纳与分析，使之系统化、理论化，上升为经验课程实施的经验；同时，总结推广幼儿深度学习的生成课程，构建以幼儿为本的师幼合作、同伴合作的学习共同体，为幼儿终身学习发展的潜力和能力提供科学的可持续发展的支撑。

本研究通过文献分析法、行动研究法、案例分析法和经验总结法，探讨生成课程实践中幼儿深度学习存在的问题及原因，提出通过生成课程实践促进幼儿深度学习的支持性策略。

第二章　深度学习：基于幼儿生成课程的目标追求

第一节　深度学习的内涵

教育学领域中，深度学习的内涵在不断地发展与变化。深度学习的研究始于美国学者马顿（Marton）和萨尔约（Saljo），他们通过教育实验比较两种学习策略对学习结果的影响，将深度学习定义为幼儿在解决问题中将新知识与幼儿原有经验相互连接，追求对知识的深层次理解的学习方式；而浅层学习则是机械记忆信息的学习方式。恩特威斯尔（Entwistle）和拉姆斯顿（Ramsden）进一步将深度学习的概念拓展为：既涵盖高质量的信息加工过程，也包括反思加工信息的过程。随着研究者对深度学习的探究不断地深入，深度学习的焦点由最初强调学习方式转变为注重学习过程和学习结果。例如，美国国家研究委员会（National Research Council，NRC）强调学习过程中知识的迁移与应用。美国卓越教育联盟（Alliance for Excellent Education，AEE）认为深度学习是通过合适的方法向幼儿传递关键经验，并教导他们如何真正进行学习并能举一反三、学有所用，并在学习过程中关注人际沟通与协作等能力。2010 年，美国威廉和弗洛拉·休利特基金会与美国研究院共同提出深度学习为一种迁移已有信息知识解决社会性与情境性问题的能力，具体是从认知能力、人际能力、个人能力三个角度发散出的六大具体能力。

一、深度学习

我国对深度学习的研究稍晚一些。黎加厚团队作为深度学习研究的带头人，率先指出深度学习是幼儿在融会贯通的基础上将他们原有的认知结构和知识体系相互融合，在新的问题情境中联系与迁移已有经验做出决策并解决问题的学习。这一观点得到广泛认同和支持，诸多研究以此为基础不断充实深度学习内涵。如张浩团队认为深度学习是幼儿在真实的环境中通过批判与反思，对知识信息实施深度加工，从而将复杂概念的内涵真正融于个人知识体系，最终实现学习目标和高阶思维能力的发展的过程。郭元祥从教师教和学生学的角度认为深度学习的本质是学生在教师引导下，对知识进行的“层进式学习”和“沉浸式学习”。

深度学习概念的界定经历了一个不断变化的过程，深度学习在早期被认为是和浅层学习相对应的学习方式。琼斯（Jones）等人认为深度学习是基于理解的学习，主要表现在批判性地理解学习内容、知识和经验相联系、注重逻辑关系并将证据与结论联系起来。恩特威斯尔（Entwistle）指出深度学习是一种学习方法，具体体现为联系观点、追寻意义、产生兴趣、监控理解和使用证据。沃伯顿（Warburton）认为深度学习是学生从课程材料和经验中提取意义和理解的关键策略，对于可持续学习尤为重要。国内深度学习的研究起步较晚，何玲和黎加厚在分析布鲁姆认知学习领域教育目标的基础上，根据浅层学习与深度学习的区别，指出深度学习对应着布鲁姆教育目标分类学认知领域的后四个层次，即应用、分析、综合、评价，并依此对深度学习进行了界定。安富海提出，深度学习是指学习者以高阶思维的发展和实际问题的解决为目标，以整合的知识为内容，积极主动地、批判性地学习新的知识和思想，并将它们融入原有的认知结构中，且能将已有的知识迁移到新的情境中的一种学习。

综上所述，深度学习主要是指学生基于对知识的充分理解，对新的信息与观点进行批判性的思考，建构新知识与已有知识之间的关联，形成对知识的系统性认识，并最终迁移所学，达成问题解决的过程。

二、幼儿深度学习

关于幼儿园学段的深度学习的研究较少，王小英和刘思源提出的幼儿深度学习的定义，即幼儿深度学习是指幼儿在教师的引导下，在较长的一个时段，围绕着富有挑战性的课题，全身心地积极投入，通过同伴间的合作与探究，运用高阶思维，迁移已有经验，最终解决实际问题的有意义的学习过程。

在整理分析国内外关于深度学习概念的基础上，本书对幼儿深度学习的概念做出如下界定：深度学习是在教师的支持下，幼儿批判性地吸收新知识，积极主动建构个体的认知结构，并且与人相互沟通、协作或独立思考妥善解决复杂问题的学习状态。

第二节 深度学习的理论基础

一、深度学习的理论背景：两种视角

综合分析国内外学者对深度学习的相关研究，可归纳为两种主要的研究视角。这类研究视角认为深度学习不同于对知识的记忆和理解，它是将新旧知识有效联结，并将其运用到具体复杂的情境中去的过程。问题解决依赖于对学习内容的批判性理解、对信息的整合，以及对知识的迁移和运用的程度，它旨在培养学习者的高阶思维能力。马顿和萨尔约最早提出了“深度学习”的概念，认为深度学习是指在理解的基础上，学习者能够批判地学习新思想和事实，将它们融入原有的认知结构中，并能够将已有的知识迁移到新的情境中，做出决策和解决问题的学习。比格斯（Biggs）也对深度学习和浅表学习的行为特点进行了区分，认为不同于浅表学习的记忆和复述，深度学习旨在理解阐述，批判思考。王小英和刘思源指出，评判一个人的学习能力，在于其整合、建构、迁移、创造性地运用知识解决实际问题的能力，即深度学习能力，而非其掌握知识的多少。学者张晓娟也提出，深度学习涉及知识的整合与重构、迁移与运用等，是一种高阶水平的思维活动。上述研究基于对学习内容的理解和阐释程度，指出了深度学习是主动的、在理解基础上的学习，理解与批判、联系与建构、迁移与应用是深度学习的主要特征。

二、学习者参与学习的广度和维度

也有研究者认为把深度学习局限于认知领域是片面的，深度学习应涉及价值、情感、态度等多个维度。康淑敏在研究中指出，深度学习涉及学习的投入程度、思维层次和认知体验等诸多层面。郭华提出，深度学习是学生全身心投入的活动，有感知、思维、情感、意志、价值观等的全面参与。

两种研究视角并不矛盾。深度学习是一种需要多种因素投入的复杂的学习，越是多维整合，整合的东西就会越有深度、越广泛地链接，所形成的知识范型（pattern）就越牢固越有效。对幼儿来说，深度学习的发生不仅仅体现了其解决问题、知识建构的过程，更是其多感官、多维度的参与过程。

三、其他相关研究理论

深度学习是当代学习理论提出的重要概念，关于深度学习的理论基础，研究者从不同的视角进行了分析与总结。阎乃胜认为，深度学习发生条件的研究可从元认知理论、情境认知理论、分布式认知理论、建构主义理论进行探讨。无独有偶，张浩等人的研究也认为深度学习的内容与认知主义学习理论中的许多理论流派都存在着关联，但从深度学习的内涵、特征和过程进行分析，元认知理论、情境认知理论、分布式认知理论和建构主义理论相对来说与深度学习联系更为密切，但它们并不是绝对独立，而是相互关联的。喻衍红也认为深度学习是建立在多种学习理论基础之上的学习，包括分布式认知理论、认知灵活性理论、建构主义和给养理论等。最后，景红娜也从建构主义、理解性学习、认知灵活性理论、交互理论、认知领域目标分类，以及信息、方法、认知深层学习框架等方面分析了深度学习的理论基础。总而言之，关于深度学习的理论基础，研究者们主要从认知灵活性理论、情境认知理论、分布式认知理论、元认知理论和人本主义理论几个方面进行了分析。

第三节　深度学习的结构要素

美国心理学家阿尔伯特·班杜拉在 20 世纪 60 年代提出了社会学习理论。三元交互决定论是社会学习理论的重要部分，三元交互决定论将个人的主体因素、行为和环境因素三者看成相互独立但又相互作用、相互决定的理论实体。其中，个人的主体因素包括行为主体的生理反应能力、认知能力等身心机能。班杜拉强调在社会学习过程中，行为（B）、主体因素（P）和环境（E）三者的交互作用，把人的主体因素引入行为的因果决定模式分析中，认为这三者彼此相互联结、相互决定，这一过程涉及的是三个因素的交互作用而不是两两因素结合或者因素之间的单向作用。如图 2-1 所示，三元交互决定论强调个人内在的倾向性决定和控制行为，人的信念、期待、意向、自我概念等主体因素（P）往往强有力地支配并引导其行为（B）。同时，人的行为（B）也受到环境（E）的现实条件的制约，外界环境因素决定行为主体的行为反应与认知状况的过程。因此，

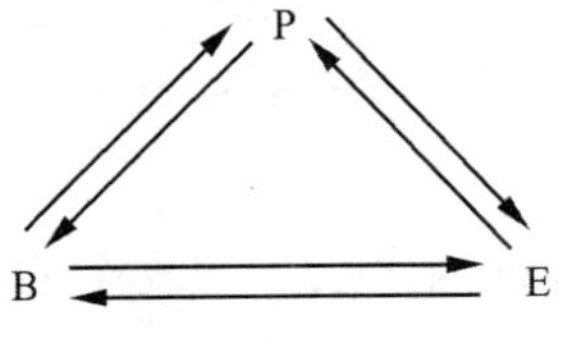

图 2-1
三元交互决定论模型
（图中，P 代表人及其主体因素，B 代表行为，E 代表环境，箭头代表因果关系的作用方向）

人的行为受主体和环境两种因素的影响，并且主体与环境的交互作用也会对行为产生决定性影响。幼儿的深度学习作为其学习行为的组成部分，也同时受到主体因素和环境因素的影响。

一、深度学习是一个动态的变化过程

本研究以幼儿深度学习活动的开展为场域，以上述的三元交互决定论模型作为分析框架，结合已有的学习影响因素的相关研究结论，通过深入分析幼儿深度学习活动的案例，得出影响幼儿深度学习的因素包括幼儿主体因素和外部环境因素两个维度。其中，幼儿主体因素包括幼儿的学习迁移、学习品质、元认知、学习动机、年龄和性别，外部环境因素包括来自教师、同伴和家长三个角度的师幼关系、教师支持、同伴合作、同伴冲突和家园合作。本研究从这两大维度入手，结合文献法、案例分析法、观察法和访谈法，全方位地分析以上这些因素对幼儿深度学习产生的影响，并提出针对性的促进幼儿深度学习的教育建议，以促进幼儿的全面发展。在理论分析部分，笔者主要结合已有的理论和研究结论对相关因素在幼儿深度学习中所产生的影响作用进行剖析与阐述；在案例分析部分，笔者主要结合幼儿深度学习活动的案例进行分析，详细展示了幼儿的深度学习过程，以及主体因素和环境因素在此过程中对其深度学习产生的影响。

此外，笔者发现，部分影响幼儿深度学习的因素同时也是其特征，比如学习动机、学习迁移、元认知、教师支持、同伴合作等因素。但是这些因素在作为深度学习的特征和作为深度学习的影响因素时，其表现和发挥的作用是不同的。在这些因素作为深度学习的特征时，发挥的是积极作用。已有研究提出了深度学习的特征，包括幼儿深度学习表现在认知层面，强调问题解决能力的培养；表现在动机层面，强调积极情绪的激发与维持；表现在社会文化层面，强调人际互动中的沟通与支持。总体来说幼儿深度学习的过程以问题解决为导向，以积极情绪为动力，以动手制作为依托，以同伴合作为支撑，以评价反思为主轴，这体现出以上因素作为深度学习的特征时发挥的积极作用。而这些内容作为深度学习的影响因素时，其自身水平的高低则会对幼儿的深度学习产生不同的作用。比如高水平的学习动机、正迁移、积极的同伴互动等能够促进幼儿的深度学习，低水平的学习动机、负迁移、不良的同伴互动等则会对幼儿的深度学习产生负面影响。因此，在分析与论述过程中，笔者从影响因素的不同水平出发分别阐述了其对幼儿深度学习产生的影响作用。

二、幼儿深度学习的逻辑框架

基于幼儿深度学习的内涵与特征，结合多年来的幼儿深度学习实践研究，课题组构建了幼儿深度学习的逻辑架构：以问题解决为导向，以积极情绪为动力，以动手制作为依托，以同伴合作为支撑，以评价反思为主轴。

（一）以问题解决为导向

深度学习是一种基于问题解决的学习，它需要创造性地解决问题或创造出新颖独特的产品。哈佛大学心理学家帕金斯认为提高学生高层次认知技能，需要学生有解决问题的任务，需要向学生提供如何解决问题的指导。问题解决，常常是在一个大的问题解决中包含着诸多小的问题解决，这一系列的问题解决需要一个较长的时间，它是一个持续的过程，弥补了日常学习的碎片化缺陷，同时，又有助于整合碎片化的知识经验，并灵活迁移应用已有的知识经验。钟启泉在《问题学习：新世纪的学习方式》一文中指出：近年来，在培育全球化时代所要求的基于核心素养的协同学习方式中，“问题学习”或“项目学习”迅速发展起来。“问题学习”是一种同伴协同性的课题解决学习，是促进学习者把课堂教学中获得的知识运用于现实世界的深度学习，这种学习也是孕育学习者高阶思维、沟通、协同和创造的重要方法。例如，实验园所组织幼儿开展了一系列“课题活动”深度学习。在这些“课题活动”中，幼儿所要解决的问题不是抽象的问题，而是来自其日常生活与游戏活动中的现实问题。现实问题常常是没有固定答案的问题，是条件不充分的、有多种解决方案的问题。正是这种问题中蕴含了丰富的深度学习的要素。如幼儿园自然角里的鲜花打蔫了，幼儿在给花浇水时发现已有的浇花喷壶并不好用，于是，就引发了“自制浇花器”的“课题活动”。从材料的选择到功能的设想，从外形的设计到内部结构，从图纸到施工，一个又一个的问题层出不穷，需要幼儿与同伴一起合作探究、协商讨论，需要激活已有的经验，需要创造想象，需要批判反思，需要假设验证，需要迁移运用所学知识，需要把好的想法不断地“做出来”。与此同时，还需要保持积极心态、高情感投入，需要克服困难、坚持不懈，需要同伴合作、迎接挑战。在这样一个真实问题解决的过程中，幼儿深度学习的内涵与特征充分地体现了出来。

（二）以积极情绪为动力

深度学习并不是仅仅发生在“颈部以上”的理智活动，它关乎整个人或完整人，是一种高情感投入的、具有心灵温度的主动学习。许多心理学家都承认情绪在幼儿心理活动中的动机作用，认为情绪不只是心理活动的伴随现象或称副现象，情绪在幼儿的心理活动中的作用是其他心理过程所不能代替的。幼儿的认知与行为充满了情绪的色彩，情绪是幼儿认知与行为的唤起者和组织者。孟昭兰关于“婴幼儿不同情绪状态对其智力操作的影响”的研究揭示：情绪状态对婴幼儿智力操作有不同影响；在外界新异刺激作用下，婴幼儿的情绪可以在兴趣和惧怕之间浮动。这种不稳定状态，游离到兴趣一端时，激发探究活动，游离到惧怕一端时，则引起逃避反应；愉快强度与操作效果之间的相关为倒“U”形关系，即适中的愉快情绪使智力操作达到最优，这时起核心作用的是兴趣；惧怕和痛苦的程度与操作效果之间为直线关系，即惧怕和痛苦越大，操作效果越差；强烈的情绪状态或淡漠无情，都不利于婴幼儿的智力探究活动，兴趣和愉快的交替，是智力活动的最佳情绪背景。

幼儿的深度学习是高级的智力活动，它需要最佳的情绪背景。而作为积极的情绪状态，其中兴趣是核心。兴趣是驱动幼儿深度学习的内在动力。“‘某物对我有用’在拉丁文上叫作‘兴趣’。”兴趣在心理学上一般被定义为：积极探究、理解某种事物或从事某种活动的心理倾向。杜威认为儿童有四类原发兴趣，即交流的兴趣、探究的兴趣、制作的兴趣和艺术表现的兴趣，这些原发的兴趣是“自然的资源，是未投入的资本，儿童的积极生长依赖于对它们的运用”。兴趣是最好的老师，正如孔子云：“知之者不如好之者，好之者不如乐之者。”赫尔巴特学派认为兴趣是影响教学过程及其效果不可或缺的本质部分，海华德将兴趣视为“教育中最伟大的词汇”。在深度学习过程中，幼儿全身心地投入，其理智与情感交合，生命活力得以焕发。令课题组成员感动的是，在大班幼儿“自制晾画架”的课题活动中，一名男孩中午起床后说道：“老师，午睡的时候，我还在想画架的底座不稳应该怎么办，我想了好几种办法，一会儿就试试看。”幼儿浓厚的学习兴趣、强烈的动机与探究欲望推动着他们的学习走向深度。幼儿的深度学习需要激情燃烧的状态。

（三）以动手制作为依托

幼儿的思维体现出鲜明的“手”的思维的特点。《指南》强调幼儿学习的主要方式是“直接感知、实际操作、亲身体验”。现代著名的哲学家、教育理论家怀特海认为：“感官和思想相互协调，大脑活动和身体的创造性活动之间也有种相互影响。在这种相互感应的过程中，手的作用尤其重要。”动手操作的概念来源于皮亚杰的动作促进儿童思维发展、杜威的“做中学”、陶行知的“教学做合一”等理论观点。“我听见，我忘了。我看见，我记住了。我做，我理解了。”行为主义心理学与认知心理学都十分重视操作活动在儿童学习过程中的价值，操作活动体现了儿童早期学习的本质特点。杜威曾经指出：儿童在“做中学”过程中“圆满地解决那样一个问题，他就增添了知识和力量”。在杜威的“做中学”思想中，“手工艺活动”和“科学研究”是一对矛盾，“手工艺活动”代表的是实用性活动，而“科学研究”代表的是求知性活动，杜威试图将二者协调统一，即在具体的操作活动的基础上，把儿童的兴趣转移到对事物的研究上去——研究它们的性质、意义、结构、原因和结果等。指导幼儿深度学习实验园所借助幼儿“动手制作”（它属于“手工艺活动”）这个抓手，让幼儿的深度学习有了载体。如果说动手制作是深度学习的依托，那么，问题解决则是动手制作的最终目的。

美国的大卫·库伯（David Kolb）提出了四阶段体验学习圈理论，认为学习是基于体验的持续过程，包括具体体验、反思观察、抽象概括、行动应用，而学习要形成完整的学习圈，最佳状态是开始于“做”的活动体验。庞维国指出：“做”是儿童的天性，所以其学习应该发生在经验的具体情境中，通过“做”从经验中学习。杜威把儿童的学习分为三个层次，4~8 岁儿童的学习处于第一个层次，主要是通过活动进行学习，学习的是怎样做，方法是从做中学。一般来说，儿童的年龄越小，活动在教学中所占的比例就越大，反之，儿童的年龄越大，活动在教学中所占的比例就越小，这也与皮亚杰关于儿童智力发展四阶段的划分相吻合。课题组率领团队所做的关于幼儿深度学习的实践探索研究表明，在动手制作（如“自制浇花器”“自制晾画架”等）的活动过程中，幼儿的认知水平与问题解决能力得到了极大的提升。

（四）以同伴合作为支撑

深度学习指向问题解决，而一个好的问题必须是复杂、开放的，它不能只由独立的个体即某一名幼儿来完成，必须以“同伴合作”的形式来开展，并需要耗费较长的时间方能完成。通过同伴合作，幼儿还可以把解决问题所带来的压力分解到每个小组成员的身上。儿童是社会化的个体，“社会性的互动不仅是生活的组成部分，而且它非常有助于儿童理论的建构”。重视同伴间的合作学习已成为当今世界教育的发展趋势。我国基础教育课程改革倡导“自主、合作、探究”的学习方式。自主、合作、探究与深度学习有着密切的关系：自主是深度学习得以开展的前提，合作是深度学习的支撑，探究则是深度学习的核心。“探究学习主要强调学生能独立地发现问题并能尝试着解决问题。”在同伴合作学习过程中，幼儿会不断地产生认知冲突（意见不一致），认知冲突会引发辩论或讨论，而辩论或讨论会使幼儿对事物的认识更加全面、更加深刻，从而使学习活动更加深入。“组织自己的想法，并设法向别人说明，或是设法说服别人，都是一种重要的思维过程。科学家许多重要的科学思想常常是在交谈和辩论中产生的，激烈的讨论和辩论会激发新的思维，被称为是科学家灵魂的碰撞。”儿童同伴间的讨论有助于发展儿童的高阶思维技能，因为讨论提供了一个使儿童同伴间彼此可以澄清想法与表达观点的平台，这种同伴合作解决问题的方式比儿童个体解决问题更有效。沙米尔等人考察了 64 名幼儿在不同学习情境（独自学习情境与合作学习情境）中的元认知发展，结果发现同伴合作学习取得了更好的学习效果，幼儿的陈述性与程序性元认知在同伴合作学习情境中要显著优于个别学习情境。可见，同伴合作学习有助于促进幼儿元认知的发展，而元认知则是幼儿深度学习中高阶思维的重要元素，它与评价反思有密切的关系。2008 年，王小英和刘思源采用实验方法对 408 名 3~6 岁幼儿合作学习的水平与特点进行了研究，发现幼儿时期各年龄阶段都有合作行为存在，但 4 岁左右合作行为发展最快。中外学者的相关研究也证实 4 岁左右是幼儿合作行为发展的重要转折点。在实验园所开展的幼儿深度学习实践研究，选择的实验班级均为中、大班（幼儿年龄为 4~6 岁），因为进入中班以后，幼儿的合作行为与合作学习能力有了很大的发展和提高。实践表明，以同伴合作为支撑推进幼儿深度学习是卓有成效的。

（五）以评价反思为主轴

张立国等人构建了深度学习的一般过程模型，该模型主要由三部分组成。第一部分包括“注意与接受”和“回忆已学知识”两个过程，属于深度学习的导入阶段。第二部分包括“联系新知识”“批判性地建构知识”，以及“迁移运用”和“问题解决”这三大过程，属于深度学习的核心阶段。第三部分是“评价与反思”，属于深度学习的总结阶段。“评价与反思”这两个环节贯穿于整个深度学习的全过程。课题组组织实验园所历时一年多开展的研究表明，幼儿的深度学习也基本包含这三大部分。其中，评价反思反复出现在一个又一个小的问题解决之中，换言之，解决每一个小的问题的过程中，都包含着评价反思。幼儿在以问题解决为导向的深度学习过程中，需要不断地发现问题、思考解决的对策、通过实践验证后评价反思对策。一个对策失败，就要分析原因，思考新的解决对策，再通过实践验证后评价反思对策。评价反思如此循环往复，直到问题的彻底解决。评价反思构成了幼儿深度学习的主轴。

我国传统教育非常重视反思。如《礼记·学记》就谈到了反思的重要性：“学然后知不足，教然后知困。知不足，然后能自反也；知困，然后能自强也。故曰：教学相长也。”在西方的教育理论中，最早提出反思概念的是美国的杜威。杜威把反思称之为“反省思维”，认为“这种思维乃是对某个问题进行反复的、严肃的、持续不断的深思”。杜威指出，反省思维的过程可以分为层层递进的五个环节：情境→问题→假设→推论→验证。陈佑清等全面揭示了反思的三种含义：一是“反复思考”，即深思、沉思、审慎思考；二是指“反身思考”，即主体以自身的经验或行为等为思考的对象，它区别于主体对自身以外的客体的思考；三是指“返回去思考”，即对已经发生或完成的事件或行为的思考。

第四节　深度学习的主要特征

一、深度学习具有的特征

由于学习是一个由浅入深的、持续渐进的过程，因此从个体学习的过程来看，深度学习通常始于简单的、机械式的低级学习，最终指向有意义的、探究式的高级学习。可以说，深度学习和浅层学习是互相渗透的，在提倡深度学习的同时，也不排斥浅层学习，要根据所学知识的性质和个人的实际情况来做出合适的选择。

为了更好地区分浅层学习和深度学习，更深入地理解深度学习的本质内涵，有必要对浅层学习和深度学习进行比较。

（一）以幼儿为中心

深度学习强调以幼儿为中心、以学习为导向，它既关注幼儿的学习过程，也关注教师的教学活动，要求教师通过设计教学和评价活动等来帮助幼儿掌握复杂的知识概念、建构个人知识意义、发展个人理解能力等。

（二）提倡主动终身

在日新月异的知识经济时代，深度学习者为了满足自身发展的需要、跟上时代发展的步伐，不仅要积极主动地去学习知识技能并用来解决实际问题，还要自觉地对自己的学习过程、学习方法、知识理解程度、问题解决能力等进行评价和反思，发现自身学习方面存在的问题并加以改善。深度学习者通常具有内在的学习动机、积极的学习态度和强烈的学习兴趣。此外，由于知识更新速度不断加快，终身学习已成为保持个人竞争力的重要途径，学习者自身对学习的深度也有了更高的要求。

（三）注重批判理解

深度学习是在理解基础上的批判性学习，要求学习者对任何事都保持一种批判或怀疑的态度，批判性地看待新知识并深入思考，从而加深对深层知识和复杂概念的理解。

（四）强调信息整合

首先，深度学习是多渠道信息的整合，学习者不仅仅是接受书本内容或教师传授的知识，更要通过多种途径来获取完成学习任务所需的其他知识信息；其次，深度学习是多学科信息的整合，如在进行基于项目或问题的学习过程中要应用到多门学科的知识；最后，深度学习是新旧信息的整合，它把新信息与已知概念和原理联系起来，整合到原有的认知结构中，从而引起对新信息的深度理解、长期保持及迁移应用。此外，迁移应用实际上是信息整合的高级形式，是建立所学知识信息与应用情境的联系的过程。

（五）促进知识建构与转化

学习者不仅仅要能从信息的海洋中获取到有用的信息，更要能将信息转化为知识，并把新知识与已有的知识经验联系起来，在已有知识结构的基础上建构新知识。在完成知识建构后，深度学习者还要在一定的指导下进行变式练习，将陈述性知识转化为程序性知识，以掌握简单技能；更要通过在新的情境中迁移应用所掌握的知识技能，将一般性的知识技能转化为问题解决技能，以获得高阶能力。

（六）着意迁移运用

“举一反三”“触类旁通”“学以致用”是古人提出来的学习理念，在当代的学习中依然适用。要达到深度学习的水平，学习者不仅要在深度理解所学知识的基础上，实现知识的有效迁移，还要创造性地运用所学知识来解决各种真实情境中的复杂问题。可以说，知识的迁移和应用是深度学习与浅层学习的本质区别。

（七）面向问题解决

学习的目的不只是单纯地掌握知识技能，而是解决存在的问题。深度学习要求学习者灵活运用所学知识来解决真实情境中的复杂问题，去创造新知识。

（八）发展高阶思维

高阶思维是发生在较高认知水平层次上的心智活动或较高层次的认知能力，在教育目标分类中表现为分析、综合、评价、创造等较高认知水平层次的能力。浅层学习主要是对知识的简单描述、记忆或复制，停留在“知道、理解”等较低的认知水平，是一种低级认知技能的获得，涉及简单记忆、浅表理解、结构问题解决等低阶思维活动；反之，深度学习更注重知识的理解和应用，处于“应用、分析、评价、创造”等高级的认知水平。面向高级认知技能的获得，涉及结构问题解决、元认知、批判性思维、创造性思维等高阶思维活动。高阶思维是实现深度学习的关键，发展高阶思维能力有助于实现和促进深度学习；同时高阶思维又是深度学习的核心特征，深度学习的实现有助于提高学习者的思维品质和学习效能。

二、从深度学习的过程模型看其特征

深度学习是一种重要而有效的学习类型。“深度学习是如何发生的”是当前学习研究的重要内容，即研究深度学习的发生机制及实现过程。本研究构建了深度学习的一般过程模型，该模型将深度学习的实现过程归为导入、主体和评价这三个主要阶段，分为注意与预期、激活原有知识、选择性知觉、整合知识信息、批判性分析、知识建构或转化、提取或迁移应用、评价、创造九个基本环节。

（一）注意与预期

任何形式的学习都始于学习者的注意与预期。其中，注意是指信息进入学习者大脑的门户，只有当学习者以一定的方式注意到所输入的信息时，有意识的学习才能够发生。使用突然的刺激变化比较容易引起学习者短时的注意，但很难使学习者持久地维持自己的注意。学习者的自我预期体现了其达到学习目标的具体动机，指明了其完成学习目标的行动方向。学习者自我预期的满足和学习目标的实现，都有助于学习者形成持续性的学习动机，进而持久地维持自己的注意。深度学习源于学习者个体的内部动机，要求学习者具备明确的学习目标并保持对学习内容的兴趣和注意。学习者个体是整个深度学习活动过程中的主体，不仅仅要注意到所输入的信息，更要有选择性地注意那些与学习目标密切相关的重要信息，并对这些重要信息进行深度理解和深度加工。

（二）激活原有知识

学习是学习者个体在原有知识经验的基础上，主动地、积极地进行意义建构的过程。在进入新的学习情境之前，学习者已经掌握了很多知识技能，但是面对新的学习任务时不一定能回忆出并使用相关的信息。在深度学习活动过程中，要引导学习者预习新学习内容，激活与新学习相关的原有知识，特别是激活与结构问题解决相关的深层知识和复杂技能，以便帮助学习者建立新旧知识之间的联系，促进其对新知识的理解和掌握。

（三）选择性知觉

注意到重要信息、确定学习目标和激活原有知识等都为接受和加工信息奠定了基础，但这些都不足以保证学习者会进一步加工信息。在学习目标的指引下，学习者要对所注意到的信息进行深入分析，再有选择性地接受信息，并将它们暂时存储到工作记忆中，以便于进一步加工。在信息极为丰富的时代背景下，深度学习者更要能够区别出需要进行深度加工的信息。

（四）整合知识信息

学习者所感知到的新信息与其认知结构中原有的相关知识之间相互作用、相互联系，并促使它们以有意义的方式进入长时记忆中，以加深对新知识信息的理解和掌握。而深度学习也强调在理解的基础上获取新知识信息，并将这些多学科的、多渠道的新旧知识信息整合到原有的知识结构中，进而建立这些知识信息之间的联系，引起学习者对新知识信息的理解掌握、长期保持及迁移应用。

（五）批判性分析

批判性思维本质上是一种质疑的技能，是多种思维技能的综合运用，是高阶思维的重要组成部分。深度学习是在理解的基础上，要求学习者以一种批判或怀疑的态度来看待新知识和新问题，并从多个角度来进行批判性的分析，进而解决疑问、修正观念，加深对深层知识和复杂概念的理解。

（六）知识建构或转化

经过前五个学习环节，一般意义上的学习已经发生，但多数学习活动还是处于浅层学习层面。而在“知识建构或转化”阶段，学习者的学习活动将发生本质性的变化，不仅仅是获取和理解已有的知识信息，更是要主动地建构新的知识意义或方法技能。知识建构就是新旧知识经验之间反复的双向相互作用的过程，即“一方面是对新信息的意义进行建构，同时又包含对原有经验的改造和重组”。知识转化就是学习者通过变式练习（即在其他有效学习条件不变的情况下，在变化的情境中练习和应用知识技能来解决问题）将知识转化为技能的过程，并通过创造性应用来完善和发展所习得的新技能。可以说，“知识建构或转化”是深度学习和浅层学习的分界点。

（七）提取或迁移应用

新的学习不应该仅仅局限于一两个简单的情境中，而应该泛化到一些新的复杂情境中，这样才能更加深入地理解和掌握所学知识技能。理解掌握知识技能的最终目的就是要把它们迁移应用到真实的、复杂的情境中来解决各种问题。不同类型问题的解决需要用到不同类型的知识，如陈述性知识用来解决“是什么”的问题，程序性知识用来对外解决“怎么办”的问题，策略性知识用来对内解决“怎么办”的问题。因此，问题的顺利解决需要有效地迁移应用合适的知识技能，而有效的迁移应用又以已学知识技能的成功提取为前提条件。深度学习要求学习者深入理解学习情境，正确感知所处的问题情境，根据对问题及其所处情境的理解来确定所需要的知识并顺利提取出来，进而有效地迁移应用到该情境中来解决复杂问题。教学要创造条件、提供情境来引导学习者积极主动地提取并迁移应用所学知识技能。

（八）评价

首先，进行诊断性评价，即预评估幼儿的学习需求和知识水平，以确定幼儿学习的起点和目标，以及促进幼儿学习所需的教学策略等。其次，进行过程性评价，一方面要求教师及时地针对幼儿的学习活动提供反馈信息；另一方面要求幼儿经常性地对自己的学习活动进行反思，并根据教师的反馈信息和自己的反思结果，来发现学习过程中存在的问题和不足，对自己的学习方法、学习态度和学习活动等进行调整，以纠正对知识技能的错误理解，促进对正确理解的长久保持，特别是对复杂认知技能的掌握。最后，进行总结性评价，即对幼儿的学习结果做出价值判断，确定幼儿所获得的学习成效及所达到的学习层次。学习评价贯穿于整个深度学习活动过程中，但由于深度学习是一个动态发展的过程，因此更要注重过程性评价和表现性评价。

（九）创造

深度学习的认知水平对应着布卢姆教育目标分类中的“应用、分析、评价和创造”这四个较高级的认知层次。可以说，深度学习就是运用高阶思维进行有意义的学习。而“创造”是布卢姆认知目标系统中最高级的认知层次，同时创造性思维又是构成高阶思维的重要能力，因此“创造”是深度学习的最高境界，创造性思维是促进深度学习实现的重要能力。

“创造”就是学习者凭借经验、洞察力及创造力来解决新问题，产生新观点，联结互不相关的事情。多数学习中的创造过程都可以分解为三个阶段：生成，就是学习者根据对学习任务的理解，生成对问题的表征，并提出多种可能的问题解决方案；计划，就是考察各种方案的可行性，选择出最为可行的方案，再据此设计出具体的行动计划；产生，就是根据行动计划来解决问题。深度学习的创造过程也基本如此，但是对学习者的要求更高。在深度学习的创造活动中，学习者不仅要能够运用所学知识技能来解决问题，更要能够创造性地运用所学知识技能来解决复杂的新问题，最终达到深度学习的最高境界。

由模型可知，深度学习是一个由浅入深的、持续渐进的过程。“注意与预期”“激活原有知识”和“选择性知觉”这三个环节是一般学习活动过程中都具备的环节，能为深度学习活动的开展提供知识基础；“整合知识信息”和“批判性分析”则开始了对新知识的深度加工，有助于加深学习者对新知识的理解掌握；“知识建构或转化”则是决定深度学习能否实现的关键环节，即通过知识建构来实现概念转变，或者通过知识转化来完善基本技能，实现较低层次上的深度学习；“评价”贯穿于整个学习活动过程中，通过对整个学习活动的监控调节来保证深度学习的实现和发展；“提取或迁移应用”和“创造”则集中体现了深度学习的高阶之处，该层次上的深度学习较难实现。在实际的活动中，以上九个环节往往相互依存、前后交错、循环往复，甚至贯穿于整个活动过程中、包含于其他的学习环节中，例如注意、知觉、提取和评价这些活动通常都会反复出现在学习过程中。当学习者的认知层次及学习水平提高到一定程度时，深度学习就自然而然地发生了，当然所达到的深度学习层次各不相同。

第三章　生成课程：实现幼儿深度学习的实践载体

第一节　生成课程的内涵

一、生成课程

随着教育课程改革浪潮的不断推进，“生成课程”逐渐成为人们关注和研究的热点，成为当代诸多课程模式中的主导课程形态之一。“生成”，顾名思义强调的是课程的“生成”过程，如伊丽莎白·琼斯所言，课程不是教师事先写好的计划，而是在了解儿童产生的问题的过程中逐渐生成的，是自然浮现而非预先设计好的活动。当代备受推崇的瑞吉欧的“项目活动”课程理念也指出，课程应该是在“走进儿童的心灵”，以儿童为中心的前提下，师生共建的一个具有弹性的、探索性的活动过程。课程主题是非预设性的，应来自于儿童真实的生活经验、兴趣和问题，教师以一个决策者的身份做出资源取舍，而不是垄断整个教学过程。因此所谓生成课程，就是教师在与儿童一起活动时，及时发现儿童的兴趣和需要，用自己的智慧和创造性的工作激发每个孩子的潜力，同时使课程不断深入的过程。它不是教育者预先设计好的，但也不是儿童无目的、随意、自发的活动，而是师生共同建构对世界、对他人、对自己的态度和认识的过程。生成课程由此必然强调以儿童为中心，关注儿童具体的活动过程，要求教师对儿童在活动中的各种需要、兴趣、问题、疑惑等进行积极的回应。

生成课程是相对于预设课程而提出的另一种课程存在形式。生成课程不是预先设计详尽的、教师拿来即用的具有普遍适用性的课程方案，也不是死的、静态的、缺乏生命力的“木乃伊式”的课程，更不是漫无目的的、随性的“放牛式”的课程。“生成”有养育、长成、生就之意。生成课程应该是生长的、活的、具有张力的潜在性的课程。其实，生成思想对我国来说并不陌生。

《太一生水》中说："太一生水，水反辅太一，是以成天。天反辅太一，是以成地。"这体现了道家文化中的生成思想。我们要做的就是要将生成课程的教育理念中国化、本土化、幼儿园化。我国学者对于生成课程的理解有两点：其一，它是在师生互动过程中，通过教育者对儿童的需要和感兴趣的事物的价值判断，不断调整活动，以促进儿童更加有效学习的课程发展过程，是一个动态的师生共同学习、共同建构对世界、对他人、对自己的态度和认识的过程；其二，它是与幼儿特定环境相呼应而生成的课程，反映了儿童在环境中发生的一切事情，它不是教师预先计划好的课程，教师也不可能完全按计划行动。

生成课程是生成性思维视角下的一种课程形态，在其建构过程中需要处理好课程生成与预设的关系，以使课程在有计划的同时又是灵动的；应通过增加课程的弹性来增加课程的适应性；既要准确把握生成课程的类型和特点，又要能有效驾驭它，科学合理地解决幼儿的兴趣需要与课程的目的性和计划性之间的关系，既尊重幼儿的兴趣需要，又充分考虑生成为课程的必要性与可行性。

二、生成课程的整合

关于课程目标。生成课程强调目标情境化，目标形成于活动之中，贯穿于整个过程。强调将儿童的兴趣和成人的兴趣、价值观相结合，在教育情境中师幼共同建构，通过反思和对话不断生成目标。课程目标可以是计划好的，也可以由师幼自主生成，既表现出课程是有计划的、有目的的，也表现出课程是灵动的、生成的。强调课程目标是一项具有创造性的工作，随着师幼之间的互动、交流不断擦出智慧的火花而不断进行组织和调整，使之更贴近幼儿的生活，走进儿童的心灵。预设课程遵循"泰勒原理"，由确定教学目标到选择学习经验再到组织课程内容最后进行教学评价，是一个线性式计划。它强调通过控制幼儿的学习行为和教师的教学过程来促进幼儿知识和技能的掌握，而往往忽视了幼儿情感、态度和价值观等方面的培养。预设课程目标先于活动，教育先于经验，以目标达成与否评价课程的好坏。预设课程的目标具有系统性、可操作性。相比之下，预设课程的目标易于实现，便于掌握，有利于儿童学习系统化的知识，但不利于创造性的塑造。而生成课程的目标更人性化和具有生命活力，将课程归属于儿童，但对教师的要求较高。

关于课程内容。生成课程来源于以下几点：（1）儿童的兴趣，是幼儿学习得以持续的内在动力；（2）教师的兴趣，是使教师展示知识或继续学习，保持教学热情的原动力；（3）发展任务，不同的发展阶段需要不同的适宜的课程；（4）物质环境中的事物，包括自然环境和人文环境；（5）社会环境中的人们，各行各业、各种各样的人是儿童感兴趣的对象；（6）课程的资源材料，有图书馆、会议展、资料中心库等资料来源；（7）意外事件，其对教师的决策能力提出了要求；（8）共同生活，解决冲突、给予关爱和建立常规，进行合作、学会表达情感、能够解决冲突，以及幼儿所有的日常生活都是潜在的课程资源；（9）学校、家庭、社区与社会文化所持有的价值观；（10）预设课程有既定的课程目标，依据课程目标选择和组织课程内容。课程内容符合知识的内在逻辑要求，具有确定性、系统性、顺序性等特点。无论是直线式还是螺旋式的课程内容组织形式，都基于学科知识的基本结构，强调对科学知识的完整呈现。生成课程更有利于应对教学偶发事件，使潜在的课程资源转变为现实存在的课程，与预设课程内容相互补充，形成更加全面、生动、开放的课程内容观。

关于课程实施。生成课程的实施是动态的过程，是理解与对话的过程，是幼儿愉悦发展、教师体验幸福的过程。教师不再是唯一的课程实施者，儿童也参与其中。教师根据儿童的兴趣和需要进行价值判断，运用教育机智抓住教育契机，与儿童协商构建主题网络进行课程设计。教师不再是传授者、领导者和权威者，而是“平等中的首席”，是支持者、引导者和合作者。预设课程的实施采取忠实取向，教师根据一定的原则，运用一定的教学方法将已经设计好的课程方案付诸实践，将系统的、确定的学科知识传授给儿童。教师是知识的搬运工，儿童则成了承载知识的容器。在课程实施过程中，强调教师的“教”和幼儿的“学”，教师是具有权威性的，是不可违背的，是“传道受业解惑”者，而儿童只参与课程的展开过程，是被动的、弱势的、无能为力的。而生成课程更关注儿童的真实兴趣和真正需要，师幼在平等、尊重、理解、愉悦的氛围中进行互动，将教师的主体性和儿童的主体性有机结合，充分发挥教师的主导作用，充分体现儿童的主体地位。

关于课程评价。生成课程的评价模式由单一走向多元，趋向发展性评价。在活动中评价，在评价中活动，“你中有我，我中有你”。强调要根据实际情况做出评价，没有统一的标准化的评价模式。强调多方参与评价，课程评价不仅需要教育专家、行政部门、教师的参与，也需要家长、幼儿、社区等的积极参与，形成多元的评价标准。评价更关注儿童的心理和情感，同时也对教师进行评价，评价对象也更加多元。预设课程采用的是终结性评价，是单一的目标评价模式。评价发生在课程结束之后，评价与活动相分离。注重分析目标的实现程度，并对课程的有效性和实施效果做出判断，目标是唯一的标准。预设课程评价主体成分单一，重视幼儿的知识、技能的掌握程度。相较之下，生成课程的评价模式更有利于幼儿的成长和教师的专业化发展。

三、幼儿园生成课程

本研究的生成课程是指以幼儿为中心的课程，是师幼互动共同创建的课程，是平等的、多元的、潜在的课程，是以尊重儿童的兴趣和需要为前提的课程，能够促进幼儿快速学习，养成良好的学习习惯和构建良好知识体系的课程。

幼儿深度学习取向的幼儿园生成课程的实践研究，是在幼儿园教师的引领下，借助实地调查、分析对比、总结归纳、实践应用及检验等步骤，以幼儿深度学习发现值得探究的问题为源点，师幼共同学习、互动激发，主动建构，不断调整活动，以促进幼儿积极思考、自主迁移、大胆尝试、动手操作、获得发展的课程及其资源研究。

第二节　生成课程的理论基础

一、生成课程的哲学基础

英语中的生成“emergency”一词来源于动词 emerge，它的原意是“从水面下浮现”。“e-”是一个表示“向外，从……中出来”的前缀。“emergency”可以译为“生成、显现、突现”等，其中，“突现”是复杂性科学的一个关键词。

1963 年，气象学家劳伦斯在《大气科学》上发表了《决定性的非周期流》一文，指出在气候不能精确重演与长期的天气预报不力之间必然存在某种联系。这就是非周期性与不可预见性的关系。他推测，任何一连串事件都可能有一个临界点，在这一点上，小变化可以引起大变化，并且是丰富的、不可预测的变化。混沌的含义就是这些点无处不在，不可低估它们，这就是著名的“蝴蝶效应”。混沌理论打开了一扇复杂性科学的大门。30 多年前，美国数学家曼德勃罗在研究复杂性理论时，发现有些非线性方程运动轨迹具有一种不可预期的突发性，展现了一种奇异炫目的分形图形。他用计算机绘出了第一张五彩缤纷、艺术品般美丽的混沌图像，这些现象都被称为复杂性科学中的“突变”现象。

有学者提出，复杂性科学中的“突变”一词，其实和生成论中的“生成”是完全一致的。“生成论”本身就是针对“现成论”或“构成论”提出的，是对“整体论”局限性的超越。“现成论”把事物看作既成的事实，束缚了人们的思维，阻碍了科学的创新和发展。而“构成论”用还原的视角，试图对事物进行简单的分割，认为一切物质都是已经存在的，是独立的各部分组成后呈现在我们面前的。“生成论”则采取生成性思维，主张万事万物时刻都处于变化生成的状态，包括人类生命的存在也在不断生成变化着。

“生成哲学”在东方有着悠远的历史，可以追溯到中国的道家文化。老子则以“道”为核心，提出“有无相生，难易相成”的中国古典生成哲学。“道生一，一生二，二生三，三生万物”，“道实”与“道变”共同构成了老子生成哲学的根基。在老子看来，天下万物始终处于不断变化的生成中，生成是世界存在的方式，也是人们认识世间万物的途径。

西方诸多哲学家也提出了生成性思维的观点，如马克思的实践生成哲学、存在主义哲学、生命哲学等流派。20 世纪的科学革命不仅推翻了经典物理学关于物质构造的设想，而且动摇了实体实在论，它得出了物质非物质化的科学哲学观，提出了非实体主义或关系主义的观点，为当代生成哲学的建构奠定了基础。

当今，量子论哲学说明了微观客体在相互作用中生成，系统论与复杂性理论哲学又阐释了世界的生成。用生成论的方法看问题，人与自然应该是和谐的整体，东西方文化要融合交流，整个宇宙都处在动态平衡的循环运动网络之中，教育当然也不例外。

二、影响生成课程的教育理论

生成本身是一个由无到有、不断涌现和明朗的过程。生成哲学，以及康德、席勒、狄尔泰等人的生命哲学与生命美学都对教育领域产生了影响。而建构主义理论、杜威的经验课程观、后现代课程观等教育理论则直接影响着生成课程理论的诞生。

建构主义教育观是生成课程的重要教育理论来源之一。建构主义理论认为，认识并不是主体对客观实在的被动反映，而是主体对客观世界主动建构的过程。如皮亚杰认为，知识的产生源于个体认知的失衡，个体为了达到认知平衡，会运用同化和顺应的方式使自己达到适应的状态。学习的过程不断生成与变化着，学习者如同在一连串高低不平的石头上行走，需要不断调整自己的平衡。课程的发展途径如同一次“森林旅行”，既无固定路线，也无直达列车。

杜威则认为，教育的本质就是儿童经验的不断改造和连续发展。他指出“常态的儿童和常态的成人都在不断地生长。他们之间的区别不是生长与不生长的区别，而是各有适合于不同情况的不同的生长方式”。杜威认为，教育过程中的基本要素就是不成熟的、尚未发展完善的个体，并提出了“教育即生长”的命题。传统教学把经验的主体和客体分裂开来，忽视了儿童能动的活生生的现实经验，只有通过经验的改组，个体知识才能得到生长，儿童才能得到持续发展。

日本学者佐藤学认为，今天的学校教育和课程发展已经呈现出一种不可避免的“后现代状况”。“后现代”的话语与思考样式渗透了课程研究的领域。兴起于20世纪60年代的概念重建主义认为，现代性课程研究存在追求课程的工具理性、追求简单的线性、忽视教学的动态发展性特征等三大弊端。现代课程观主张提供普适性程序，强调知识和教学的精确性和客观性，忽视了具体存在的人。如美国课程学家多尔所说：“现代主义，尤其在教育和课程领域之中的体现是害怕放松了控制的弦。”在这种“机械性导向的课程中，目标是外在的而且先于教学过程而确定的；目标一旦设定，便要贯穿整个课程。教师成为驾驶员（通常驾驶的是别人的车），幼儿最多是旅客，更糟的是成为被驱动的物体”。生成课程正是通过对现代课程理论的超越，与后现代思想形成了某种契合。

此外，维特罗克的生成性学习理论、博尔诺夫对“教育的非连续性”认识等，都为生成课程理论的发展提供了支持。西方教育家还开始关注课程中的“生成逻辑”对多元文化中幼儿的主体性培养的意义等。近十年来，我国也有不少对教学与课程生成的尝试，如有学者认为生成教学就是“强调教学的过程性”。还有学者提出教学本身具有生成性，没有不具有生成性的教学。学者们也对生成课程和预成课程进行了辨析。预成课程和预设课程不同。前者遵循的是普遍主义或绝对主义的思维模式与衡量标准，以控制为核心，追求教学的效率与结果，在教学展开之前，已经设定好教学路径与结果，并且希望寻找普适化的路径与规律。而预设课程中的“预设”是事先准备和设置的意思。不过，现今的教育过分讲求“预设”，预设就变成了预成，成为成人控制儿童的手段，脱离了教学本体存在的要求。总体来说，我国的生成课程理论还没有形成完整的体系，对生成课程的实践研究也缺乏广泛的支持。

第三节 生成课程的结构要素

教师作为教学研究的重要组成部分，一直以来在大多数教育活动过程中处于主动地位，幼儿所学课程的内容都是根据学校及教师的安排而进行的。这种传统的教育方式难以引起幼儿的兴趣，常常导致幼儿对课堂失去兴趣，难以集中注意力听讲，结果不但降低了幼儿的学习效率，还大大打击了幼儿对外界的探索和求知的热情。

如何调动幼儿的积极性，是生成课程的首要任务，这就要求幼儿教师要善于发现儿童的兴趣点及其隐藏的教育意义，积极进行引导，采用适当的手段进行教育，与之互动。在近几年里，生成课程经过实践虽然得到了一定的丰富和发展，部分专家和学者也对生成课程进行了研究和论述，但是真正能结合实际且有着详尽的实施策略思路的却不多见，所以对生成课程的实施策略的研究是十分必要的。

一、生成课程的当代表现形态

意大利的瑞吉欧课程、美国的 PBL（Project-Based Learning）教学模式，以及我国基础教育课程改革中的综合实践活动，都是生成课程的当代表现形态。

（一）瑞吉欧课程

意大利瑞吉欧学前课程体系可谓当代生成课程的典范，也有学者称它为“弹性计划”或“项目活动”。瑞吉欧是意大利北部的一个小城，其学前教育体系中没有固定的课程内容，也没有预先设计好的活动方案，课程主要是以“主题”的方式开展的。儿童在教师的支持、帮助和引导下，围绕自己感兴趣的某个问题进行研究、探讨，在共同的研究与探讨中发现知识、理解意义、建构认识。在瑞吉欧的教育者看来，儿童是有力、强壮与能干的学习者，教学的过程如同教师和儿童之间的游戏，教师必须“接住儿童抛过来的球”，成为儿童真正的合作伙伴。教师的作用是支持和引导儿童对某一现象或概念从多角度进行深入认识。在这样的教育理念下，教师不会急于结束活动，也不会忙着在不同的活动之间切换，他们愿意等待。因为在他们看来，让儿童学会如何获取知识比获取知识本身更重要。

（二）PBL——基于项目的学习

基础教育改革将综合实践活动是中小学课程的有机组成部分。一些学校在开展综合实践活动时，采取研究性学习或研究型课程（探究课）的形式，形成了“一种基于学生的直接经验、密切联系学生自身生活和社会生活、体现对知识的综合运用的综合课程形态”。有学者指出，研究性学习课程要“坚持课程实施的创生取向”，其教学目标与教学内容要“由学生与教师通过主体性的发挥而生成，不能预先设定”。由此可见，研究性学习的课程形式实现了课程与教学的概念重建，其本质就是一种体验性的生成课程。

二、生成课程的构成

（一）关注幼儿兴趣，由兴趣生成课程

生成课程观强调：教师应该通过分析、判断，选择更有利于幼儿学习的且为多数幼儿认同的兴趣点生成课程，并跟随幼儿的兴趣、行为做动态调整，深入挖掘主题活动的教育意义和价值，以促进幼儿主动探索和学习。根据《纲要》理念，关注幼儿的兴趣，把幼儿的兴趣看成课程生成、发展起点和依据。

1. 从幼儿感兴趣的话题中生成课程

有心的老师不难发现：孩子在自由状态下总有说不完的话，只要稍加引导，就能挖掘出许多生动有趣的主题。比如：开学时，班级环境“一片空白”。孩子们都感到非常奇怪和疑惑，有的说：“老师太忙了，没有来得及。”有的说：“老师不会是偷懒吧？”老师没有急于表明，而是询问幼儿暑假过得怎么样，有什么新鲜事？就这样孩子们的兴趣由疑惑而生，共同的话题由兴趣而起。

自主讨论的氛围，激活了幼儿的思维，激起了共同的关注：创设什么样的环境，开展什么主题活动？孩子们都表现出从未有过的主动和自信，都争相说出自己的意见。由此，生成了丰富多彩的主题活动，如：闪亮的萤火虫、夏天里的活动、快乐的旅游等；师幼共同收集资料、创设环境，在积极的多边互动中，共同获取发展和提高。

2. 从孩子们的“为什么”中生成课程

幼儿园的孩子对世界充满了好奇，总有问不完的为什么，经常在老师身旁追问不休。如：为什么马老师（怀孕）的肚子会变大？周老师的肚子怎么不会变大？马老师的肚子还会变小吗？听着一个个可爱的问题，老师不是急于回答，而是把个体的问题抛给全体孩子，使它成为孩子们共同关注的问题，激起幼儿找寻问题答案的欲望，从而生成新的主题活动“我在长大”，且在家长、医生等的共同支持、配合下分解成“肚子里的宝宝”“宝宝在活动”“爸爸妈妈辛苦了”“我长大了干什么”等丰富多彩的系列活动。孩子们在这些有趣的活动中形象而生动地了解自己的成长过程，真

切地感受到父母、老师等对自己的关爱，从而在他们幼小的心灵深处播下爱的种子。

3. 从吸引幼儿的事件中生成课程

生活中一些不经意的小事都能引起幼儿的欢呼雀跃。如孩子们在草坪上玩时，发现了许多蚱蜢，高兴地叫了起来：“快来看呀，我们抓到了许多绿虫子！还会跳呢！”老师不失时机地引导：“哎呀，真多呀！谁认识它们呢?”由此生成了主题活动“小蚱蜢，跳、跳、跳”，还从幼儿熟悉的蝴蝶、知了等拓展到了五彩缤纷的昆虫世界。

课程追随幼儿的兴趣不断向前发展，不仅仅大大丰富了幼儿的知识经验，更让老师明白：在收集资料的过程中，帮助自己积累更广泛的知识和经验，主题生成、发展的过程更是自己学习、发展、成长的过程。

（二）关注幼儿生活，由生活经验生成课程

教育活动必须密切联系幼儿生活，在日常生活中有意识地引导幼儿能动观察，积累各种生活经验，在生活中发现、获取教育素材，由富含价值的生活内容创生课程，促使幼儿在已有生活经验的基础上探索新的领域。

如数学活动“认识圆形”：在生活中幼儿能接触到各种各样的圆形物体——太阳、月亮、皮球、水果、车轮……在教师的启发下，孩子们思维活跃，联想丰富，把生活中吃的、玩的、用的，甚至天上的、地下的、水中的圆形物体都找了出来。为了张扬幼儿的创意，展示幼儿成长的足迹，教师生成了主题活动“圆的畅想”。孩子们画出了可爱的金龟子、星光闪闪的人造卫星……不由得让老师感动、佩服，更坚定了相信孩子、给孩子自主权的信念。

又如：小班幼儿对“吃”特别关注，但吃时总是由家长们包办代劳，手把手送进孩子嘴里。殊不知在爱孩子的同时也剥夺了孩子动手的权利和机会。根据这一情况，生成了“果皮里面是什么?”“宝宝自己剥”“糖果穿新衣”等生活活动，并充分挖掘了教育价值，还在此基础上又生成了“我的小手真能干”的亲子活动。在孩子获得发展的同时，也转变了家长教育观。

（三）关注幼儿周围环境，由环境生成课程

环境是重要的教育资源，教师应充分利用自然环境和社区等教育资源，扩展孩子生活和学习的空间，有效地促进幼儿发展。

1. 由自然环境生成课程

例如，对于生活在农村的幼儿，他们周围有着美丽的田园风光，教师就可以生成主题活动“走在田埂上”。春天让幼儿感受生命的活力，访问碧绿的麦苗、金黄的油菜花；夏天和孩子一起和青蛙比赛歌唱，采摘桃子、西红柿；秋天让幼儿亲身体验丰收的喜悦，零距离接触弯腰的水稻、收获的农民；冬天和孩子一起玩拔萝卜游戏，追雪花、堆雪人。孩子们在大自然的怀抱中，边看边玩边说边吃，真有说不出的高兴，这样就做到了从实际出发，因地制宜，不断开发并充实田园课程。

2. 由社区资源生成课程

幼儿不仅仅是自然的人，更是社会的人。他们的生活里，除了家、幼儿园，也离不开社区。超市、公园、游乐场等都是孩子们爱去的地方。丰富的社区资源成了幼儿园生成课程的源泉。

如大班“超市购物”活动源于幼儿对远足活动准备的讨论。以往都是家长为孩子准备丰盛的物品，远足活动沦为了幼儿的美食节。这次，充分让孩子讨论：准备什么样的食品最科学？让幼儿每人准备 5 元钱自主购物，学习记账。挑选物品、计算价钱，超市里一片热闹繁忙的景象，连营业员阿姨也跷起了大拇指：没想到孩子这么能干！采购完毕，回到幼儿园，孩子们仍意犹未尽，就画出了各种食品，记下食品的价格，还意外地认识了小数点。

（四）关注幼儿活动，由活动中产生的新发现生成课程

根据《纲要》理念，教师创造性地开展工作，必须关注幼儿在活动中的表现和反应，敏感地察觉他们的需要，及时以适当的方式予以应答，真正让幼儿成为活动的主体。

幼儿在活动过程中总是喜欢不断摆弄各种操作材料，在反复操作中建构自己的认知体系。如：主题活动“有趣的纹路”即产生于操作过程中和工具材料的互动。在“我的小手”科学活动中，我们投放了放大镜等工具。活动中孩子们带着对放大镜的兴趣，对着小手看了又看，他们发现并记录下了：纵横交错的掌纹、指纹、关节纹。更有幼儿玩起了放大镜，他们不断有新的发现：“老师，桌子上也有纹路！”“衣服上有花纹！”幼儿在活动中的发现又为新活动的生成和环境的再创设提供了依据。在老师的启发、鼓励下，大家收集了许多有纹路的物品，并用放大镜一一仔细观察。主题活动“有趣的纹路”让孩子们见识了各种天然纹路和人工纹路，以及水、大气等物体运动时产生的有趣的纹路。孩子们感受到了探索的乐趣，更感受到了老师的信任，成功感油然而生，自信心不断增强。

此外，还可以和幼儿一起关注重大新闻，孩子们耳闻目睹、耳濡目染，也说得头头是道。这种公众关注的重大新闻也生成了我们的主题活动。教师、幼儿、家长共同收集了大量图文并茂的资料，平常不显眼的报纸、下载资料等也能变废为宝，成为孩子们探索学习、成长的载体。

第四节　生成课程的主要特征

一、从生成课程内容本身对其课程特征进行归纳

姜勇在研究中将生成课程的特点归纳为以下四点：一是生成课程是以一定的理论为其背景的，一种有理论模式和框架体系的课程；二是生成课程的突出特征是幼儿“生成”活动的“生成”和教师的“生成”；三是生成课程不限定在某一种课程活动形式中；四是生成课程既关注幼儿又关注教师的成长，它倡导教师与幼儿的共同成长、共同“生成”。张洁、杨甲睿在文章《论幼儿教育中的生成课程》中将生成课程的特点归纳为：生成课程是儿童兴趣的产物；生成课程的外在动力是成人兴趣；生成课程发展的内在动力是成人兴趣和儿童兴趣的融合；生成课程计划是一种“脚本”；生成课程中的教师是参与者、促进者；儿童是生成课程的真正执行者。

二、从后现代课程观的角度剖析生成课程的特征

朱梅花在其文章《论后现代课程观视野下的幼儿园生成课程》中，将生成课程的特点概括为：（1）生成课程解构教师权威；（2）生成课程注重交流和合作；（3）生成课程注重动态性、丰富性和有机性；（4）生成课程注重教师的反思性。

程妍涛等人在研究中，以后现代课程观的视野将生成课程的特点归纳为7点：（1）课程目标的不确定性和自生长性；（2）课程计划的开放性；（3）课程内容的回归性和关联性；（4）师幼发展的交互性和平行性；（5）课程生成的即时性和情境性；（6）知识经验建构过程的创造性；（7）课程评价系统的流动性、反思性和模糊性。

生成课程解构了教师的权威性，是儿童和教师相互呼应而生发出来的。生成课程既反映了儿童的生活、儿童的经验、儿童在家庭和社会中所受的环境影响，也是教师对儿童的充分倾听和理解的结果。同时，生成课程强调合作的多元性，它的实施需要儿童、教师、家长和社区人员等的相互合作，教师和幼儿作为课程的主体，家长和社区人员可以为幼儿和教师提供条件和便利。生成课程是一种动态的、丰富的体验过程。

三、生成课程与预成课程的基本特征比较

课程存在的形态：预成课程在课程实施前就已经预先设计目标和课程

计划；而生成课程没有预先准备。课程方案的设计：预成课程的方案严密、详细；而生成课程没有精密的设计。课程设计与实施之间的关系：预成课程的设计与实施是分开的；而生成课程的设计和实施是在同一过程中的，它没有事先设计，是边进行边设计，完全是在师幼互动的过程中不断形成和发展的。关注的中心：预成课程更关注结果，即预先设计的目标的实现，是以目标为依据的，较少关注幼儿；而生成课程非常关注幼儿的兴趣，更多地从幼儿感兴趣的事件中生成教育目标，儿童的兴趣是最直接的出发点。教学的内容：预成课程的内容按照计划进行，比较固定；而生成课程则带有一定的随机性、灵活性。教师、儿童的地位：在预成课程中，教师是课程的设计者和实施者，儿童作为接受者参与到课程的实施中来；而在生成课程中，儿童既是活动的设计者，又是参与者。教师作为支持者根据幼儿兴趣的持续性，及时调整活动方向，给予必要的支持与帮助，和孩子们一起探索，整个过程是师幼充分互动的过程。教学评价：在预成课程中，评价是对课程效果的评判；而在生成课程中，评价是贯穿在活动过程中的，是新的课程内容的生长点。

张金梅在将生成课程与预成课程比较后，归纳出以下几个特点。在目标上：预成课程的目标先于活动，目标和活动分离；生成课程则强调目标在活动中形成，目标与活动统一。在知识观上：预成课程强调教师传递“确定的理性知识”；生成课程则重视师幼共同建构“不确定的知识”。在师幼关系上：预成课程体现为有知识的教师和无知识的儿童间的不平等的关系；生成课程则强调教师和儿童在共同探究、共同学习中的平等合作关系。

无论理论者和研究者用哪种方法去总结把握生成课程的特点，都看到了生成课程在课程形式、课程内容、课程关注的中心、课程的指导思想及课程中的师幼关系这几个方面的显著特征，这些特征也是生成课程的本质精髓所在。只有把握了正确的理论内涵，树立了正确适宜的教育观念，才能有效地促使观念朝着正确适宜的教育行为发展，以确保幼儿能得到身心全面发展的教育，真正拥有一个健康、快乐的童年。

四、生成课程其他相关特征

（一）生成课程有着一定的理论背景和结构框架

生成课程侧重于“生成”，这种生成不单单是教师和学校的单方面生成，更是从幼儿角度出发的生成，既照顾到教授和接受双方的感觉，又倡导师生共同成长、生成。在生成课程中，教师不单单是授课者、讲课者，更是陪伴幼儿成长的参与者和促进者，他们目睹和见证了幼儿的成长。在幼儿园中，幼儿是主导者，处于主动地位，幼儿才是生成课程的主要实施人。

（二）生成课程的教学目标具有灵活性和不确定性

由于生成课程是根据幼儿自身的兴趣爱好和特点来的，每个个体都有着各自不同的特质，所以生成课程也不尽相同，生成课程的教学目标也要根据不同的幼儿而发生变化，这就导致了生成课程的不确定性和自生长性，教学目标也就随之变得灵活。

（三）生成课程具有自由性和开放性

生成课程的设置具有较强的开放性，幼儿可以根据自己的兴趣进行选择和改变。有了自由选择的权利，生成课程可以面向更多的幼儿，也具有更大的开放性。

第四章　因素分析：生成课程中深度学习的影响要素

第一节　幼儿主体因素

三元交互决定论提出，人的主体因素与行为之间是相互影响的，因此幼儿的深度学习亦受到其主体因素的影响。人自身的认知因素可以强有力地支配并引导其行为，与此同时，人体结构、感受系统、神经系统等行为的物质载体，不仅能够为行为提供实现的基础，也规定了行为的限度。作为深度学习活动的主体，幼儿在深度学习活动中表现出的学习动机、学习迁移、元认知、学习品质，以及其自身的年龄和性别，都深深地影响着幼儿的深度学习。

一、学习动机

在深度学习活动中，幼儿的学习动机尤其是内部学习动机是活动开展的基础，学习动机对幼儿深度学习的影响主要表现在两方面：一是教师基于幼儿的学习动机确定深度学习活动主题，二是学习动机是直接推动幼儿参与深度学习活动的动力。在此基础上，学习动机激发，调动其非智力因素，发挥激活、定向、维持和调节的功能，使幼儿取得良好的学习效果。

（一）学习动机影响幼儿深度学习的理论分析

学习动机是指引起学生学习活动、维持学习活动，并指引学习活动趋向教师所设定的目标的心理倾向。学习动机强调学习者对学习的期待或根据学习目标而选择的内在付出程度，在深度学习活动中，幼儿的学习动机是指他们为了满足自己的需要或目标而学习的动力。

学习动机的类型根据不同的分类标准可以分为很多种，在教育实践中比较有影响的主要是以下三种分类方式：一是把学习动机的动力来源作为分类标准，把学习动机分为外部动机和内部动机；二是依据学习活动同远近目标的关系，可分为远景性动机与近景性动机；三是依据奥苏泊尔的成就动机理论，将学习动机分为认知动机、自我提高动机及附属动机。

按照以上关于学习动机的分类标准，幼儿在深度学习活动中的学习动机主要为内部动机、近景性动机和认知动机。幼儿出自对深度学习活动本身的喜爱从而激发了内部学习动机，内部动机引导幼儿积极主动地完成活动任务，解决活动中的问题，实现活动目标；幼儿的近景性动机表现为幼儿在深度学习活动中的目标大多数为近期目标，即制作出某种物品或解决某个问题，学习兴趣和结果是此类学习动机所关注的方面，幼儿的近景性动机对其深度学习活动产生直接影响；幼儿的认知动机指向深度学习活动中的学习任务本身，使幼儿在对活动内容感兴趣的基础上主动获取知识。此外，学前阶段师幼关系的特点也决定了幼儿在活动过程中经常出现附属动机，比如幼儿为了教师的肯定和表扬而调节自己的行为等。

学习动机是激发并维持学生进行学习的内部动力，是动机在学习方面的体现。具体而言，学习动机具有激活、定向、维持和调节的功能。首先是激活功能，学习动机能够促进学习者积极参与学习活动，具备了某种学习动机的学习者会高度关注相关刺激，激发自身的学习行为；其次是定向功能，学习动机能够促进学习者致力于实现学习目标，保证学习者高效开展学习活动；最后是维持和调节功能，当学习活动开始后，学习动机能维持学习者的学习过程，还能调节学习活动的强度及持续的时间，如果学习目标得以实现，动机就会促使学习者停止学习活动，如果未实现目标，动机则会驱动机体加强该学习活动直到完成目标。

此外，已有许多研究证明学习动机不仅能够直接发挥以上这些激活、定向、维持和调节的功能，还能够通过调节人的非智力因素从而影响学习效果。学生的学习效果受到智力因素和非智力因素两方面的影响，非智力因素在某种程度上对学习效果起着至关重要的作用。从一定意义上来看，动机处于非智力因素中的核心地位，在学习过程中，情感、兴趣、意志等其他非智力因素可以通过学习动机对学生的学习产生重要影响。在幼儿深度学习过程中，学习动机作为激发并维持学生进行学习的内部动力，发挥了重要的作用。

在深度学习活动中，幼儿的学习动机是活动开展的基础，活动主题的选择、活动的走向、活动中问题的呈现和解决，都受到幼儿学习动机的影响，学习动机是影响幼儿深度学习的重要因素。

（二）学习动机影响幼儿深度学习的案例分析

案例1　飞机

根据幼儿对关于飞机的知识的强烈学习动机，教师选择了“飞机”作为深度学习活动的主题。这个班的幼儿对各种各样的飞机充满了好奇，经常提出很多关于飞机的问题。在一次户外活动中，幼儿看到有飞机从空中飞过，他们立刻兴奋得手舞足蹈、大叫大跳，热烈地讨论起关于飞机的事情，对飞机表现出浓厚的兴趣。“飞机怎么能飞得那么高呀，太厉害啦！”“我特别喜欢坐飞机，飞机飞得可快啦！”回到活动室后，幼儿在建构区用积木和雪花片搭建各种飞机，很多幼儿在搭飞机的时候提出：“我搭建的飞机要是能飞起来就好啦！”幼儿对飞机非常感兴趣，渴望进一步了解关于飞机的各种知识，希望能自己做出可以飞起来的飞机。于是教师从幼儿强烈的学习动机和年龄特点出发，生成了深度学习课题活动“飞机”。

在学习动机的基础上开展活动，才能使幼儿在活动中保持高涨的学习热情。在强烈学习动机的刺激下，幼儿的情感、兴趣和意志等非智力因素得到充分的调动，促使幼儿表现出良好的学习行为。学习动机的激活、定向、维持和调节功能使幼儿积极主动地去解决深度学习活动中遇到的问题，发展自身的高阶思维和优秀的学习品质，从而得到良好的学习效果。

“飞机”这一深度学习活动的主题是基于幼儿强烈的学习动机确定的。首先，在幼儿学习动机的基础上确定的这一活动主题能够有效地调动幼儿的情感、兴趣和意志等非智力因素，这是幼儿产生学习行为的必要前提，也是幼儿深度学习过程中的强大推力；其次，活动主题的确定过程体现了学习动机的激活功能，在“飞机”这一活动主题的确定过程中，幼儿对飞机的强烈兴趣是确定活动主题的基础，幼儿具备学习与飞机相关的知识的动机，对与飞机相关的刺激特别敏感，由此激发了他们对与飞机相关的知识的学习行为。根据幼儿的强烈学习动机，教师选择了“飞机”作为幼儿深度学习活动的主题，这使幼儿在活动过程中一直保持着非常高的学习热情，使活动过程处处迸发出思维的火花；最后，这一活动主题激发了幼儿在活动过程中强烈的求知欲望，使幼儿在求知欲望的推动下积极参与活动，思考活动中问题的解决方法，动手操作实践，在与同伴和教师的互动中发展高阶思维，提高各方面的能力，实现全面健康的发展。

“飞机”这一案例主题的确定过程，充分地体现了学习动机调动幼儿的情感、兴趣和意志等非智力因素的作用，表现出了学习动机的激活功能，使幼儿在活动过程中获得了良好的学习效果。而在以下的“神奇的造纸”这一案例片段中，除了体现了学习动机以上的功能与作用，还体现了学习动机的激活、定向、维持和调节功能。

案例2　神奇的造纸

在“神奇的造纸”这一案例中，幼儿有对相关知识的强烈学习动机。幼儿的这种强烈的学习动机也使他们在活动过程中积极主动地解决问题，得到了非常好的深度学习效果。在收集了造纸的材料之后，幼儿在教师的引导下讨论如何造纸，强烈的学习动机使他们非常积极地思考并发表自己的看法，为接下来的动手操作过程打下了良好的基础：

(教师：我们收集了造纸的材料，怎样用这些材料造纸呢?)

刘可：我们可以把捡回来的树皮变成泥，在泥里加点东西就成了纸。

小宇：对，泥特别软，可以变成各种形状。

豆豆：纸是薄薄的，可以用力把泥压成薄片，很简单。

花语：可是，怎样才能让树皮变得像泥一样?

牛牛：我觉得把树皮放在水里泡，泡很长时间，就可以像泥一样，然后用胶把它粘起来。

(教师：只用浸泡的方式就可以让树皮变得像泥一样吗?还有没有其他的方法可以更快地让树皮变得像泥一样?)

小宇：先取下树皮，然后用水和其他溶液一起泡软树皮，就可以变成泥了。

牛牛：我觉得可以把树皮切碎，然后泡起来就可以更快地变成泥了。

在“神奇的造纸”这一活动中，幼儿强烈的学习动机充分发挥了激活、定向、维持和调节功能。具体来说，学习动机的激活功能体现在，幼儿所拥有的关于“造纸”的学习动机使得他们对相关刺激特别敏感，激活了他们对相关知识的积极的学习行为，使他们在“造纸”过程中保持着高度的学习热情，在遇到问题时，积极动脑思考和动手操作，提出各种解决方案并主动付诸实施，促进了活动的顺利开展和自身能力的提高。学习动机的定向功能体现在，它使幼儿持之以恒地朝着“造纸”的既定目标前进，努力解决活动过程中出现的问题，保证幼儿的深度学习活动高效进行。学习动机的维持和调节功能体现在，始终维持幼儿的深度学习活动，使幼儿针对“造纸”的目标去调整活动过程，直至制作出合适的纸。学习动机的激活、定向、维持和调节功能在活动过程中得到了充分的发挥，促使幼儿积极地迁移已有经验，探索解决活动中的问题，对幼儿的深度学习产生重要影响。

由此可以看出，强烈的学习动机对深度学习活动的影响主要体现在两方面，一是影响活动主题的选择，二是影响幼儿在活动中的表现。但是在部分活动过程中，有的幼儿学习动机下降，不仅对活动进展造成了一定的阻碍，也不利于他们本身能力的提高，具体可见下一案例：

案例 3　吹泡泡机

在“吹泡泡机”这一案例中，幼儿根据计划，需要搭建一个立起来的架子。他们选用了塑料制品“万能棒”和“万能点”进行搭建，但是在搭建过程中，在搭建出泡泡机的一条腿之后，架子总是倒。部分幼儿感到很沮丧，学习动机水平下降，阻碍了问题解决，影响了活动进度。

幼儿选择了“万能棒”和“万能点”进行搭建，但是搭建出的柱体一碰就倒了。站在一旁的嘻嘻仔细观察并提出疑问：为什么搭的柱子会倒呢？

幼儿停下来一起讨论，经过努力搭建后架子还总是倒，这使部分幼儿感到非常挫败和沮丧。

二宝：它总是站不稳。

妙妙：太难了，咱们做了这么久，还是倒，我不想做了。

说完，妙妙走到一边，拒绝继续参加活动。

其他幼儿去安慰妙妙，鼓励她继续参加。

嘻嘻：我们不能放弃呀，快要做好了！

二宝：对呀，咱们一起努力做好这个架子。

教师此时也参与进来，鼓励妙妙继续参加活动：妙妙，你看大家都邀请你继续参加，你快来呀。

妙妙在同伴和教师的鼓励下继续参加活动，但是她的学习动机水平明显下降，学习热情也不如之前那么高涨，影响了她接下来的活动效果。

学习效果与学习动机水平的高低密切相关，高水平的学习动机往往会激发学习者强烈的求知欲望，同理，低水平的学习动机也会降低学习者的求知欲望，不利于幼儿在活动过程中的表现，使学习效果大打折扣。在上文这个案例中，学习动机水平的下降导致其维持和调节功能降低，影响了幼儿妙妙的学习热情和学习的主动性，使妙妙的参与度下降，减少了妙妙接下来认真思考和动手操作的频率。这不仅妨碍了妙妙在活动中的能力提高，也对活动进展造成了阻碍。

通过以上案例的分析可以得知，幼儿强烈的学习动机能够在深度学习活动中发挥激活、定向、维持和调节功能，使幼儿表现出良好的学习行为，得到良好的学习效果。具体来说，高水平的学习动机有利于帮助幼儿确定深度学习活动的主题，使幼儿在遇到困难时不气馁，积极解决所遇到的问题，从而在活动过程中拥有更好的表现，获得各方面能力的发展。低水平的学习动机则不利于发挥其激活、定向、维持和调节的功能，会使幼儿的学习热情和坚持性水平降低，不利于问题的解决和活动的推进，会降低幼儿的参与度，减少幼儿在活动中的发展机会。因此，学习动机是影响幼儿深度学习的重要因素。

二、学习迁移

在幼儿的深度学习活动中，学习迁移是非常重要的过程。学习迁移注重将学习者认知结构中已有的知识外显化和操作化，是将间接经验直接化的从抽象到具体的过程，是高阶思维能力的重要表现。学习者通过学习迁移，利用认知结构中已有的知识去解决问题，完成学习目标。幼儿的深度学习与学习迁移之间存在密切的联系，深度学习强调对学习内容和知识本质的批判性理解与运用，它追求有效的学习迁移和真实问题的解决，属于以高阶思维为主要认知活动的高投入性学习。幼儿在深度学习活动中的学习迁移效果影响着他们对问题的解决过程，从而对幼儿的深度学习结果产生非常重要的影响。根据深度学习活动中幼儿的表现可以看出，良好的学习迁移有利于活动中问题的解决，不良的学习迁移则不利于甚至阻碍问题解决。幼儿的深度学习活动是由问题解决的过程组成的，学习迁移是影响幼儿深度学习的重要因素。

（一）学习迁移影响幼儿深度学习的理论分析

学习迁移是指先前学习的知识和技能对新知识和新技能的学习与获得的影响，这种影响可以起促进作用，也可以起妨碍作用。在深度学习活动中，幼儿的学习迁移是幼儿调动认知结构中已有的与当前问题情境相关的知识经验，并将其根据需要进行重新整合，从而解决当前问题的过程。深度学习的过程与学习迁移的内在逻辑一致，深度学习是实现知识迁移的必要手段和基本途径，其价值追求是形成可迁移的知识与技能，而学习迁移的数量和质量可以检验深度学习的效果，它的实现需要建立在深度学习之上。

学习迁移按不同的标准有很多分类方法：一是依照迁移的效果划分，可以分为正迁移和负迁移；二是依照学习的情境划分，可以分为近迁移和远迁移；三是依据学习者的意识程度划分，可以分为无意迁移和有意迁移。在深度学习活动中，幼儿的学习迁移多为正迁移、近迁移和有意迁移，通过学习迁移，幼儿将生活或学习中获得的经验应用到深度学习活动的问题解决中，推进活动的开展。

学习迁移对幼儿深度学习产生影响有两个前提条件。一是幼儿认知结构中存在对解决当前问题有用的已有经验。幼儿用于产生学习迁移的已有经验是认知结构的重要组成部分，认知结构是指存在于学习者头脑中的、相对完整的知识结构框架，是学习者现有观念及认识的全部内容，是人的认识活动赖以形成的心理结构。二是幼儿能够将相关的已有经验进行适当的迁移。幼儿通过将当前问题情境与已有经验进行适当联系，将已有经验以准确且合适的方式运用到问题解决过程中，实现活动计划，完成活动目标。

学习者的学习不是在“白板”上的任意涂鸦，而是要在新知识和旧知识之间找到关联，充分调动已有的“前科学概念”。这些“前科学概念”一部分是学习者在日常生活中积攒下的常识，另一部分是在学习和问题解决过程中使用理智思维获得的科学知识。这个在新旧知识间建立关联、调动“前科学概念”的过程就是调动已有经验进行学习迁移的过程。在这一过程中，学习者的已有经验是有助于问题解决的重要资源，可以使学习者在此基础上顺利地解决问题。因此，能否建立好新旧知识间的关联，产生适当的学习迁移也是影响深度学习的重要因素之一。

（二）学习迁移影响幼儿深度学习的案例分析

在深度学习活动中，学习迁移是影响幼儿问题解决的重要因素，幼儿通过调动认知结构中已有的知识经验，并将其以适当的方式迁移到当前的问题情境中去解决遇到的问题，推动深度学习活动的开展。以下是深度学习活动中两个良好的学习迁移例子。

案例4　有趣的拖把

在“有趣的拖把”这一案例中，有一组幼儿想制作一把可以同时洒水、吸水、拖地的多功能拖把。在制作过程中，他们需要把固定在拖把上的矿泉水瓶变成一把洒水壶。幼儿通过迁移生活中的已有经验，顺利地解决了这一问题。

（教师：如何把矿泉水瓶变成一把洒水壶？）

可乐：我们班的洒水壶上有很多小洞洞。

玉玉：我们在矿泉水瓶上也扎一些小洞洞，把它变成洒水壶吧。

最后，幼儿运用生活中洒水壶的制作原理把矿泉水瓶做成了洒水壶。

案例5　挂水浇花器

在“挂水浇花器”这一案例中，有一组幼儿一开始制作了一个通过人工吹气出水的浇花器，即在浇花器上部和下部各插一根吸管，上部的吸管用来吹气，下部的吸管出水，下部的吸管插进花瓶中就可以进行浇水了。后来他们觉得通过人工吹气来洗花太累了，就想制作一个能自动出水，且能控制水流大小的洗花器。幼儿通过学习迁移，提出将打吊瓶用的注射器导流管安装到浇花器上，利用注射器导流管的开关调节水流量的大小，实现了制作自动浇花器的想法。

球球：上面的吸管用来吹气，下面的吸管用来出水，就可以把吸管伸进花瓶里用来浇水了！

玉玉：我觉得这样水虽然能流到花盆里，但一直吹气太累了。我们应该想个办法，不用吹气，就可以让水自动流进花盆里。

木木：那我们需要在吸管上加个开关。

球球：吸管上怎样加开关呢？

玉玉：我知道有开关的管子是什么样子的，前几天我生病打吊瓶的管子就是可以控制水的！

玲玲：管子上的开关可以控制水的多少。加上这样的管子，我们的浇花器就变得很神奇啦！

后来，幼儿通过在浇花器上安装注射器导流管，成功地制作出了可以控制水流的自动浇花器。

在以上两个案例中，良好的学习迁移是幼儿解决问题的基础，迁移过程满足了前文提到的两个条件，即幼儿认知结构中存在对解决当前问题有用的已有经验，以及幼儿能够将相关的已有经验进行适当的迁移，从而对幼儿的深度学习过程产生影响。

布鲁纳（Bruner）提出认知结构是进一步学习和理解新知识的重要内部因素和基础，产生学习迁移的条件是认知结构中有与要解决的问题相关的知识储备。问题解决过程中的各个环节都与认知结构中已有的知识经验有着重要的关系，当学习者缺乏一定的基础知识时，就很难从问题中找到线索，分析信息。因此，学习者的认知结构越完整，新知识与原有知识进行相互作用的层次也越高，问题解决能力就越强。已有的相关知识经验是解决问题的基础，它为问题的解决确定方向、选择途径和方法。在已有经验的基础上，能否将这些经验进行适当的迁移是影响深度学习活动中问题解决的又一重要条件。学习迁移作为高阶思维能力的重要表现形式，在深度学习中发挥着重要的作用。问题解决与迁移本身就有很大联系，从某种意义上来说，问题解决的问题就是迁移的问题，迁移是问题解决的核心。只有将已有经验进行适当合理的迁移，才能为问题解决提供帮助。比如“有趣的拖把”这一案例中，幼儿将生活中常见的洒水壶构造的经验进行了适当迁移，用来制作可以洒水的拖把；在“挂水浇花器”这一案例中，幼儿将生活中见过的注射器导流管可以调节水流大小的经验进行了适当迁移，用来制作可以控制水流的浇花器。学习迁移过程渗透在幼儿的深度学习活动中，推动了活动的进展。

幼儿良好的学习迁移有力地促进了深度学习活动中的问题解决，但是在部分活动中，由于幼儿认知结构中没有合适的知识经验或者幼儿不能将相关知识经验进行良好的学习迁移，因此对活动的开展造成了一定的阻碍。

案例6　树

在“树”这一案例中，幼儿在教师的带领下观察了大树，接下来幼儿要开始设计一棵完整的树。但是由于幼儿平时对树的观察不够仔细，所以在设计制作道具树的时候存在不少问题，导致道具树和真正的树有很多差别。

(教师：我们了解了大树的结构，也观察了大树，现在你们自己来设计一棵大树吧。)

A：我的树有树根，树干比较长，我一开始弄了两层树叶，我觉得不是很好看，所以我又加了一层树叶，这是树的年轮。

C：你的树根好奇怪，树根不是这样的。

D：不对，你的树没有树枝，没有树枝是不能长出树叶的。

(教师：你们观察外面大树的时候，看到年轮了吗?)

W：没有，年轮应该在树的里面，不在树外面。

XX：刚刚说树是由四个结构组成的，我们都没有画树枝。

PP：那我们就重新画一个有树枝的树呗。

A：还有不能画年轮，在外面看不到树的年轮。

由于已有经验的不足，部分幼儿第一次的设计失败了。后来在教师的引导和其他幼儿的帮助下，第一次设计失败的幼儿进行了第二次尝试，最终画出了完整的设计图。

在这一活动第一次尝试中，幼儿的认知结构中没有充足的关于问题解决的知识经验，这使得产生良好学习迁移的首要条件不足。前文中提到，产生学习迁移的条件是认知结构中有与要解决的问题相关的知识储备。在这一案例中，幼儿对树的构造了解不完整，这导致他们在设计图纸的时候不能正确地画出大树的结构，比如幼儿 A 一开始设计时错把树叶当作大树的年轮，而且没有画上树枝。这不利于后续制作过程的开展，后来在同伴和教师的帮助下她才画出了合适的大树设计图。

幼儿关于树的已有知识经验不足，导致了他们不能进行良好的学习迁移，最终影响了活动中设计图的制作，对深度学习活动造成了一定的干扰。这也说明良好的学习迁移的首要条件是学习者认知结构中必须存在与当前情境相关的知识经验，学习迁移的效果对幼儿的深度学习过程有着重要影响。

总而言之，良好的学习迁移有利于幼儿顺利解决活动中的各种问题，促进活动的顺利开展，不良的学习迁移则不利于幼儿解决问题。经验能否得到迁移，取决于两点：一是幼儿的认知结构中是否有相关的知识经验，二是幼儿能否把已有的知识经验与待解决的问题建立适当的联系。因此，学习迁移对幼儿的深度学习发挥着重要的影响作用。

三、元认知

在深度学习活动中，幼儿对问题解决过程的反思是非常重要的部分。幼儿对活动过程的反思是在解决问题的过程中随时进行的，思考可以改进的地方，从而更好地解决遇到的问题。幼儿对活动结果的反思是在一个阶段的活动结束后进行的，总结一个阶段中的表现，或者发现新的问题点，从而引发新一阶段的活动。反思是深度学习活动中非常重要的一个环节，使深度学习活动呈现出螺旋上升的趋势，教师和幼儿通过不断地总结反思，改进问题解决方案，优化深度学习活动的结果。反思的深层机制体现了幼儿的元认知，幼儿元认知从心理学的角度揭示了幼儿反思的内在心理机制。此外，幼儿在分配活动任务、感受活动体验等过程中也都运用了元认知，元认知对幼儿的深度学习有着重要影响。

（一）元认知影响幼儿深度学习的理论分析

元认知概念的正式提出始于美国社会认知发展心理学的创立者、斯坦福大学教授弗拉维尔，此后虽然国内外研究者对元认知概念的阐述都各有侧重，但都认同元认知是以认知本身为对象的一种认知，是个人拥有的关于认知过程的知识和对认知的控制。

在关于元认知结构的观点中，弗拉维尔认为元认知包括元认知知识和元认知体验两部分。国内研究者董奇认为元认知由元认知知识、元认知体验及元认知监控三部分组成，这三个部分是相互联系、无法拆分的一个整体。王海英认为幼儿元认知的组成包括静态与动态两个维度：元认知知识、元认知体验和元认知调节属于静态层面；自我计划、自我调节、自我检查、自我评价属于动态层面。尽管各研究者对元认知的表述不甚相同，但目前主流观点认为，元认知包含元认知知识、元认知体验和元认知监控三个成分，在幼儿深度学习活动中，幼儿的学习过程也充分体现了他们所拥有的这三个元认知成分，并对他们的深度学习产生了重要作用。

元认知在智力活动中处于支配地位，能够对整个活动发挥控制与调节作用。研究表明，儿童在 3 岁左右就具备一定的心理表征能力，3 岁的儿童已经具备初步的元认知知识。康托斯（Kontos）和尼古拉斯（Nicholas）的研究表明，4 岁的儿童就能够运用策略来解决问题，儿童在 4~6 岁时会出现元认知的意识，随着年龄的增长，儿童的策略使用及元认知能力会逐步提高。很多心理学研究的结论表明，元认知能力与问题解决有着非常密切的关系，发展元认知能力能够提升学习者解决问题的质量和效率。问题解决贯穿幼儿思维发展的全过程，元认知的发展促进幼儿的思维与问题解决能力向更高水平发展。深度学习活动是在解决一个又一个问题的过程中进行的，活动过程中的分析与讨论、猜想与假设、实验与验证环节都受到幼儿的元认知能力的影响。幼儿元认知中包含的元认知知识、元认知体验和元认知监控贯穿于深度学习活动全过程，对深度学习活动有着重要的影响。

（二）元认知影响幼儿深度学习的案例分析

1. 元认知知识

在“圆圆的池塘”这一活动中，幼儿依据各自擅长的领域进行分工，共同合作解决问题。在这个过程中，幼儿清楚地了解了各自能力的差异，体现了幼儿所拥有的元认知知识。

案例 7　圆圆的池塘

幼儿想要画一个圆，他们用两根绳子交叉的方式找到了纸的中心点，也就是圆点。他们把绳子的一端用工字钉固定在纸的中心点，绳子的另一端绑在笔上，调整好长度后开始画圆。

豆豆：得把绳子抻直了画。

点点：我力气大，我用力按住钉，你画画好，你用力抻直绳子画吧！

皮皮：我和辛辛一起按着纸，不让纸动。

最后幼儿共同合作画出了圆形。接着，在教师的倡导下，幼儿决定使用思维地图对这一阶段活动进行总结。大家认为涵涵擅长绘画，推举由涵涵执笔画出总结经验的思维地图，其他幼儿一起分享操作过程。

（教师：小朋友们真棒，大家一起做出了更圆的农场，那我们一起来总结一下是怎么完成的好不好?）

妞妞：那我们来画一个思维地图吧。

皮皮：好呀，涵涵画画好，让他来画吧，咱们一起说，让他画下来。

点点：好！让涵涵画，他画得好看。

元认知知识是有关认知的知识，即关于个人的认知活动及影响这种认知活动的各种因素的知识，包括关于个人的知识、关于任务的知识和关于策略的知识。在深度学习活动中，幼儿的元认知知识对活动过程有着很大的影响，这种影响在幼儿自主分配小组成员的任务时表现得尤为突出。在这个案例中，幼儿在分配画圆的任务时，清楚地了解自己和同伴擅长的领域和待解决问题的特征，并能根据解决问题的需要和同伴的特点进行分工合作，共同解决问题。这表明幼儿已有元认知知识，并能利用所拥有的元认知知识去解决活动中的问题，推进深度学习活动的开展。

2. 元认知体验

在“会走路的垫子”这一活动中，幼儿要在泡沫垫上安装轮子，他们需要用螺丝把轮子固定到泡沫垫上。课题组在这一过程结束后对安装螺丝的两个幼儿进行了访谈，在访谈过程中，幼儿明显地表现出所拥有的元认知体验。

案例 8　会走路的垫子

① 访谈幼儿航航

课题组：你觉得在刚才的活动中你有遇到困难吗?

航航：我觉得遇到了困难，那个螺丝头不是尖的，总是扎不进泡沫垫里。

课题组：那你是怎么解决这个困难的呢?

航航：我先用螺丝刀在泡沫垫上扎了个洞，螺丝就可以扎进去了。

课题组：参加刚才的活动你开心吗?

航航：开心呀。我最后成功了，特别开心。

课题组：那你喜欢参加这个活动吗?

航航：喜欢呀，这个活动太好玩啦。

② 访谈幼儿明明

课题组：你觉得在刚才的活动中你有遇到困难吗？

明明：嗯，有点困难。

课题组：什么困难？

明明：我力气太小了，拧不动螺丝。

课题组：那你后来怎么做了？

明明：我就使劲用力气，后来让老师帮我拧。

课题组：参加刚才的活动你开心吗？

明明：不太开心。我都没捞着拧螺丝。

课题组：那你喜欢参加这个活动吗？

明明：喜欢，但是我力气小，他们不让我拧螺丝。

元认知体验是个体在进行认知活动时伴随而生的认知和情感体验，它包括了知和情两方面的体验。知的体验主要是指幼儿对自己是否熟悉认知任务、是否理解认知内容、是否遇到困难和障碍的一种体验。情的体验是指幼儿在认知活动中对自己情绪状态的一种觉知。在这个活动过程中，幼儿明显地表现出了自身所拥有的元认知体验：一是幼儿能够感受到自己遇到的困难，并能清楚地表述出自己针对所遇到的困难采取的解决方法；二是幼儿能觉知自己在活动过程中的情绪体验，了解自己在活动过程中的感受。幼儿的以上表现说明，元认知体验作为幼儿元认知的一部分，能够使幼儿针对学习体验调节自身行为，对幼儿的深度学习有着重要的影响。

3. 元认知监控

在“有趣的鸟房子”这一案例中，幼儿需要锯木条制作收纳盒，幼儿通过元认知监控来调节和评价锯好的木条，结果发现木条存在长短不一的问题。随之，幼儿针对这个问题进行了解决。在这个过程中，幼儿明显地表现出所拥有的元认知监控能力。

案例 9　有趣的鸟房子

浩择：咱们锯下来的木条怎么不是长了就是短了呢？

肖桐：我们得把木条都变成一样长的呀。

妞妞：用文具盒里的直尺量一下试一试呢？直尺上面有数字，能用来测量木条长短。

妞妞：我们也可以把需要的长度画在木板上，然后按照画的标记锯下来。

肖桐：我觉得这是一个好办法。

妞妞：我来拿直尺量一量，做下标记，你按照我画的这个标记锯木条。

然后幼儿按照讨论出的解决方法进行操作，成功锯出了长度相同的木条。

叮当：太棒了，我用锯子锯下来的木条真的是一样长的！

元认知监控是指人们在进行认知活动的过程中，对自身认知活动所进行的积极自觉的监视、调节与控制。学习者拥有的关于认知活动的知识越多，对认知活动控制的主观程度比例就越高，对问题解决的帮助也越大。在锯出木条后，幼儿不仅通过观察和反思提出了“咱们锯下来的木条怎么不是长了就是短了呢？”这一问题，而且能够通过思考提出解决方法，即用尺子测量木条长度从而锯出长短相同的木条，这说明幼儿通过元认知监控对活动过程进行着自觉的监视与调节，能够针对活动中的行为结果进行不断的反思与调整，从而改进活动中做得不好的地方，实现活动目标。这表明元认知监控是影响幼儿深度学习活动中问题解决的重要因素，甚至决定着活动的成功与否。

元认知能力的发展能够提升学习者解决问题的质量和效率，幼儿的深度学习是发生在一个接一个的问题解决过程中的，幼儿的元认知水平影响着他们的深度学习情况。具体而言，幼儿元认知的组成部分，即元认知知识、元认知体验和元认知监控，对幼儿的深度学习活动从始至终都起着调节和控制的作用。根据以上的案例分析可以看出，幼儿利用元认知知识、元认知体验和元认知监控对深度学习活动的过程进行控制和调节。良好的元认知对幼儿的深度学习活动起着重要的促进作用，不良的元认知则会阻碍幼儿解决活动中的问题，导致幼儿难以对活动过程进行把控，各方面能力也难以通过深度学习活动得到提高。因此，元认知是幼儿深度学习的重要影响因素。

四、学习品质

在深度学习活动中，幼儿表现出了各种优秀的学习品质。这些学习品质深深影响着幼儿深度学习的过程和质量，也为幼儿的终身学习打下了良好的基础。

（一）学习品质影响幼儿深度学习的理论分析

1995 年，卡根（Kagan）首次将“学习品质”这一术语正式引入学前教育领域，他认为学习品质主要表现在主动性与好奇心、坚持性与专注程度、想象和创造能力等方面。此后，凡图佐（Fantuzzo）提出学习品质是可观察到的描述幼儿参与课堂交互和学习活动的行为，关注的是在面对不同的课程任务时，幼儿是怎样学习的，而不是他们学到了什么。国内学者针对学习品质的内涵也提出了自己的观点：缪建新认为学习品质指儿童在学习过程中表现出的心理和行为特征及其不同的质量与水平。鄢超云提出学习品质是指与学习有关的倾向、态度、习惯、风格和特质等。王宝华等人在研究中指出学习品质是儿童具有的那些用于支持其取得学习成功的因素。本研究结合已有研究提出的定义和幼儿深度学习的特点，认为幼儿在深度学习活动中的学习品质能反映儿童自己以多种方式进行深度学习的倾向、态度、习惯、风格等，是一种积极的态度和良好的行为倾向。

关于学习品质的构成，国内外学者也都提出了相关看法。罗（Luo）等人的研究认为学习品质包括坚持性与自我定向、好奇心、灵活性与创造力、对挑战的表现与主动性。国内学者鄢超云认为学习品质一般包括好奇与兴趣、主动性、坚持与注意、创造与发明、反思与解释等内容。《指南》中提到要充分尊重和保护幼儿的好奇心和学习兴趣，帮助幼儿逐步养成积极主动、认真专注、不怕困难、敢于探究和尝试、乐于想象和创造等良好的学习品质。综合以上研究提出的学习品质的结构和内容，并结合深度学习活动中幼儿表现出的学习品质特点，本研究参考了《指南》中给出的关于学习品质结构的界定，认为幼儿在深度学习活动中所表现出的良好学习品质主要包括积极主动、认真专注、不怕困难、敢于探究和尝试、乐于想象和创造几点。

学习品质对幼儿深度学习的效果起着间接作用，是激发学习意识和调节学习过程的动力监控系统。学习品质注重儿童是如何学习的，以及他们在学习中所表现出来的倾向性，深刻影响学习的过程及结果。学习品质还有助于其他能力的发展，瑞扎（Razza）通过研究提出学习品质与获取知识的能力和社会交往的能力相关联，有助于提高幼儿的学习成就和社交能力。冯晓霞通过研究发现，学习品质还与儿童的认知准备存在高度的相关性。在幼儿深度学习活动中，良好的学习品质是促进幼儿顺利解决问题、实现活动目标的重要因素。

根据以上分析可以得知，学习品质对幼儿的深度学习有着重要的影响。李季湄强调只有培养幼儿良好的学习品质，才能保证幼儿学习与发展的质量。幼儿自身的学习品质是幼儿进行深度学习的基础，深度学习活动过程中幼儿的好奇心、专注力及坚持性均会对学习效果产生影响。

（二）学习品质影响幼儿深度学习的案例分析

在强烈的学习动机的推动下，幼儿在活动过程中表现出积极、主动和认真、专注等各种良好的学习品质，并在教师和同伴的支持下进一步培养了不怕困难、敢于探究和尝试等学习品质。这些优秀的学习品质帮助幼儿顺利解决了深度学习活动中的问题，是影响幼儿深度学习的重要因素。

案例 10　移动整理车

在“移动整理车”这一案例中，幼儿在安装螺丝和垫片时遇到了问题，他们在安装螺丝时把木条弄坏了。解决这个问题的过程中教师并未参与，但幼儿积极主动地讨论了木条损坏的原因，并想办法对这个问题予以解决。他们通过讨论与动手操作，最终成功地用螺丝和垫片把篮子和木条连接了起来，解决了活动中遇到的问题。

在小鱼用螺丝和垫片连接篮子和木条时，十二突然发现了新问题。

十二：你们快看，木头裂了。

郁郁：怎么会这样，我们快把螺丝转出来吧。

幼儿将螺丝转出来，十二立刻发现了问题所在。

十二：这个螺丝太长了，我们之前用的螺丝只有它一半那么长。

郁郁：是不是螺丝太长了所以把木条挤裂了？

小鱼：对，肯定是这个原因，我们换一个短一点的螺丝就可以了。

于是幼儿拆下了损坏的木条和螺丝，重新换了短一些的螺丝进行尝试。

他们经过反复地动手操作与尝试，终于成功地安装了螺丝，把篮子和木条连接了起来。在这一过程中，幼儿在用螺丝和垫片连接篮子和木条时，木条被损坏了，他们通过积极观察和讨论找到了原因，发现是螺丝太长导致镶嵌时木条被损坏。于是，他们通过更换不同尺寸的螺丝解决了这一问题。

在这个案例中，积极主动的学习品质使幼儿在活动过程中对出现的各种问题保持着强烈的学习兴趣。幼儿在解决问题时，表现出了积极的行为，他们主动思考和讨论解决问题的方法，积极动手操作去实践解决方案，最终成功地解决了遇到的问题，推动了活动的开展。积极主动的学习品质不仅促进了幼儿对问题的解决，而且对幼儿的学习能力和最终的学习效果也产生了积极的影响。幼儿在积极主动的学习品质的影响下，对出现的问题进行细致的观察，又反复尝试不同的解决方法，最终发现制作整理车时出现的问题的原因，并及时进行调整解决，这个问题解决的过程有利于调动幼儿的积极情绪，提高幼儿的动手操作能力和观察能力等各方面能力。在这个案例中，幼儿良好的学习品质对深度学习活动过程产生了积极的影响。

案例11 滑滑梯

在“滑滑梯”这一案例中，幼儿想在自己制作的“滑梯”上设置一个和真正的滑梯类似的“钻洞”，钻洞大小要能保证幼儿可以通过这个钻洞并且不能影响接下来的滑梯搭建。接着，幼儿对制作多大的钻洞这一问题进行了讨论。

凡凡：要制作大一点的钻洞，这样我们才容易钻过去。

俊泽：可是钻洞太大的话，最上面的纸箱就没办法搭建了。纸箱不够长，会漏到大洞里。

笑笑：钻洞也不能比滑梯的支柱大，不然我们没有地方放钻洞。

接着幼儿绘制了钻洞的图纸，开始动手尝试制作钻洞。

幼儿将钻洞搭建成和滑梯支柱一样的宽度，然后亲身体验钻洞，感受钻洞的大小是否可以允许他们通过。如果不能通过，幼儿就继续调整钻洞尺寸。通过反复尝试，幼儿发现钻洞需要做成两个纸箱的高度，钻洞太矮的话幼儿不容易通过。最后，幼儿成功地制作出了尺寸合适的钻洞。

在这个案例中，良好的学习品质使幼儿的学习效果得到提升，幼儿不仅成功解决了活动中遇到的问题，而且学习到了相关的知识，提升了动手操作的能力。在活动过程中，幼儿先测量出尽可能精确的尺寸，经过反复确认后进行搭建，然后再通过亲身体验去设置合适的钻洞，避免钻洞妨碍后续的搭建，全程保持着非常认真和专注的状态。在制作钻洞的过程中，认真专注的学习品质使幼儿长时间保持积极的态度，不断尝试各种尺寸，最终制作出了合适的钻洞。

在这一案例中，认真专注的学习品质不仅使幼儿充分发挥了各方面能力去解决问题，而且提高了幼儿的学习能力，使幼儿在解决问题的过程中学习到了测量的相关知识，进一步熟练了动手切割等操作技能，是幼儿成功搭建出尺寸合适的钻洞的重要因素。认真专注的学习品质不仅帮助幼儿解决了深度学习活动中的问题，也提高了幼儿的动手能力和认知能力。

案例12 漂亮的马甲

在“漂亮的马甲”这一案例中，幼儿在安装和制作马甲的纽扣和扣眼时遇到了困难，经过多次调整和尝试，他们最终解决了这一问题。

幼儿一致认为纽扣和扣眼应该安在衣服前面，于是他们自主选择材料后进行了尝试，但是第一次尝试制作出的扣眼不合适。

A：纽扣和扣眼不在一条线上。

C：扣眼太小，纽扣扣不进去。

DD：纽扣找不到对应的扣眼。

YY：怎么这么多问题呀，我们总是做不好，我不想做马甲了！

（教师：别放弃，老师相信你们一定可以有办法解决的！）

KK：是啊，改改就行了，别放弃！

DD：你们可以学学我们组，找一件衣服来看一看。

LL：我的马甲上就有纽扣，可以给你们看一看。

TT：蒙氏工作坊里就有衣饰框，上面有纽扣和扣眼，看看它是怎么安的。

NN：两颗纽扣之间有距离，纽扣之间的距离是一样的。

C：纽扣和扣眼是对应的，一颗纽扣对应一个扣眼。

A：我发现纽扣和扣眼在一条线上。

MM：要根据纽扣的大小来做扣眼。

观察讨论后幼儿重新画出了制作流程图，并调整了纽扣和扣眼的位置，最终制作出了合适的马甲。

在上述案例中，幼儿在制作马甲上的扣眼时遇到了困难，一开始制作的扣眼不合适，不能成功扣上马甲上的纽扣。但是幼儿并未放弃，而是在同伴和老师的鼓励下积极寻找解决的办法，不怕困难，反复尝试，最终制作出合适的扣眼，安装好了马甲上的纽扣。

在这个案例中，不怕困难的学习品质不仅提高了幼儿的学习质量，而且发展了幼儿良好的学习能力和意志品质。在这一学习品质的推动下，幼儿经过多次反复尝试与探索，不仅解决了安装纽扣这一问题，也锻炼了坚持性和专注力等良好的意志品质。由此可见，不怕困难的学习品质是影响幼儿深度学习的重要因素。

案例 13　小舞台

在“小舞台”这一案例中，幼儿在搭建的过程中发现，纸箱子是空的，踩上去会塌陷，幼儿就这一问题进行了讨论并采取了解决措施。

AA：这可太不结实啦，我这么轻，都能把箱子踩扁。

MIMI：我们可以找东西填在里面。

ZZ：找什么填呢？

CC：玩具、书、罐子、泡沫，我们都试一试呗。

NN：玩具根本就不行，什么形状都有，箱子装不满。

HH：泡沫也不行吧，很容易踩坏了。

幼儿争吵不休，想法都不一致。于是他们将所有的物品都拿出来，摆放在一起进行比较。

LL：奶粉罐行啊，放进箱子里，并且大小还一样呢。

XX：好像不行，你们看它们大小虽然一样，但是放进箱子好像太高了。

幼儿讨论后决定试一试用奶粉罐进行填充。ZZ 将奶粉罐放在箱子里，他发现奶粉罐虽然大小一致，却不能合适地摆放在箱子里。ZZ 反复尝试，但箱子里总是有空隙。这样一来箱子的盖子盖不上，人站上去还是站不稳。

XX 此时提出用报纸来试一试，报纸是平的，应该可以放进去，并且可以保证箱子里没有空隙。

于是他们又尝试用废报纸来填充。在尝试中幼儿发现报纸的薄厚可以自己调节，装满后可以将纸箱子的盖子完全盖好，踩上去也比较结实。幼儿对于这个效果很满意，于是将所有纸箱子里面都填充了报纸，成功地解决了纸箱塌陷的问题。

可以看出，在制作过程中，幼儿遇到了箱子易塌陷的问题，虽然用奶粉罐填充纸箱的方法行不通，但幼儿没有因为失败而气馁，而是进行了多次尝试，最终通过用报纸填充纸箱子解决了这一问题。在这一过程中，幼儿表现出了敢于探究和尝试的良好学习品质。同时，正是这些优良的学习品质使幼儿能够始终坚持探索问题的解决方法，在与同伴的合作与交流中大胆尝试各种方案，这是促进幼儿解决问题的重要因素，幼儿的动手操作技能和社会交往能力等各方面能力也在活动过程中得到了不断的提高。由此可见，敢于探究和尝试的学习品质是影响幼儿深度学习的重要因素。

案例 14　小木筏

在“小木筏”第二阶段的活动中，幼儿要想办法固定筏面，每个小组都非常积极地去思考解决方法并动手操作尝试。

第一组：幼儿用两根绳子把木筏两端绑起来，然后在绑了绳子的木条上钉钉子进行固定。接着他们又找来两根木条横放在筏面上，再用绳子将木条固定在标签上。但是抬起来之后，木筏中间塌下去了。幼儿分析了筏面塌陷的原因并想办法改进。

改改：中间塌下去了，我们就会掉进水里了。

宸宸：中间的木条都没有扣住，肯定会掉下去。

改改：那我们应该把中间的木条拉上来扣住。

最后，幼儿将中间的木条捆绑在木筏两端支架上，解决了这一问题。

第二组：幼儿把木条摆成一排，用木片将木条夹在中间，再用绳子捆绑固定起来，但是木条从木片中滑落了出来。幼儿共同分析木条滑落的原因并进行改进。

宇宇：木条和木条之间的空隙太大了。

媛媛：我们应该重新拴紧一点。

晨晨：这个绳子太粗了，拴起来以后中间有大大的缝。

宇宇：你看，绳子这头散了，它可以分成好几根呢。

媛媛：那我们把绳子拆开，用细绳子重新拴一遍吧。

最后，幼儿将一根麻绳拆开分成三根，用其中一根重新拴了一遍木筏，解决了这个问题。

第三组：幼儿把木条摆成一排，用铁链缠绕起来。虽然他们把木筏提起来之后木条没有散开，但是木筏向内卷了起来。幼儿分析了这个问题的原因并想办法解决。

佳佳：这个木筏和做寿司的竹帘一样卷起来了。

莎莎：那我们站上去就会掉到水里了。

然然：我们可以找个东西来把木筏压平。

莎莎：那用石头吧。

然然：石头那么重，木筏会沉下去的，再说放了石头我们还怎么坐木筏？

佳佳：那只能用小的又可以压着木筏的东西了。

莎莎：用木片就行了。

幼儿找来木片锯开成两截，把木片放到木筏两头并用绳子进行固定，成功解决了这个问题。

第四组：幼儿把木条摆成一排，用绳子把木条一根一根地打上绳结，然后连接起来，但是这组同样遇到了把木筏提起来之后木条卷起来的问题。

诺诺：刮大风的话这个木筏就会被吹得折叠起来。

小岩：还有这个缝会把脚卡住，水还会上来。

星宸：我们再把绳子捆紧一点。

诺诺：然后再用木片抵着木筏就不会折叠了。

幼儿经过讨论之后，重新拉紧绳结，并且在筏面两头横放上竹子，将每一根木条与支架都缠绕起来，最后打结固定。

在该案例中，各组幼儿围绕固定筏面进行了讨论和探索，他们充分发挥想象力，主动尝试了各种木筏的制作方式，使活动成果更加丰富多彩。幼儿根据自己小组遇到的问题和实际情况去思考解决方法并付诸实践，第一组使用绳子捆绑筏面进行固定，第二组使用木片夹住筏面进行固定，第三组使用铁链连接筏面进行固定，第四组使用绳结捆绑木条进行固定，最终各组呈现的木筏都有不同的创意。

由此可见，乐于想象和创造的学习品质不仅使幼儿的学习效果更加显著，而且拓展了幼儿的思维，发展了幼儿的认知能力和动手操作技能，小木筏的这个制作过程体现了幼儿乐于想象与创造的学习品质对深度学习过程的重要影响。

教师不仅要发展幼儿的技能，还要让幼儿获取学习各项技能的能力，从而使幼儿拥有良好的学习品质，这样才能持续不断地进行终身学习。在幼儿的深度学习活动中，良好的学习品质不仅能够帮助他们解决活动中遇到的问题，保证活动的持续进行，而且能够促进幼儿各方面能力的发展，为幼儿以后的学习打下良好的基础。除此之外，根据案例分析可以得知，虽然在某一阶段的活动中幼儿会更明显地表现出某种学习品质，但是积极主动、认真专注、不怕困难、敢于探究和尝试、乐于想象和创造等良好的学习品质往往不是单独出现的，它们共同作用于幼儿的深度学习。

由此可见，学习品质对于提高幼儿的学习效果和学习能力有着重要的作用。在深度学习活动中，良好的学习品质可以使幼儿在问题解决过程中有更积极的表现，帮助幼儿解决深度学习活动中的问题，不具备这些良好学习品质的幼儿则更难以去解决所遇到的问题。因此，学习品质对幼儿的深度学习有着十分重要的影响。

五、其他因素

在影响幼儿深度学习的主体因素中，除了以上的学习动机、学习迁移、元认知和学习品质这四个关键的因素外，还有一些其他的因素也在影响着幼儿的深度学习，这些因素虽然相对于以上几个因素来说对幼儿深度学习的影响较小，但也对其发挥着一定的制约作用，因此本研究也对这些因素进行了分析。比如，不同年龄和性别的幼儿在深度学习活动中表现出了不同的学习水平和学习特点，年龄与性别也是影响幼儿深度学习的因素。

（一）年龄

随着幼儿年龄的增长，幼儿的生理结构也向着更成熟的方向发展，随之得到提高的还有幼儿的各方面能力，幼儿各方面能力的水平影响着他们的深度学习过程。因此，年龄是影响幼儿深度学习的重要因素之一。

1. 年龄影响幼儿深度学习的理论分析

学前教育与儿童发展存在着相互作用的关系，学前教育是促进儿童发展的重要因素，但在其实施时也要注意顺应儿童的身心发展规律。儿童身心发展具有顺序性、阶段性和差异性，不同年龄阶段的儿童在身心发展水平方面有较大差异。学前儿童年龄特征是指出生至六岁儿童在每个年龄阶段中表现出的一般的、本质的、典型的生理和心理方面的特征，在一定条件下既是相对稳定的，又是可变的。学前儿童心理发展的规律性蕴含于年龄特征之中，其心理的发展既受教育的影响，又对教育起反作用，不同年龄儿童的心理发展对教育提出不同的要求。

因此，在幼儿的深度学习活动中，不同年龄阶段儿童的身心发展水平的差异对活动的主题、过程和结果都会造成一定影响。美国心理学家格塞尔（Gesell）认为，支配儿童心理发展的因素有很多，但主要是“成熟”，他由此提出的成熟势力理论认为儿童的学习取决于生理上的成熟。格塞尔的双生子爬梯实验证明，儿童自身的成熟对学习活动有着非常重要的影响。皮亚杰提出的认知发展阶段论也表明儿童思维能力的发展是随着年龄的增大而提升的，大班幼儿的抽象思维开始萌芽，他们能够通过更高级的思维方式去解决问题，促进高阶思维能力的发展。

随着年龄的增长，儿童的大脑结构和大脑功能都发育得越来越成熟，这使幼儿在感知觉、注意力、记忆能力、想象能力、情感和社会性等方面不断进步。

幼儿各方面能力的提高使得他们拥有了更佳的表现，幼儿能够运用这些能力在深度学习过程中更好地进行知识迁移、信息整合和反思改进。动作的发展是儿童活动发展的前提，随着年龄的增长，儿童的大肌肉动作和小肌肉精细动作也发展得越来越好，能够胜任越来越复杂的动手操作任务。有研究表明，在学习品质方面，年长儿童也比年幼儿童发展得更好。比如，在游戏中年长儿童相较于年幼儿童的持续性注意水平更高，专注力和同伴交往能力是深度学习活动过程中的重要能力，因此年龄影响着幼儿的深度学习活动情况。

根据大量的已有研究结果我们可以得知，不同年龄阶段的幼儿在各方面的能力和学习品质上差别显著，年龄是幼儿深度学习的重要影响因素。

2. 年龄影响幼儿深度学习的案例分析

在实际活动过程中，不同年龄阶段幼儿的表现有着明显的差别，大班幼儿在深度学习活动中所表现出来的综合素质明显高于中班幼儿。

案例 15　搭帐篷

在“搭帐篷”这一活动中，参与活动的是中班幼儿。相对于大班幼儿来说，他们的年龄较小，各方面能力还有待提高，虽然他们对活动主题很感兴趣，但是自身发展水平的限制使他们在活动过程中面临很多困难。

第一，在分析与讨论阶段，他们的思维有很明显的片面性和自我中心倾向，讨论的东西以自己感兴趣的内容为主，很难顾及整个活动过程，甚至有的幼儿和同伴讨论起了别的事情而脱离活动的主题。

第二，在猜想与假设阶段，他们常常不能完成一张合适的设计图：有的幼儿仅仅设计了帐篷的一部分，有的幼儿在画的过程中偏离原来的主题而去画了别的东西。自身能力的限制使他们不能很好地理解该如何去设计一个帐篷，需要教师较多的支持。

第三，在实验与验证阶段，由于肌肉动作的发展还不够完善，他们在组装和制作时也常常做得不够好，时常产生零部件粘贴不牢等问题。

第四，中班幼儿在同伴合作方面的表现也弱于大班幼儿，常常出现互相争抢工具的现象，需要教师不断协调，而不是像大班幼儿那样能够自己分配好小组成员的任务，共同为一个目标合作。

案例 16　彩绘脸谱展示架

在“彩绘脸谱展示架”这一活动中，参与活动的是大班幼儿，他们的总体能力水平高于中班幼儿，在活动中的整体表现也比中班幼儿更好。

第一，在分析与讨论阶段，他们能够围绕活动主题进行讨论，清楚地表达出自己的想法，并能为活动的开展提出一些好的建议。

第二，在猜想与假设阶段，他们能够清晰地理解活动过程中遇到的问题，能够针对问题思考和讨论解决方法，并能运用已有经验进行学习迁移，提出有助于问题解决的各种方案，绘制出合适的思维地图。

第三，在实验与验证阶段，由于大班幼儿的小肌肉动作相对于中班幼儿来说已经发展得较好，所以他们能够比较精确地制作和安装展示架，且能够随时根据制作情况进行调整和改进，制作出来的展示架的质量也较高。

第四，他们的同伴合作能力也比中班幼儿有明显的进步，能够针对同伴的特点和解决问题的需要自行分工，使活动过程进展得非常顺利。

不同年龄的幼儿在各方面的能力上有着很大的差别，随着年龄的增长，儿童的大脑结构和大脑功能都发育得越来越成熟，幼儿的大肌肉动作和小肌肉动作也操控得更加熟练。生理上的成熟使幼儿在认知水平、操作技能和情感与社会性等方面不断进步，从而使幼儿在深度学习活动中的分析与讨论、猜想与假设和实验与验证等环节中拥有更好的表现，能够更加顺利地解决活动中的问题，得到更高质量的学习效果。通过案例分析可以看出，在“搭帐篷”和“彩绘脸谱展示架”两个案例中，不同年龄段的幼儿在分析与讨论、猜想与假设、实验与验证和同伴合作的过程中有着不同水平的表现，高年龄段幼儿的表现明显优于低年龄段幼儿的表现。可见，年龄对幼儿的深度学习发挥着重要的影响作用。

总而言之，年龄作为一个影响幼儿身心成熟程度的重要因素，对幼儿深度学习活动中的各个阶段均有着重要的影响。不同年龄段的幼儿在深度学习活动中表现出很大的差异，而年龄较大的幼儿在各方面的综合表现优于年龄较小的幼儿。因此，年龄是影响幼儿深度学习的重要因素。

（二）性别

在深度学习活动中，性别对于幼儿的影响主要体现在两个方面：一是不同性别的幼儿在各种学习品质上的表现存在差异，从而影响他们在深度学习活动中的行为特点；二是不同性别的幼儿在选择活动主题时也存在区别。

1. 性别影响幼儿深度学习的理论分析

首先，深度学习的核心特征是高阶思维，创造性是高阶思维的重要组成部分，学习者通往创造性的第一步就是好奇心和兴趣的培养，而幼儿的好奇心发展具有性别差异。在面对新奇事物时，不同性别的幼儿行为有着极为显著的区别，男孩的好奇水平在敏感、兴趣、探索、提问、幻想等行为特征上明显高于女孩，大多数情况下，男孩性格大胆，表现外向，而女孩较为腼腆，性格内敛，所以男孩在面对新奇事物时比女孩有着更大的好奇心与兴趣。我国心理学与教育工作者把好奇心视为教学中的主要情绪与动机，好奇心作为学习者的主要情绪之一，其功能在于激发幼儿的探索行为。在好奇心的驱动下，幼儿会努力同化、顺应信息，从而优化已有的认知结构。

其次，在学习活动中，学前阶段的女孩比男孩专注力更好、坚持性更高，这也可以在某种程度上解释在学前阶段通常女孩比男孩发展得更好的原因，但是在主动性、抗挫折能力、好奇心和独立性等方面，男孩强于女孩。由于性别造成的这些差异，男孩和女孩在解决深度学习活动中的问题时也表现出不同的特点。大多数男孩更倾向于大胆提出各种解决问题的假设后直接付诸行动，在不断改正错误的过程中去解决问题，而大多数女孩更倾向于先设计好一个相对完整的方案，然后在方案的指导下按部就班地完成计划，解决问题。

最后，不同性别的幼儿感兴趣的事物也存在差别。男孩更喜欢交通类玩具和积木，喜欢进行动作幅度较大的活动，如扔球、踢球等；女孩更喜欢布娃娃，装饰打扮或过家家等活动。这种差异影响着幼儿的兴趣，从而对深度学习活动的主题选择产生影响。

2. 性别影响幼儿深度学习的案例分析

性别影响幼儿的学习品质主要体现为，在“晾画架”和“晾衣架”两个活动中，两个同一年龄段的班级在男女比例方面存在显著差异。开展“晾画架”活动的班级的幼儿70%左右是男孩，开展“晾衣架”活动的班级的幼儿70%左右是女孩，这两个班级的幼儿在活动过程中表现出了明显不同的特点。开展“晾画架”活动的班级中大多数是男孩，他们更倾向于在遇到问题时大胆提出各种假设并立刻付诸行动，对活动过程中需要用到的各种材料也表现出极大的好奇心和热情，但是在实际制作过程中专注力不够持久，经常更改原来的计划；开展“晾衣架”活动的班级中大多数是女孩，她们在设计过程中花费了较多时间，呈现出的设计图非常完整，并且按部就班地按照设计图进行制作，专注力水平高，在活动过程中较为谨慎。两个班级最后呈现出来的作品风格也存在着明显差异，“晾画架”活动的作品风格偏向粗犷和实用，“晾衣架”活动的作品风格更为细腻和美观。

性别影响活动主题的选择主要体现为，在幼儿兴趣的基础上，女孩比例较大的班级会更多地选择和服饰、装扮等内容相关的活动主题，比如“晾衣架”“漂亮的马甲”等活动。男孩比例较大的班级会更多地选择和交通工具、工程设计等内容相关的活动主题，比如“赛车总动员”“飞机”等活动。

从案例可以看出，性别是影响幼儿深度学习的重要因素，主要体现在幼儿在活动中表现出的学习品质和活动主题的选择两方面。在学习品质方面，男孩在活动中更为积极主动，但是坚持性不高；女孩在活动中则表现出更高的坚持性，行动更为谨慎，但主动性水平低于男孩。即男孩更多地表现出积极主动和敢于探究与尝试的学习品质，女孩更多地表现出认真专注的学习品质。在活动主题的选择上，男孩和女孩喜欢的主题也存在很大的不同，男孩更为偏爱机械工程类的主题，女孩更为偏爱装饰打扮类的主题。因此，性别对幼儿的深度学习有着重要的影响作用。

第二节 外部环境因素

三元交互决定论认为行为与环境是相互决定的关系，不同的环境条件要求行为采取相应的方式，否则行为将与现实的环境条件不相关而无效。维果斯基（Vygotsky）认为，知识不仅是在个体与物理环境的相互作用中建构的，社会性的相互作用同样重要，甚至更加重要。对社会环境信息的意义建构是知识的重要来源，儿童可以通过有益的社会协商获得学习和发展，因此，与成人、同伴的互动在儿童的学习与发展中占有重要位置。布朗芬布伦纳（Bronfenbrenner）提出，个体与其所处的环境之间是相互适应的，这个相互适应过程受到各种环境之间的相互关系，以及这些环境赖以存在的更大环境的影响。同时，根据社会学习理论中提出的观点，环境对行为有着重要的影响。因此，在深度学习活动过程中，幼儿除了受到自身主体因素的影响，还受到来自教师、同伴、家长等外部环境因素的影响，这些外部环境因素对于幼儿解决深度学习活动中的问题、发展高阶思维有着不容忽视的作用。

一、教师支持

教师作为幼儿学习活动的支持者、合作者和引导者，对幼儿的学习过程有着重要的影响。深度学习活动是充分发挥教师作用的活动，教师支持深深影响着幼儿的深度学习。在访谈过程中，受访教师们也纷纷提出教师支持对幼儿的深度学习具有重要影响：教师是影响活动过程非常重要的因素，首先，教师要广泛地为幼儿提供他们想要的材料；其次，在实验过程中，幼儿遇到问题时喜欢挖掘思考，教师可以利用这个契机调动他们进行深度学习；最后，在互动过程中，教师对幼儿的支持，或者经验提升的指导、对他们绘制思维地图过程的指导等也很重要。有教师认为："我觉得影响幼儿深度学习最关键的当然是教师的支持和引导，在开展深度学习活动的过程中老师要给他们提供丰富的材料去尝试，给他们丰富的机会去实践，还要提供有力的支持和帮助。""教师首先要提供充足的活动时间，因为讨论和制作都需要很长时间。然后提供适当的理论支持也很必要，因为孩子的生活经验很少，但是我们还想让活动主题结合生活或者说把活动成果运用到生活中，所以相关的生活经验还是需要教师提供一些的，他们用到的材料涉及的一些科学上的专业知识也需要老师去提供。"由此可以看出，教师提供的丰富支持对幼儿的深度学习有着重要的影响作用，能够有力地促进幼儿的深度学习。

（一）教师支持影响幼儿深度学习的理论分析

在复杂情境中教师的干预催化了学习，深度学习的实现需要充分发挥教师的引导作用。虽然我们倡导在活动中发挥幼儿的主体性，但是高质量的教师支持是必不可少的。幼儿身心发展的特点和活动的特性决定了教师支持是影响幼儿深度学习的重要因素，活动主题的选定、活动计划的制订和实施、活动结果的反思和改进这些环节都离不开教师的适当支持。

教师支持是学习活动中至关重要的因素，亚瑟（Assor）和卡普兰（Kaplan）等人认为教师支持行为有三个维度，即教师直接帮助、提供机会及允许、尊重学生的行为与想法。刘云艳、张大均将教师支持行为划分为情感支持、材料支持和策略支持。在幼儿的深度学习活动中，教师的支持也存在多种方式，包括情感支持、材料支持和提问支持等各种类型。

教师支持对学生的学习有着重要的影响，主要体现在学习动机、学习品质和学习效果三个方面，具体如下：

一是教师支持对学习动机的影响。格罗尔尼克（Grolnick）和里安（Ryan）的研究表明，当学生能够感受到较高程度的教师支持时，他们会在活动中表现出更强的学习兴趣、学习动机和自我效能感。学生感知到的教师支持越多，其学习投入与动机就越高。哈尔瓦里（Halvari）等人的研究也指出教师支持影响着学生的认知能力和行为动向，能使其在活动中表现出较高的热情，取得良好的教学效果。在学前领域，良好的教师支持能够激发幼儿强烈的学习动机。国内外学者不论是从正向，还是从反向都证明了教师支持能够激发学生的内部动机，对学生的学习热情和完成任务的情况有积极影响。在幼儿深度学习活动中，教师支持也能通过提高幼儿的学习动机从而促进其进行深度学习。

二是教师支持对学习品质的影响。教师支持对幼儿的学习品质有着非常重要的影响，有研究发现教师的支持性策略能够对幼儿的学习品质产生促进作用，良好的教师支持有利于培养幼儿优秀的学习品质，促进活动的顺利进行和幼儿发展。幼儿深度学习活动中的教师支持能够促使幼儿表现出积极主动、认真专注、不怕困难、敢于探究和尝试、乐于想象和创造等优秀的学习品质，促进深度学习活动中问题的解决及幼儿自身的发展。

三是教师支持对学习效果的影响。凡斯提米科斯特（Vmisteemkiste）等人通过实验得出，教师支持能增加学生主动学习的倾向，并能使学生取得更好成绩。程清清提出，发挥教师的支持作用可以提高学生的素质，影响学习活动的开展与学生学习的效率。在学前领域，教师支持对幼儿的探索性行为有着直接的影响。胡玥研究发现在美术区域活动中，教师对幼儿的支持不足会对幼儿的美术能力产生一定的负面影响。华爱华则提出在歌唱活动中教师的支持行为能够激发幼儿歌唱的本能，提高幼儿学习歌唱的动机，促进幼儿歌唱能力的提高。在幼儿深度学习活动中，教师支持对幼儿的学习效果也有着重要影响，高质量的教师支持能有效提高幼儿解决问题的速度和水平，从而使幼儿获得更好的学习效果，促进其认知发展，提高其操作技能和社会性等各方面的能力。

通过对已有研究的分析可知，教师支持是学习活动中非常重要的因素，在幼儿深度学习活动中，教师支持渗透于整个活动过程，其帮助幼儿解决问题，保障活动的顺利进行，影响幼儿深度学习的效果。

（二）教师支持影响幼儿深度学习的案例分析

在幼儿深度学习活动中，教师为幼儿提供了愉悦放松的活动环境和丰富多样的活动材料，并在活动中通过提问和侧面提示等方式引导幼儿解决问题，为幼儿提供丰富支持，以下的这两个案例生动体现了教师支持对幼儿深度学习的重要影响。在“风筝”这一案例中，幼儿经过两次风筝试飞的失败后，感到非常沮丧，教师鼓励幼儿坚持探索，并根据活动需要，为幼儿进一步改进风筝提供了关键材料——三角形稳定器，并在必要时提示幼儿如何操作。在教师的有力支持下，幼儿经过讨论与动手操作，最终成功地制作出了能够顺利飞起来的风筝。

案例 17　风筝

幼儿在第一次风筝制作完成后进行了试飞，但是试飞效果不理想，幼儿做的风筝很难成功飞起来。经过观察与讨论后，幼儿对风筝骨架和筝面的制作材料进行了改良，然后再次拿着自己做的风筝去试飞。但是，经过改良的风筝还是很快栽到了地上，这让满怀期待的幼儿有些泄气。在这种情况下，教师为幼儿提供了及时的鼓励和有力的支持，带领幼儿再次对风筝进行改进，并最终取得了成功。

第二次试飞失败之后幼儿有些泄气，教师和幼儿一起进行了讨论。

嘉嘉：我们又失败了。

（教师：是啊，做风筝没有那么简单，你们还想继续做吗?）

君君：不能放弃，换别的方法肯定能成功。

宁宁：失败是成功之母。科学家不是失败好几次才成功的吗?

（教师：太好了，孩子们，老师支持你们像科学家一样继续做下去。）

为了帮助幼儿制作出满意的风筝，教师邀请风筝爱好者王爷爷来幼儿园，为幼儿答疑解惑。王爷爷给幼儿讲解了制作风筝的要领，建议幼儿把风筝面剪得大一些。王爷爷还提示幼儿仔细观察风筝的三角形稳定器，这里面藏着风筝起飞的秘密。

听了王爷爷的建议后，教师采购了风筝的三角形稳定器，方便幼儿参照着改进自己做的三角形稳定器，为幼儿进一步改良风筝提供了有力的材料支持。教师把买的三角形稳定器带到班级后，幼儿迫不及待地研究起来，把他们制作的三角形稳定器和买来的三角形稳定器进行了对比，讨论需要改进的地方。

小于：这两个三角形，一个高一个矮。

（教师：怎么看出它高和矮呢？）

嘉嘉：买来的三角形是扁的，比较矮，做的三角形是尖的，更高一些。

玲玲：这个扁的三角形角更大。

（教师：除了这些地方还有其他区别吗？）

好好：咱们做的三角形稳定器形状和买来的不太一样，咱们做的三角形的三条边一样长。

玉玉：但是买来的三角形稳定器有的边长一些，有的边短一些。

教师：哪个边长，哪个边短呢？

玉玉：上面的边短，下面的边长。

经过小组讨论和教师指导之后，幼儿开始了第三次的风筝改进。幼儿将问题聚焦在稳定器角度和边长的改进上，对三角形稳定器进行了调整。风筝制作完成后，幼儿对风筝进行了装饰，然后拿到小广场进行了第三次试飞。终于，幼儿亲手制作的风筝成功地飞上了蓝天，他们兴奋地跳起来欢呼，抱住老师大喊“我们的努力总算没有白费”，成功的喜悦洋溢在每一个幼儿的脸上。

从活动过程可以看出，在幼儿两次风筝试飞失败之后，教师提供的三角形稳定器这一材料支持再次激发了幼儿的学习热情，提高了幼儿的学习动机水平。幼儿积极地去观察、对比教师购买的三角形稳定器和他们制作的三角形稳定器之间的区别，根据讨论的结果改进他们制作的风筝。在这个过程中，教师还提供了情感上的支持，鼓励幼儿积极探索，并通过提问的方式引导幼儿迁移已有经验去解决问题，使幼儿的认知能力和动手操作技能都得到了提高，获得了良好的学习效果。最终，幼儿成功地解决了活动中遇到的问题，制作出了能够顺利飞起来的风筝。

案例 18　吹泡泡

（教师：你们发现了什么问题?）

二宝：呼啦圈不是平着的。

（教师：你们系了几根绳子?）

牛牛：两根。

（教师：系在了哪里?）

牛牛：系在两边，但是后来绳子动了，不在两边了。

（教师：绳子为什么会动呢?）

乐乐：没系住。

可可：绳子太少了。

西西：绳子太粗了，我系不上。

（教师：有道理，咱们班的小朋友太聪明啦。因为绳子太粗了、太少了，所以绳子没系住。那我们要怎么解决这些问题?）

二宝：换一根细的绳子。

可可：多系几根绳子。

小木：可以把绳子固定住。

乐乐：把绳子粘上。

（教师：你们的主意很棒，我们一起试一试吧!）

随后幼儿进行了系呼啦圈的第二次尝试。这次幼儿换了一根细一些的麻绳，在呼啦圈上系了 4 根绳子，系好后又贴了胶带。幼儿再次将呼啦圈从顶部放进去，但是绳子一下子乱了。

小米：绳子都乱了，怎么把呼啦圈拉上去?

（教师见幼儿没了思路，启发道：你们周一时见过升国旗吗?）

幼儿：见过。

（教师：旗是怎么升上去的?）

牛牛：拉绳子就升上去了!

小米：对，我升过旗，是一直拉一根绳子。

（教师：如果呼啦圈就是旗，我们怎么把它升上去?）

二宝恍然大悟：拉绳子。

二宝在原地拉起了绳子，发现拉动外面的绳子可以让呼啦圈移动。

（教师：我们有几根绳子，需要几名小朋友?）

圈圈：有 4 根绳子，需要 4 个小朋友。

（教师：那每个人分别拉哪一根绳子呢?）

牛牛：拉自己的那根绳子！

（教师：你怎么知道哪根是自己的？）

牛牛：冲着我的那根就是我自己的！

圈圈一边指着冲着自己的绳子一边说：对，这就是我的绳子。

（教师辅助幼儿整理了绳子，幼儿一起尝试拉动呼啦圈吹泡泡。）

经历了几次失败后，幼儿在相互配合下终于找到了拉动呼啦圈的正确方法。

小米：我们要同时跑，才能平平地把呼啦圈拉起来。

二宝：我来喊 1、2、3，我们一起向后跑。

牛牛：跑得越快，泡泡越高！

最后幼儿成功地用他们制作的泡泡机吹出了大泡泡。

在以上这个案例中，教师为幼儿提供了充分的材料支持，并在活动过程中多次鼓励幼儿，为他们提供情感支持。在幼儿遇到无法解决的问题时，教师并未直接告诉幼儿如何固定和拉动呼啦圈，而是多次通过提问支持引导幼儿找出问题并思考问题背后的原因，使活动更深入地开展下去。在教师有力的支持下，幼儿始终保持着高涨的学习热情，积极参与到问题解决中。在这个过程中，幼儿不仅被激发出强烈的学习动机，成功地解决了如何固定和拉动呼啦圈的问题，制作出了泡泡机，还提高了认知能力和动手操作技能。

根据以上两个案例及其分析可以看出，教师支持帮助幼儿解决了深度学习活动中的问题，教师提供的材料支持、情感支持、提问支持等对幼儿的深度学习发挥了重要的影响作用。因此，良好的教师支持对于幼儿的深度学习具有重要的促进作用，而力度不足或者越俎代庖的教师支持则会对幼儿产生负面影响。

二、同伴合作

幼儿在幼儿园中会受到师生关系、同伴关系、教育质量等多方面的影响，有研究提出，同伴学习、同伴评价和同伴反馈能促进幼儿的深度学习，提高学习结果的质量。

良好的同伴合作是顺利开展深度学习活动必不可少的条件，小组合作是幼儿深度学习活动中的一个重要特征，幼儿通过与同伴的合作学习，共同制订解决问题的计划，然后动手操作去实施计划，在同伴合作中解决深度学习活动中的问题，实现个体认知水平、操作技能和情感与社会性的发展。

在幼儿的深度学习活动中，同伴合作水平影响着活动的走向和进程，良好的同伴合作对幼儿深度学习有积极的促进作用。有教师认为："孩子们之间有经验上的一些支持，比如我们在讨论的环节中，有的孩子想到一个方法，然后另一个孩子可能说'不对，我觉得会是怎么样'，这本身就是幼儿之间经验上的一种支持。然后还有技术上的支持，比如说我们小朋友在悬挂呼啦圈的时候，有的孩子小肌肉群发展得并不是那么好，有的小朋友会说'来我帮助你吧'，这就是技术上的支持。然后还有材料上的支持，比如说有的小朋友没有带材料，其他小朋友会说我们一起来分享吧，这种互相分享就是材料上的支持。还有那种精神上的支持，比如说孩子们在解决了一个问题点的时候，他们就会特别的高兴，说'太棒了，我们一起把这个事情完成了'，在欢呼雀跃的过程中就建立了孩子们的集体荣誉感，有精神上的支持。所以我觉得同伴合作可以提供相互的支持，从经验上的支持、技术上的支持、材料上的支持、精神上的支持这几个方面可以促进幼儿社会化的一个发展，让他们更愿意与人分享，善于沟通，体谅别人的感受。"根据访谈可以看出，同伴合作对幼儿深度学习活动过程有着很大的影响，在这个过程中教师对同伴合作的引导是非常重要的。

（一）同伴合作影响幼儿深度学习的理论分析

目前已有很多研究都提出了关于幼儿同伴合作的定义。曹中平认为幼儿同伴合作是两个或两个以上幼儿采取共同行动以期达到统一目标的协作过程。冯晓霞等人认为合作行为主要表现在幼儿的协商与分工、讨论与合作、互助与共享等解决问题的行为倾向上。总而言之，幼儿深度学习活动中的同伴合作是指两个或两个以上幼儿为了完成活动目标，解决活动中遇到的问题，而进行分工协作、共同努力的过程。

不同研究者按照不同的依据对同伴合作的类型进行了划分。曹中平按照幼儿的合作水平由低到高将他们的合作划分成意向性合作、自发性协同、适应性协同和组织化协作四种类型。刘金梁将儿童的合作行为分为三个类型，即主动型、中间型和被动型，其中，儿童的主动型合作行为最多，中间型次之，被动型最少。此外，还有许多其他研究按照不同标准对幼儿同伴合作的类型进行了划分。在幼儿深度学习活动中，不同的同伴合作为幼儿提供了多样化的支持，帮助幼儿解决活动中的问题。

罗戈夫等人通过研究发现，结对合作完成任务的儿童比独立操作的儿童学习效果更优异。同伴合作学习的价值还体现在能够满足幼儿主体性发展的需要、帮助幼儿建立良好的同伴关系等方面。此外，儿童在一起合作解决问题比单独解决问题更能够通过讨论拓展自己的知识库。在合作中儿童和同伴能扮演共同建构者的角色，因而与一个能力很强的“专家型”同伴配对，能够推动儿童经过最近发展区的发展。当共同完成一个目标时，幼儿同伴之间能分享，交换意见并互相帮助。因此，同伴合作对幼儿的深度学习活动有着非常重要的作用。

在深度学习活动中，幼儿的同伴合作主要是小组合作，幼儿通过自由选择或者教师协助分为不同的小组，以小组合作的形式解决问题，开展深度学习活动。在小组合作过程中，幼儿齐心协力为一个目标努力，经过分析与讨论、猜想与假设、实验与验证等环节进行问题解决，同伴之间通过模仿、激励、互助等行为开展合作，实现深度学习。具体而言，幼儿在深度学习活动中的同伴合作除了互相帮忙拿取制作材料等简单行为之外，还表现为同伴在活动中为幼儿提供策略支持和情感支持。策略支持主要来自两方面，一是幼儿通过模仿同伴去解决问题，二是同伴直接给出行之有效的解决方案去协助幼儿解决问题。除了策略支持以外，同伴还为幼儿提供了情感上的鼓励与支持。在活动过程中，同伴通过言语或肢体上的鼓励和肯定等方式使幼儿获得心理上的满足感，从而更加投入地参与活动，努力解决活动中的问题，取得了良好的学习效果。

由此可见，幼儿同伴合作是促进幼儿深度学习的重要因素，同伴合作的效果直接影响着深度学习活动的结果。

（二）同伴合作影响幼儿深度学习的案例分析

在幼儿的深度学习活动中，同伴合作是其非常典型的特点。同伴合作可以帮助幼儿在深度学习活动中建立良好的同伴关系，得到更好的能力提升，取得更佳的学习结果。因此，同伴合作是影响幼儿深度学习的一个重要因素。

案例 19　五亭桥

在建构区搭建亭子时，松松拿起《中国房子》这本书翻看起来，不经意翻到一页，开心极了。只见他右手拿书，左手拿来了很多积木块，一边看书，一边搭建，时不时摇摇头。凡凡一直在旁边看着他，凡凡说：“你这个上面放了三个小方块，和书上不一样。”松松听了盯着书看了近 5 分钟，凡凡又来说：“你看书上这边有三个，那边还有三个。两边是对称的，上面还有一个尖尖的屋檐。我帮你拿着书，你来搭吧。”只见松松学着书上的样子放了三个小方块。还在方块上放了一个长木板。接着放了两个长的三角形，在两个长的三角形上又放了一个小方块和两个小一点的三角形。这时凡凡说不对，中间不是三个小方块，是两边各有三个，得是对称的。于是两个人又重新开始搭建。这一次松松在左侧放了三个小方块，在右侧也放了三个小方块，上面放了一块长木板。长木板上又放了两个2倍块和两个三角形。松松和凡凡相视一笑，他们的亭子终于搭建成功了。

三、同伴冲突

幼儿的年龄特点和发展水平决定了他们会比成年人更频繁地发生同伴冲突。在幼儿的深度学习活动中，同伴冲突有时会阻碍活动的进展，但在更多时候，同伴之间的冲突能够使幼儿碰撞出思维的火花，通过比较同伴和自己观点的冲突之处幼儿能够发展批判性思维，选择出最佳的问题解决方案。深度学习活动中的同伴冲突若能得到合理解决，不仅可以推动活动的进展，还可以发展幼儿的认知能力和社会交往能力；如果活动中的同伴冲突得不到合理解决，则会对幼儿的深度学习产生不利影响。“孩子们也会发生想法上的冲突，有时候他们能自己商量着解决，这种情况肯定是比较好的，既能解决问题，还能提高他们和同伴交往的能力。但有时候矛盾太大的话就需要教师去介入，避免他们产生更大的冲突。”“他们已经大班了，在一起做点什么没什么问题，就是有时候个性强一点的孩子，他就会坚持己见，不会妥协。这种孩子如果碰上没太有主意的同伴还行，如果一个组里有两三个这种特别有主意的孩子，可能就会出现意见分歧，僵持不下。”“他们在材料运用的合作上还行，比如说我拿胶水你来剪之类的，他们也知道分工。就是在出主意或者是想方法的时候，主意特别多的孩子在一组的话就容易有分歧，他们不太会像大人一样把几个人的主意的优点结合起来，然后折中出最好的办法，他们就是想要选出‘到底听谁的’，只听某一个人的，他们没有折中或者找出各自想法的优点结合起来的能力。”

在深度学习活动的幼儿同伴冲突中，除了冲突时幼儿自身采取的解决策略会对冲突结果产生影响以外，教师和其他同伴的帮助也是解决冲突的重要因素，不同的冲突解决策略导向对活动进展和幼儿发展有不同影响。

（一）同伴冲突影响幼儿深度学习的理论分析

对于同伴冲突的概念，国内外研究者站在不同视角提出了不同的观点。有学者提出，幼儿同伴冲突是一种对称性的社会互动，在这个社会互动过程中，互动双方的行为是相互依赖、相互制约的，构成了一个动态的行为流程。胥兴春认为幼儿同伴冲突是指幼儿在与同伴玩耍或相处过程中发生的相互抵制或对抗，表现为交往双方在行为、言语或情绪等方面的对立。

皮亚杰认为，儿童之间的冲突具备冲突的基本特征，同时在性质、特点等方面具有自身的独特性，与成人之间的冲突有所区别。在深度学习活动中，幼儿同伴冲突表现为幼儿在互动过程中因情绪（态度）、看法（观点）、言语、行为表现等方面的不同而产生相互争执、对立的状态。

关于幼儿同伴冲突的类型，不同研究者根据不同标准进行了划分。鞠路宁根据冲突的起因将幼儿同伴冲突划分为争抢游戏资源引发的冲突、违反游戏规则引发的冲突、游戏意见分歧引发的冲突、攻击行为引发的冲突、干预控制他人引发的冲突和偶然行为引发的冲突六类。除了冲突起因，还有很多研究者根据其他标准将幼儿同伴冲突进行了类型划分，比如，邢少颖对比观察小、中、大班幼儿的冲突情况，将幼儿同伴冲突的类型概括为挑逗型、说服型、强欺弱型、恐吓型和报复型。在幼儿深度学习活动中，引起同伴冲突的原因也是多种多样的，包括争抢活动材料引发的冲突、争抢操作机会引发的冲突、解决问题的意见分歧引发的冲突等，其不同的解决策略对幼儿深度学习的过程也会产生重要影响。

不同的冲突类型需要不同的解决策略予以化解，正确的冲突解决策略是合理解决同伴冲突、促进幼儿发展的重要因素。同伴冲突的解决策略是指人在对同伴冲突情境有一定的认知后所采用的反应方式，幼儿同伴冲突的解决策略是指幼儿在发生同伴冲突时，为了战胜同伴或实现自己的目标而采取的各种方式或手段，策略的使用目的在于使幼儿个体内部或冲突双方获得平衡，控制冲突局势。

尽管同伴冲突会产生一些消极的影响，但越来越多的研究者认为同伴冲突在一定程度上对幼儿是有利的，如能帮助幼儿去自我中心，促进幼儿心理发展；帮助幼儿建立良好的自我概念；等等。通过解决同伴冲突，幼儿不仅学会了解决问题的技能，还促进了语言表达、观点采择和社会交往等能力的提高。因此，虽然幼儿的同伴冲突有时会产生消极影响，但是运用合适的策略进行解决后，同伴冲突对于促进幼儿社会性各方面的协同发展有积极的作用，无论是在社会认知、社会情感还是在社会行为方面都有其潜在价值。在深度学习活动中，同伴冲突是不可避免的，运用合适的解决策略可以充分发挥同伴冲突对深度学习活动的积极影响。

在幼儿深度学习活动中，同伴冲突影响着问题的解决。同伴冲突的出现有时会干扰活动的进行，但有时却会使活动更深入地开展下去，这取决于同伴冲突的解决方式。同伴冲突作为幼儿同伴交往中经常出现的一种现象，影响着幼儿的深度学习。

(二) 同伴冲突影响幼儿深度学习的案例分析

协商策略和坚持回避策略是幼儿深度学习活动中解决同伴冲突的两种主要策略，通过分析这两种同伴冲突的解决策略，可以清楚地了解幼儿的同伴冲突对其深度学习的重要影响。

1. 协商策略

幼儿深度学习活动中同伴冲突的协商策略是指发生冲突的幼儿之间通过和同伴的内部协商，或者在其他幼儿和教师干预下的协商去解决同伴冲突，然后冲突各方做出妥协共同达成解决方案，从而使活动继续顺利开展的策略。

案例 20 给小鸟一个家

在“给小鸟一个家”这一案例中，幼儿在制作鸟巢的过程中产生了冲突，幼儿通过协商的方式解决了同伴冲突，使活动继续顺利进行。

第一组的主材是干草，几个幼儿把收集的干草用胶水粘到一起，他们没经过商量就七手八脚地加干草和胶水，结果做出来的鸟巢乱乱的，胶水也放多了，根本不成型，幼儿之间互相埋怨，产生了同伴冲突。

西西：雯雯，都怪你胶水放多了，都粘不上了。

雯雯：怪你！不怪我！

(教师：你们觉得互相埋怨能制作出坚固的小鸟家吗？)

几个幼儿都摇摇头。

(教师：那你们如果还用刚才的方法制作，能成功吗？)

几个幼儿又摇摇头。

(教师：我觉得你们应该商量一下接下来怎么办。)

米多：那我们每个人干不同的活，这样就不乱了。

西西：行，我要挤胶水。

雯雯：我也要挤胶水，咱俩一起挤。

西西：不行，一个人挤胶水就行，雯雯你就整理干草吧，草太乱了。

雯雯不高兴了，拒绝西西的安排。

米多：雯雯你先跟我一起整理干草吧，你和西西轮流挤胶水可以吗？

西西：那咱俩轮流挤胶水吧。

雯雯：好吧。

几个幼儿经过商量，分工合作，很快一个圆圆的鸟巢成型了。

在活动过程中，幼儿雯雯和西西在谁来挤胶水的问题上产生了冲突，一开始他们互相埋怨，后来在教师和其他幼儿的帮助与参与下，他们进行了协商，最终决定各自妥协，采用轮流挤胶水的方式解决了这一同伴冲突，这也体现了一个典型的解决幼儿同伴冲突的协商策略。由此可见，同伴冲突并不一定会阻碍深度学习活动的进行，若能得到合理解决，还能大大推动活动的进展。此外，通过协商的方式解决冲突，还能提高幼儿的认知水平和社会交往能力。

幼儿的同伴冲突是不可避免的，但是采取合适的冲突解决策略可以充分发挥同伴冲突对深度学习活动的积极影响。在深度学习活动的同伴冲突中，这种类型的解决策略随处可见，幼儿经常通过自己和同伴的内部协商，或者在其他幼儿和教师的干预下协商去解决同伴冲突，达成解决方案，从而使活动继续顺利开展。这个过程不仅可以解决幼儿同伴之间的冲突，而且对于促进幼儿各方面的协同发展有积极的作用，对发展幼儿的社会交往能力有很大的价值，是影响幼儿深度学习活动走向的一个重要因素。

2. 坚持回避策略

幼儿深度学习活动中同伴冲突的坚持回避策略是指冲突中的一方坚持自己的观点或做法，而另一方进行妥协和服从，回避和他人的冲突，从而使冲突暂时得到解决的策略。这种策略虽然能够使活动暂时顺利开展，却不利于幼儿的发展，教师针对这种情况应及时进行干预和指导。

在“热水保温”这一案例中，其中一个小组就是典型的“单人控制型”。在制作保温瓶时，A 全程把保温瓶握在手里并往保温瓶上粘贴材料，DD 在 A 的要求下帮忙扶着保温瓶，而 TT 全程无法参与，虽然他一直请求甚至后来开始抗议 A 的做法，但还是几乎没有机会接触保温瓶，直到最后教师过来协调，A 才同意让 TT 帮忙撕胶带。

案例 21　热水保温

A：我要把这个锡纸包上去，DD 你先帮我扶一下。

DD：好的，我来帮你。

DD 帮忙扶好保温瓶，A 开始在塑料瓶外侧覆盖锡纸，TT 被排斥在这个过程之外。

TT：我也想包，让我包一下。

TT 动手去争抢保温瓶，但是被 A 和 DD 推开。

A：你不会包，你会把锡纸扯破的。

DD：对呀，你不会，你别动。

TT：我不会扯破的，不能光你一个人包，我也想包。

A 不搭理 TT，TT 小声重复请求。

TT：我也要包，这样太不公平了。

A 和 DD 没有理会 TT，TT 过了一会儿就放弃了，在旁边观看 A 和 DD 制作保温瓶。

到这里，这个同伴冲突算是在 A 和 DD 的坚持下，以及 TT 的回避下解决了，虽然解决方式并不理想，但是在某种程度上也是同伴冲突的一种解决策略，体现了深度学习活动中解决同伴冲突的坚持回避策略。

活动后续是教师发现了这个小组的情况，并进行了调解。

（教师：你们让 TT 也包一下，不能光你们俩包呀。）

A：可是他会弄坏的。

（教师：这样吧，TT 先帮忙扯胶带，一会包棉花的时候让 TT 包一下，大家都要参与，不能只有一个人做呀。）

A：那 TT 你先帮忙扯胶带吧。

在这个过程中，幼儿的同伴冲突在一方的坚持下和一方的回避下解决了，解决过程实际上对于回避一方是不利的，对其产生了消极影响，阻碍了幼儿 TT 参与活动的机会。在这时，教师的及时觉察和干预是非常重要的。以坚持—回避策略解决的同伴冲突对深度学习活动并非完全是积极的影响，虽然它在某种程度上也代表着同伴冲突的解决，使活动能够继续开展，但是会导致部分幼儿的想法被搁置，没有机会参与活动，这表现出同伴冲突对深度学习活动的某些消极影响。“坚持—回避”这一同伴冲突的解决策略对于幼儿的深度学习来说是一把“双刃剑”，虽然它对深度学习活动的开展存在积极影响，有利于活动进程的推进，但对于幼儿的发展可能存在着消极的作用，不利于幼儿社会交往水平的提高，对幼儿其他能力的发展也会造成间接的阻碍作用，妨碍幼儿深度学习的效果，这也体现了同伴冲突对于幼儿深度学习的重要影响。

结合理论的案例分析可以看出，在深度学习活动中，同伴冲突影响着问题的解决和活动的效果。深度学习活动中的同伴冲突有时可能会干扰活动的进行，不利于问题的解决，但有时却会使幼儿的组织与协调能力得到发展，使活动更深入地开展下去，这相当程度上取决于同伴冲突的解决方式。通过以上两个案例的分析可以看出，通过协商策略解决的同伴冲突对深度学习活动有着积极的影响，而通过坚持—回避策略解决的同伴冲突对深度学习活动既有积极影响也有消极影响。幼儿同伴冲突的积极影响表现为可以促进活动的顺利开展，有利于幼儿的认知水平、情感和社会性水平等方面的提高，消极影响表现为妨碍幼儿对活动的参与，不利于幼儿自身的发展。因此，同伴冲突对幼儿的深度学习发挥着重要的影响作用。

四、其他因素

在影响幼儿深度学习的外部环境因素中，除了以上的教师支持、同伴合作和同伴冲突这三个关键的因素外，还有一些其他的因素也在影响着幼儿的深度学习，这些因素相对于以上因素来说对幼儿深度学习的影响较小，但也对其深度学习发挥着重要的作用。在幼儿深度学习活动中，师幼关系和家园合作也是幼儿深度学习的影响因素，对幼儿深度学习有着不可忽视的作用。

（一）师幼关系

在深度学习活动中，师幼互动是非常重要的部分，通过师幼互动，幼儿能够解决深度学习活动中的问题，实现活动的目标。师幼关系作为影响师幼互动质量的重要因素，对幼儿的深度学习有着重要的影响，教师所构建的良好的师幼关系有利于为幼儿营造舒适愉悦的心理环境，促使幼儿在活动中勇于探究各种解决问题的方法，提高其参与活动的积极性。“老师要放手，要相信孩子，要给他们提供一个宽松的探索氛围，让幼儿能够大胆探究，积极参与活动。”“教师要用平等的态度对待孩子，用朋友的身份去尊重和倾听他们的想法，为他们提供安全、和谐的心理环境。教师要秉持良好的儿童观、教育观，还要有一双慧眼，善于发现和捕捉每个孩子的闪光点，或者活动中值得深入探讨的问题，要对每个幼儿都有很深入的了解，和每个孩子都建立良好的关系。”在积极的师幼关系中，幼儿能够以良好的状态参与深度学习活动，获得更佳的学习效果。

（二）家园合作

幼儿深度学习活动的有效开展离不开家长的理解、支持和参与，在幼儿的深度学习活动中，家长也扮演着重要角色，家长通过提供知识支持和材料支持的方式参与活动，进行家园合作，对幼儿的深度学习产生了重要的影响。在访谈过程中，受访教师也多次提到了家园合作对深度学习活动的影响：“家庭也融入我们的课题中来了，幼儿觉得爸爸妈妈也在帮助我们做这件事情，会格外有干劲。”“无论是材料上还是经验上家长都会帮助孩子，比如一个家庭寻找到的一些方法，或者是一些制作材料，另一个家庭可能用另一个方法去做，通过他们之间的相互交流，也可以促进幼儿的深度学习，让他们对这件事很感兴趣。”“这一学期在活动中运用的家长资源也比较多，比如说回家查查资料呀，让家长帮忙收集东西，等等。这次活动我们先让家长了解了幼儿在做的东西到底是什么，然后让家长在家和孩子们一起讨论讨论，或者是收集完资料之后在家做一些小的实验之类的。家长参与更多了，而且给活动提供了不少帮助。”“家长也是影响我们深度学习活动的一个重要因素，我觉得家长对活动的影响主要是两点，一个是教育的理念，还有一个是支持的方式。在教育的理念上，家长的影响表现在对我们这次课题的重视和对于幼儿园里所做活动的重视上。可能有的家长不懂我们在做什么，但是他们特别愿意支持，这样活动就往往容易成功。在支持的方式上，有的家长会提供间接的支持，他们通过给孩子提供和活动有关的资料来启发孩子思考，用这种间接的方式对我们整个深度学习活动进行帮助。”通过访谈可以看出，家长的支持和参与也是幼儿深度学习活动中非常重要的一部分，教师通过家园合作，告知家长相关的活动内容，从而方便家长为活动提供各种支持，同时促进了幼儿的深度学习。

第五章　问题追溯：生成课程中深度学习的现实困惑

第一节　存在的问题

一、调查设计

本研究的整体思路是在对幼儿园教师实施生成课程现状的调查基础上，分析存在的问题，并在此基础上提出相应的策略。

（一）现状调查

本研究通过对幼儿园老师的问卷、访谈和现场观察等，分析幼儿园教师在生成课程的观念和实践上的特点，寻找在实践中影响教师实施生成课程过程中所存在的问题。从观念上看，本研究就教师具有的生成课程的意识、对生成课程观的认识和生成课程价值判断等进行分析；在实践层面上，本研究就教师在生成课程的回应策略中表现的态度、发展生成课程能力等方面的问题进行探讨。

（二）策略指导

根据现状研究的结论，本研究从概念理解和实践指导两方面确定生成课程的指导策略：通过和幼儿园教师积极展开合作，从教师的课程行为剖析入手，从生成课程的视角分析其存在的问题，并根据相关理论依据和实践经验，在与教师的平等交流、积极协作中商讨引导生成的方案、调整行动的计划等，以此来指导、改变实践行为；通过对实践的观察、计划、实施、反思、调整的过程，总结出在生成课程实施中教师行动的相关策略。

二、研究方法

（一）取样

本研究随机选取扬州市三所幼儿园的现任教师为调查对象。其中，城市幼儿园、城郊幼儿园和乡镇幼儿园各一所。

(二) 具体研究方法的选择

具体采用的研究方法有：问卷调查法、访谈法、观察法。

1. 问卷调查法

以了解幼儿园普通教师对生成课程的理解和实践中的问题为目的，我们对扬州市三所幼儿园实施问卷调查。本调查于 2021 年 9 月实施，共面向三类幼儿园 122 人发放问卷，共回收有效问卷 118 份。

2. 访谈法

以了解幼儿园普通教师对生成课程的认识和态度为目的，我们对进行问卷调查的三所幼儿园的小班、中班和大班共三位带班教师为对象进行访谈。在研究实施的过程中，我们还针对生成问题的理解和把握多次对教师进行访谈并与教师讨论。访谈过程采用现场录音和同伴记录方式。

三位老师的基本情况是：

Y 老师：城市幼儿园教师，已从事幼儿教育工作 30 多年，高级职称，曾任幼儿园教研主任，现任幼儿园大班主班老师。

C 老师：城郊幼儿园教师，有 20 余年幼儿教育经历，高级职称，幼儿园教研主任，现任幼儿园小班主班老师。

H 老师：乡镇幼儿园教师，有 16 年幼儿教育经历，高级职称，本科学历，现任幼儿园中班主班老师。

3. 观察法

以了解幼儿园普通教师对生成课程实践中的问题为目的，我们对进行问卷调查的三所幼儿园的小班、中班和大班共三位带班教师为对象进行观察。

在研究初期阶段，每周选取两个半天，对教师对待生成的行为进行文字记录。观察时间覆盖周一到周五所有活动日。参与研究阶段的观察主要集中在上午半日活动时间。

三、现状分析

(一) 生成课程观念现状

本研究中的幼儿园教师生成课程观念主要是指教师的课程意识、课程观念与课程价值判断等。

调查结果表明，在生成课程观念上有相当比例的教师存在理解上的偏差，具体表现为生成课程意识淡薄、生成课程观念模糊、生成课程价值理解不透等。

1. 教师生成课程意识淡薄

研究结果表明，教师生成课程的意识淡薄，表现为过分拘泥于教学目标，缺乏随机生成的课程意识。在教师进行教学的依据的问卷调查中，通过多选题进行统计：41.9%的教师认为是教材，13.9%认为是幼儿园的规定，74.4%认为是幼儿园的教学目标，48.8%认为是幼儿需要。

结果表明，大部分教师（74.4%）接受应该按照幼儿园教学目标进行教育活动，并以此作为幼儿园教育活动开展的依据。也有不少的教师（41.9%）认为教材是参考依据，习惯于按照教材进行教学活动。有近一半的人（48.8%）认为依据是幼儿需要，这表明许多教师认为教育活动应该从孩子出发，按照孩子的兴趣和需要开展教育活动。但是从教师对教学目标和教材的倚重看，教师在进行教学时是以预设课程的角度去思考教学目标的，目的是教学目标的达成。

在影响教师备课的因素（多项选择）的问卷调查中，72.1%的教师选择“教材”，69.8%选择“教学参考资料”，95.3%选择“幼儿”，根据自己情况来定的有18.6%。

调查也表明，教师在各课中较多地以幼儿、教材和教学参考资料为依据，这就与前面重视教学目标的达成相一致。这表明教师对幼儿的考虑，是以幼儿对预设课程的接受为前提的，目的是让幼儿配合教师的教学来完成教学目标，而不是为了幼儿的兴趣和需要。虽然教师较多地考虑到了幼儿，但是并没有从幼儿在教育活动中的实际表现出发进行灵活应对，不能说明教师生成意识强。

在对幼儿园课程资源的问卷调查中，32.5%的教师认为教师是课程的资源来源，36.5%的教师认为幼儿是课程的来源。

结果表明，部分教师认识到教师和幼儿也是课程的来源，但也不难看出，教师的课程资源意识仍然有待唤醒。尤其是在主体性意识的萌发上，有些教师还受旧观念的影响，不能意识到教师和幼儿也是课程的来源，课程是教师和幼儿在活动和相互作用中共同创造的，他们拘泥于自己制定的教学目标。对教师与幼儿是课程来源认识不足，与生成课程要求教师在相互作用的活动中把握幼儿的兴趣和需要并进行引发回应的要求产生了一定的冲突，这也表明了教师的生成课程意识的淡薄。

综合各种调查结果发现，尽管教师对幼儿和教学目标有所重视，但这不能表明其具有了生成课程的意识，为目标所拘泥导致教师缺乏随机生成的意识。

2. 教师生成课程观念模糊

研究结果表明，教师的生成课程观念模糊，表现为概念与实践不一致，从而歪曲了生成课程的原意。

问：你认为什么是生成课程？

Y老师："生成课程就是幼儿的兴趣、需要引起的，要老师注意去回应的事。"

C老师："生成课程是老师关注孩子的兴趣，及时给予回应。"

H老师："生成是老师在寻常时刻对个别孩子引起的事情进行判断，看它有没有价值，如果有价值的话就去引导他。"

我们在访谈中发现，教师对生成课程的表达是很流畅的，从表面上看，教师对生成课程在概念上已经有了一定的理解。在对教案的认识的问卷调查中，88.3%的教师认为教案是教师的教学计划，可以根据教学情况进行修改。在追问是什么教学情况时，48.8%的人认为是环境的改变，73.6%认为是幼儿的反应，60.5%认为是教师的新想法。调查表明大部分教师已经意识到教案只是自己的教学计划，可以根据教学情况进行修改。因为他们认识到教学的复杂性和情境性变化。从数据结果来看，大部分教师认识到环境的变化、幼儿的反应和教师自己的新想法都可以导致教学活动的改变。这表明教师在教学准备时意识到给自己的教学计划留下弹性空间，意识到教学中的生成课程的存在。

但是在研究中，我们也看到了另一面。Y老师："我们幼儿园老师已经适应了形象化的东西了，生成对我们来说还是个概念化的东西，我们头脑中没有现成的模式，给我们讲理论我们懂，但理论不是经验，一旦进入实践中，我们又糊涂了。"

C老师："生成对我们来说还真是难以把握，概念太抽象了，没有一个明确的说法。我们希望能够给我们标准，而不是就概念来理解。最好能够给我们一个数量化的说法，比如老师预设的课程和幼儿生成的课程比例多少为宜，这样我们就有了明确的标准。"

访谈表明，教师并没有真正理解生成课程的含义，而是把旧的课程模式来套用在生成课程概念上，在观念上存在误解。尽管接受了生成课程一词，但并不表明其对生成课程观有真正的理解。在已经习惯了预设课程的情况下，教师不知道在活动中如何判断生成课程的内容，也不知道如何去回应。访谈中发现，有些教师对生成课程的理解还处于概念层次，对实践操作还比较模糊。生成课程是教师和幼儿共同在动态情境中对生成的活动的价值判断，本身具有不确定性与情境性等特点，因此也不可能有现成的模式和标准参照。把生成课程曲解为模式化、数量化，是对生成课程在课程观上的误解。

以上研究说明，尽管教师在生成课程概念上有所认识，但对课程观念还比较模糊，还不能从概念和实践行为上理解生成课程的内涵。

3. 教师生成课程价值理解不透

研究结果表明，教师对生成课程的价值理解不透，不会把握生成时机。在课程目标对教学的影响的问卷调查中，20.9%的教师认为要理解，以便用时能够参考；76.7%认为不仅要理解，而且要做到心中有数。

数据显示，大部分教师（76.7%）认识到幼儿园教育活动要以幼儿园课程目标为依据，对课程目标要能够理解，并做到心中有数。

但他们是否真的做到心中有数呢，是对课程目标的理解还是教学目标的理解呢？记录1：在“我们的城市”主题教学中，教师教案中的计划是根据孩子的回答生成“逛公园”的活动。教师在导入的时候引导幼儿说出城市里有什么。孩子们回答有高楼、汽车、地铁、公园等，其中在幼儿回答有公园时，教师说：“你们去过公园吗？公园里有什么啊？公园好玩吗？”有孩子回答：“我去过宋夹城公园，我是坐轻轨去的，要买三块钱的票。”又有孩子接着说：“我也去过宋夹城公园，我是坐我们家的车去的，很快就到了。”“老师，我是坐公共汽车去的，只要一块钱，可是很挤的，走了好久好久呢。”教师接着说：“你们说说公园是什么样的呀？里面有什么好玩的呀？”

在具体的教育活动过程中，存在许多引发教师教育行为的新因素，记录中孩子对交通工具、对钱币消费等的兴趣，是符合“我们的城市”主题目标的。恰恰是这些生成的新因素，有时候更能够将教育效果推向高潮，贴近孩子的生活，满足儿童的兴趣、热情和愿望，而这需要教师在宏观的课程目标下做出价值判断，把握时机进行生成引发。在观察中，老师对目标的理解是具体的教学目标，而且确实做到了“心中有数”，却不是主题的目标。在“我们的城市”主题下，本可以生成许多孩子与城市生活有关的活动来实现主题目标，但在老师的意识中，只有她预设的“逛公园”的教学目标，而没能够从课程目标上对孩子的交通工具、钱币数量等生成做出回应，没有把握住生成的时机。课程目标是对针对学前幼儿身心发展特点要达到的发展水平的概括的方向性的要求，教师在教学中却没有表现出对课程目标的理解，只有具体的教学目标，也就是缺乏对孩子生成活动的价值判断能力。

因此，在问卷调查中显示的教师对课程目标做到“心中有数”，实际上并不是真正的课程目标，而是具体的教学目标，这就局限了教师对生成活动的价值判断，在具体的生成活动中不能对生成活动做出判断把握，失去应对时机。

C 老师："生成好是好啊，但是过多的生成的话还要我们备课干什么？"

Y 老师："我们上课都有目标的呀，我们都是按照备课准备教学的呀，要不怎么知道你教得好不好啊？生成有没有用，我们准备不来的。"

教师谈话也表明教师在观念上是认识到教育是有目标的，而且教育目标是幼儿园教育的依据。但是在教育活动中固守教学目标，导致教师对当前幼儿兴趣和需要失去关注，不能把握幼儿兴趣、需要与课程目标和内容的关系，也就不能捕捉幼儿生成的价值。

综合各种结果，可发现教师尽管对课程目标有理解，但是对生成课程的理解缺乏价值的判断，不能在教育活动中把握幼儿生成的时机。

（二）生成课程实践现状

通过观察、访谈与问卷调查研究，发现教师生成课程实践中存在生成课程态度消极被动、生成课程能力欠缺等问题。具体研究结果如下：

1. 教师生成课程态度消极被动

研究表明，幼儿教师在生成课程实践中态度消极被动。

（1）心理上的畏难情绪

Y 老师："要把握生成太难了！"

C 老师："孩子生成的东西，老师回应很难的！"

H 老师："对生成的感觉很难，不易把握！特别是年轻老师，就更难了！"

生成具有不确定性、不可预测性和动态性，与教师们已适应的有计划性的教学思路的可控性相比，生成打破了他们原有的教学习惯。而且人们对新知识的接受有一个转化过程，生成课程的提出，对教师提出了一些新的要求，这些要求包括：教师的目标意识、对幼儿的观察了解、动态的过程意识、师幼间的互动等。在新的要求面前，教师们产生的畏难情绪成为在教育活动中对生成活动把握的困难所在。在宣导过程中，我们从知识概念和对孩子的解读角度去要求教师，而忽略了教师的主动性与情感因素。从访谈中，研究者明显地感受到来自教师的被动和畏难，而对"生成"这种要求在随机的活动中机智地捕捉来自孩子的信息、进行价值判断，并及时给予回应的教育行为，离开教师积极主动的情感投入和对孩子的爱是难以实现的。

（2）实践中缺乏把握生成的主动性

C 老师："我们现在也很无奈的，有要求的呀！我们老师也爱面子的呀！怕这种没有准备的生成不成功。"

H 老师："我们现在很困惑，因为已经习惯了预设活动，在预设活动中要我们关注生成行为，是不是在降低老师的预设活动呢？如果老师过多地关注幼儿的生成，我们老师的注意力不是轻易就被幼儿转移了吗？那还要不要活动的目的了？我们老师预设活动的本来任务还要不要完成呢？”

Y 老师：“我们老教师已经适应了去教孩子学会什么，如跳舞、讲故事等。再跟我们讲生成，应该说宣传得还不够。我们对高结构下的生成还好理解，因为要写进计划，但寻常的活动就不好理解了。我们好被动的，不适应这种时髦的东西了。”

课程方式的改变不是一个轻易的过程。在已经习惯的预设活动中，教师注重的是当前任务的有效完成。在访谈中可发现，教师对生成课程的理解不足，常把生成看成另外的一种课程方式，认为与已经习惯的课程方式是不相容的，因为心理上的不相容导致行为上的被动。生成要求教师更多地在寻常时刻关注孩子的兴趣和需要，寻找有价值的线索并与幼儿教育目标和幼儿的最近发展区联系起来进行价值判断，从而增加了教学活动的不确定性和复杂性。这就需要调动教师自身的积极主动性。此外，由于教育评价等没有从根本上改变，教师随机的偶发性教育行为还缺乏宽容的空间，教师怕失败，怕被误解，因此，一些教师在实际教育活动中还没有自觉地运用“生成”活动，只是表现为被动地接受。

2. 教师生成课程能力欠缺

本研究中的能力主要指在生成实施中表现出的价值判断能力、对生成课程的发展能力和对生成活动的反思能力。通过观察、访谈与问卷调查，我们发现教师生成课程实践能力存在价值判断能力欠缺、发展生成课程能力不足和缺乏反思能力等问题。

（1）生成课程价值判断能力欠缺

研究表明，教师在生成课程实践中缺乏对生成活动的判断能力。

记录 2：在晨间活动中，老师让孩子们交换阅读迷宫类的图书，几分钟后，一些看得快的幼儿便开始在活动室内走动起来，有的自发地做起了游戏。有几个女孩抛接起了皮球，这时旁边一女孩怯怯地要加入，结果被其中一个女孩子猛地推了一把，差点儿跌倒。老师看到这个情景，走过来对玩皮球的女孩子们责问道：“你们为什么不和她一起玩呢？”老师又对被推的女孩说：“你要怎么办她们才会带你玩呢？”这个女孩轻声地说：“我可以和你们一起玩吗？”其他孩子听了表示同意，大家一起玩了起来。（我们后来了解到，该女孩从小父母离异并与父亲一起生活，但父亲的情绪一直不好，影响了孩子的交往技能。）

记录 3：在进行语言活动“苹果宝宝”时，老师按准备的教案问幼儿：

“苹果的宝宝是什么?”孩子们一脸的茫然,老师就提醒孩子:“你们吃苹果吃到里面时会有什么啊?”当幼儿知道苹果里面的小籽就是种子后,有幼儿突然大声问:“老师,我见过西瓜也有宝宝的。”老师对该幼儿的问题没有给予回应,而是继续往下问苹果宝宝的其他问题了。

我们后来了解到,老师并没有对这个问题进行思考,认为在教学中幼儿提出的这样的问题太多了,而最主要的还是当时老师对幼儿的这个问题并没有有思想准备。

从记录 2 中可以看到,老师已经形成的习惯和日常惯例的机械性行为,对寻常时刻不时发生的一些事件,诸如保育方面的事件、幼儿的矛盾处理、幼儿的常规管理等能够进行及时地介入,根据其性质较好地判断其价值并进行回应。

从记录 3 中可以看到,教师已经习惯了预设的教学活动,按照自己的想法和思路进行教育活动,对幼儿临时生成的问题和行为往往采取忽略和回避的态度。也就是抓不住生成的点,不会把握生成的时机。

记录 4:在早晨的区域活动中,有几个女孩一连几天都在玩娃娃家游戏,也不和别的幼儿交往。老师注意到了这种状况,就上前劝阻:“你们已经连续好几天都玩这个游戏了,你们觉得有没有意思啊?”孩子们看了看老师,不情愿地走了。在后来与老师的交流中,我们了解到老师当时的想法是她们一直在做重复的游戏,太简单了也没有创意。

记录 5:晨间区域活动时,林 X 和杨 X 在玩雪花片,他们用雪花片拼插成了一艘飞船,两个人拿着飞船在活动室里跑了起来,边跑边喊着:“上天喽!”老师看到他们在跑,拦住他们问:“你们想用飞船干什么呀?”林 X 说“我要坐飞船到月亮上去!”老师却说:“你们谁去过月球啊?我们谁也没上去过呀!”两个孩子愣愣地看看老师,走回到自己的座位。

当时我国“神舟六号”飞船刚发射成功不久,各种渠道的新闻很多,而且国家在计划登月的事,孩子应该是受到一定的影响,才产生这样的行为。

在观察记录 4 和 5 中,可发现教师虽然对有的“生成”抓住了,发现了问题,却缺乏价值判断,没能分析现象反映的问题,更不能把握时机,采用合理的策略回应。在观察中我们也发现存在为了完成教案中准备的“生成”任务而虚假“生成”的现象,这就更不是对生成的判断了,而是对预设的判断。从调查中可以看出,教师在实践中对生成课程的价值判断能力欠缺,不能有效地把握生成。

(2)发展生成课程能力不足

研究表明,教师对生成课程的发展能力不足,表现在对环境创设利用不足、缺乏对生成课程的理解和转换能力和对生成课程的回应策略上有待提高。

① 对环境创设利用不足

记录6：每天早晨孩子们来到班级后就自己选择做桌面游戏，但是每天孩子们玩的材料基本上是一样的，理发店的材料是原来的，厨房的工具、娃娃家的材料、银行的柜台等都没什么变化，孩子玩游戏的过程也基本差不多。

在初期观察时，活动室内的材料变化不大，在区域活动中主要是娃娃家、蛋糕店、理发室、阅读角和一些桌面材料等，墙面布置主要是一些幼儿的绘画作品和教师布置的装饰品。在每次的观察中可发现，有些孩子每次都用同样的材料做同样的游戏，孩子的行为也变成了习惯性的动作，挑战性不大。生成的本义是幼儿“在与环境和他人交互作用中自主产生的活动”和“对活动加以进一步地充实和扩展”。要满足孩子的兴趣和需要，老师就要为孩子创设相应的环境，让儿童在各种“关系”中接受挑战，如此才是有利于幼儿的自主活动。

② 缺乏理解和转化能力

C老师：“生成对我们来说还真是难以把握，概念太抽象了，没有一个明确的说法。我们希望能够给我们标准，而不是就概念来理解。”幼儿期的思维以形象性为主要特征，在长期以形象性为主要教学特点的幼儿教育实践中，许多幼儿教师习惯以形象性来理解教育观念。

在传统的教育模式下，教师有形象、完整的参考模仿对象可以借鉴。而教师在对生成进行理解时，由于生成具有情境性和不确定性，缺乏有效的可以模仿的参照对象，特别是教师习惯于通过具体教材和教学参考资料来制定具体的教育目标，而对教育目标缺乏宏观的理解和把握，因此在动态的教育情境下对生成的内容难以把握，不能把对理论的理解转换为实践的自觉行为。

在观察中我们也发现有的老师希望在教育中丰富孩子所有相关的知识经验，又想在活动中让孩子生成，这样教师和孩子都显得非常忙，学习活动的比重增加了，在不经意中把预设活动和生成活动割裂开来，使得预设活动和生成活动成了主题进程中两条独立发展的线。

H老师：“如果老师过多地关注幼儿的生成，我们老师的注意力不是轻易就被幼儿转移了吗？那还要不要活动的目的了？我们老师预设活动的本来任务还要不要完成呢？”

由于习惯于课程的预设，因此教师在生成的情境面前往往感到矛盾，不能有效处理预设和生成的关系。生成与预设并不是矛盾的关系，因为预设在一定程度上也是要求与孩子的兴趣、需要紧密联系的，是建立在幼儿原有兴趣、需要的基础之上的。有些活动是根据课程目标和内容预设的，有些活动是在追随儿童兴趣之后预设的。它们都是有目的地实现儿童的发展，只不过把目的放在动态的情景中，能更好地满足幼儿的兴趣和需要。

Y 老师："我们现在要应付的东西太多了，要搞公开活动，要搞评比，要做文字材料，好多的啦！我们好多老师现在就是完成任务。对孩子的生成，是需要老师有好心情的。我们忙还忙不过来，哪有心情去做生成？"

在对"生成"的理解上，老师把"生成"看成另外一种活动，这是对生成活动的误解，没有把"生成"当作幼儿园课程的存在形式。从幼儿园课程形成的角度来看，幼儿园课程内容可以是教师根据课程目标和幼儿兴趣与已有经验有计划、有目的地设计和安排，也可以是幼儿依据自己的兴趣、经验和需要，在与环境和他人的交互作用中自主产生的活动。因此，不论是预设的还是生成的课程，从表现形态上说，都是幼儿园的课程，都是帮助幼儿获得有益的学习经验、促进其身心全面和谐发展的活动。"课程就是发生的事"，不能老师忙就不存在"生成"，就否认"生成"的存在，把生成与幼儿活动割裂。

C 老师："我们希望能够给我们标准，而不是就概念来理解。最好能够给我们一个数量化的说法。"

在幼儿园活动中，幼儿在不同时刻所表现出的兴趣和需要不是固定的，而是偶然的，是难以用静止的眼光来看待的，更难以给出一种固定的数量或时间比例。教师只能根据具体的教育情境，根据幼儿的即时的兴趣和需要，进行动态地把握生成。因此，对幼儿园教育活动中的生成进行数量化要求是对生成的操作性的误解。

③ 生成回应策略有待提高

在对幼儿出现与教师想法不一致的行为时教师的回应的问卷调查（多项选择）中，25.6%的教师认为可以短暂回应，81.4%认为可以根据幼儿情况决定，4.7%认为可以根据自己情况决定，选择"继续原计划，以后再说"的有 1 人，没有人认为应该忽略掉。

而在追问原因时，又有 11.6%的教师认为是因为不在计划中，所以应该忽略；60.5%认为要根据自己的知识能力来处理；25.6%认为应该根据教育目标来做判断。

结果显示，在可进行多种选择时，教师对生成回应的策略比较重视幼儿，这一方面表明教师注意到幼儿为生成的主体，另一方面也表明教师回应策略的手段不丰富，不能意识到根据对生成情境进行策略选择，也表明教师对生成课程回应策略把握不透，缺乏对生成课程回应策略的理解。原因在于对教学目标（25.6%）的领会还没有真正做到心中有数，对策略选择笼统化。

从前面的观察记录4和记录5中也可以看到，由于教师职业的相对稳定性，教师在习以为常的生活中养成了某些教育观念和习惯，在已经习惯了预设课程的模式下，教学目标是预设的，只要有教材、教学参考书等资料，教师就可以据此设计教学过程并实施。“生成”的提出要求教师把目标转化为“儿童的大纲”，发挥教师的临场的机智。而教师在实践中由于已经形成的习惯，所以在对待儿童的“生成”时一方面表现为价值判断的迟疑与困惑，不能快速地把当前幼儿的行为与教育目标匹配；另一方面则表现为习惯的作用，表现为对待个别或小群体时不能正确对待儿童的“生成”，在价值判断和回应时机与方式上表现出过早的介入或不适当的回应，不能保留孩子的空间从而有效地促进幼儿的学习和个性成长。在记录4中，幼儿表现出连续的重复性行为，教师是用成人的眼光来判断其无价值或者无创造性而马上干预的；而对幼儿同伴间的冲突事件，教师往往是立即阻止和规劝；对幼儿的错误认知，教师因怕其“不会”而积极地介入，对幼儿违规行为则进行严厉制止。这些都表现出教师对幼儿行为缺乏回应策略，不能引领幼儿教育的方向。

（3）缺乏反思能力

研究发现，幼儿教师在实施生成课程中主要受自己个人的经验影响，注重目标的达成，缺乏反思。

H老师：“我们现在很忙的，活动一个接一个，要备课，还要写反思记录，感觉太累。”

C老师：“我们一般是对孩子的反应进行即时的判断，一般是用语言回应的，比如：待会再商量啊，或者语言上去附和他们。我们还是要完成教学计划的，不然我们备课干什么呀？”

Y老师：“我们现在要应付的东西太多了，要搞公开活动，要搞评比，要做文字材料，好多的啦！我们好多老师现在就是完成任务。对孩子的生成，是需要老师有好心情的。我们忙还忙不过来，哪有心情去做生成？”

反思要求教师是研究者，反思是为了改进教学实践、提高教学质量、促进儿童学习与发展，同时也可以提高教师的素质，促进教师专业成长，使教师更自觉地把理论与实践结合，理性地看待自己的教育实践。

从访谈中发现，教师把反思当成任务去理解，把反思当成为完成预设课程的经验总结，把反思异化为完成任务。在访谈中我们了解到老师把反思写进教案中，变为形式，是被动进行的，远离了反思的本义，不是真正的反思。

在观察中我们看到，很多的时候老师的工作是按照教学准备的思路进行的，也就是按照预设的目标和过程进行，对生成的活动，教师经常以否定、忽略等方式回应，看不到教师对自己的教学行为的思考。

例如，在进行语言活动“苹果宝宝”时，老师按准备的教案问幼儿：“苹果的宝宝是什么?”孩子们先是一脸的茫然，老师就提醒孩子：“你们吃苹果吃到里面时会有什么啊?”当幼儿知道苹果里面的小籽就是种子后，有幼儿突然大声问：“老师，我见过西瓜也有宝宝的。”老师对该幼儿的问题没有给予理睬，就继续往下问苹果宝宝的其他问题了。

幼儿的问题是对概念的列举，是通过苹果的种子而生成的，教师本可以从这个问题引导幼儿再列举其他水果的种子，通过孩子的经验概括出种子的概念来，这实际上是对幼儿好奇心、求知欲回应的好时机。但是教师从目标是诗歌教学的角度把本节课当成语言活动进行，从而失去了回应的时机。

从观察中可发现，教师对儿童行为的反应许多是以直觉经验去应对的，缺乏理性思考。反思是对行动方案进行深思、选择和做出抉择。由于幼儿教育的生活情境性、随机偶发性特点，教师似乎没有机会反思，如访谈中发现他们很少有机会与同事一起对教学的实践和教育的经历进行反思。教师在教育活动中凭借个人的教学经验应对幼儿的行为，未能将幼儿零碎的生成活动行为放在幼儿教育目标这样的整体下思考，缺乏积极探索与解决教育实践中的问题的主动性，未能理性地认识自己的教育实践与理论的结合。正是因为缺乏个人的反思，所以教师的教学行为在重复着同样的问题中继续。

四、问题梳理

（一）生成和预设的把握不当

问卷结果表明，不管有无要求，都只有很少一部分教师会去生成活动，大部分教师按照教学计划实施课程，不给生成留出空间和时间，习惯计划性活动，缺乏生成的意识。

在案例“纸飞机”中，幼儿最感兴趣的部分是他们探索纸飞机飞行时发现有的飞机飞得特别远，有的飞得特别近，还有小朋友开始测量不同飞机飞行距离的远近。教师可以感受到幼儿对距离远近和测量距离非常感兴趣，并看到他们进行激烈的讨论，但教师没有对孩子的反应做出任何回应，没有对活动进行任何延伸，没有将生成和预设进行有效的结合。

（二）不以游戏为主要学习方式

从问卷结果可以看出，大部分幼儿园一日生活作息过于死板，没有充足的游戏时间，教师习惯性地按照一日流程组织活动，缺乏灵活性，也不能为生成活动提供游戏时间，限制和阻碍了生成活动的开展。同时，幼儿园在组织活动时还是以集体围坐形式为主，而不是通过游戏来灵活地安排活动。

幼儿园在生成课程实践的开始阶段也存在这样的问题。案例“种子”是观察学习“种子的变化”科学活动，教师仅通过简单的视频讲解种子的生长，而不是组织孩子到小菜园观察，或是提供相关的材料让幼儿进行游戏操作。

（三）不关注幼儿兴趣

从问卷结果看，只有小部分教师关注幼儿的兴趣，对幼儿进行全面的观察，对幼儿的行为进行反思，针对幼儿的兴趣需要进行跟进。大部分教师忽视自己对幼儿的观察，不做跟进，也不和之后的教学活动去关联。个别幼儿的兴趣极可能是班级生成活动的来源，忽视幼儿兴趣，无形中就失去了很多活动生成的契机。

X 幼儿园的 J 小朋友，在区域游戏时间总喜欢在角色区玩消防员的游戏，哪怕是到了书写区，他也喜欢穿消防员的衣服。教师并没有对 J 小朋友进行关注，没有对这个特别的兴趣进行跟进，因此错过了进行消防知识探讨的非常好的契机。

（四）教师缺乏多种角色意识

在生成课程实践中，教师扮演的是指导者、组织者、促进者、参与者、倾听者、观察者、记录者、活动的伙伴、研究者和联络者，各种角色是相互联系、相辅相成，统一于整个教学活动的过程中的。问卷结果显示，大部分教师会关注指导者、组织者的角色，但忽略了研究者、记录者的角色。我们在活动中还是会经常看到教师主导活动的发生和发展，而不是和儿童协商、探讨。

在大班小朋友“雨花石”科学活动中，教师仅扮演了组织者和指导者的角色，在活动中紧紧围绕活动目标，让幼儿充分感知雨花石的特点。在操作的过程中，幼儿开始激烈地对贝壳进行讨论，教师没有对雨花石以外的探讨进行任何关注和回应。教师错失了在活动中扮演观察者、倾听者、记录者等角色。

（五）缺乏对实施过程的了解

问卷调查中，大部分幼儿园没有提供实施生成课程的机会；小部分幼儿园会偶尔在其他教研活动中提及生成课程的相关信息；安排教师之间进行案例分享、专门生成课程教研会议、生成活动反思小组活动、教师外出学习和导师指导的更是少之又少。教师缺乏对实施过程的了解。

教师在生成课程实施过程中经历的发展阶段不是层层递进的、完整的螺旋循环过程。大部分教师在实践生成课程过程中会经历对幼儿进行观察、做出下一步的计划、根据计划进行回应这三个阶段，但都缺失了记录下所观察的事件、对观察记录进行反思、对幼儿活动进行评价的阶段。

X 幼儿园教师明显缺乏对幼儿活动的深入观察，除童话故事的兴趣外并没有捕捉到幼儿的其他兴趣需要，对于童话故事的兴趣也仅是看到幼儿喜欢画公主，喜欢穿公主的衣服，没有挖掘幼儿深层次的兴趣和需要。同时在活动选择时，教师之间没有分享观察记录，教师并没有及时对孩子的游戏和活动进行必要记录的习惯。

（六）欠缺观察反思回应评价能力

问卷结果显示，由于教师生成能力的欠缺，大部分教师存在对幼儿缺乏观察、观察关注点单一、记录方式简单笼统、缺乏对幼儿行为表现的反思、反思内容片面，以及忽视幼儿兴趣、不做过多回应的问题；在评价上存在重结果轻过程、评价途径单一、评价与计划教学相对独立的问题。

在反思环节，教师会根据需要共同制定活动网络图。所谓网络图就是在整个活动过程中围绕生成活动内容，罗列与之相关的各方面内容，根据幼儿兴趣的变化删减和添加内容，用网状图形的方式呈现出来。

案例童话故事活动中，教师在制作网络图的过程中并没有从对幼儿的观察出发，仅凭借自己的判断，简单地从“角色”“故事”“表演”三个分支确定了活动的内容。在活动进行的整个过程中，教师并没有观察反思回应，以及再次结合幼儿的兴趣点、困惑来调整网络图，也没有生成更加有价值的内容。事实上，网络图在生成活动的发展过程中，会随着幼儿兴趣的转移和经验的拓展而不断删减与添加内容，直至活动结束，才形成完整的活动网络图。

（七）幼儿不主动参与活动建构

问卷结果显示目前教师对幼儿主动学习的大部分品质都很认同，对幼儿主动学习的期望都比较高，但在教育实践中，不注重幼儿主动学习力的培养。在大部分幼儿园中，幼儿不会自由使用材料进行创作，不知道班级大部分材料应该在哪里取放，不知道自己可以自由取放任何玩具；不主动发问，或者主动解决问题，还是会被动地跟随教师的“教”，没有发挥其学习的主动性。幼儿在学习主动性方面还需要教师很大的支持和帮助，教师对于如何培养幼儿学习主动性没有方向，不知如何进展。

案例 22　发生在美工区的事

在早晨的区域活动时间，大班教室里美术区的桌面上摆放着孩子和家长收集的各种小盒子和小瓶子，还有乳胶、透明胶、剪刀等用品、工具。三位小朋友围坐在一起，有两位小朋友手上各拿着一个盒子，拿起来放下来，再换一个盒子拿起来……一个个地把玩了一阵。

小朋友 A：你要做什么？

小朋友 B：不知道，你看我这个盒子，是巧克力盒。

小朋友 A：老师说做自己的东西，想怎么做就怎么做。

小朋友 B：我不会。我喜欢大一点的盒子。

小朋友 C：要不然我们去玩橡皮泥吧。我会捏小雪人。

小朋友 A：走吧，等别人做好了，我们再来做。

说完，小朋友 A 和 C 转身去玩橡皮泥了。小朋友 B 继续拿着瓶子把玩，把盖子打开再拧上。

此案例发生在 W 幼儿园对区域活动进行调整后的第一周。原来的美工区固定放着教师的手工和绘画范例，每次孩子们都照着老师提供的范例模仿着做。进行区域调整之后，美工区有的时候放各种收集来的盒子、瓶子、羽毛、树叶和工具，有的时候放不同的颜料、白纸和亮片等，有的时候什么也不放，教师不再为幼儿提供范例参考。我们能明显看到孩子们习惯了有美术范例模仿之后，对散放在桌上的材料无所适从，不知道从哪里下手。

（八）环境和资源不能满足生成需要

幼儿园环境不能满足生成需要，从现状问卷调查可以看出，目前幼儿园的资源有限，大部分教师常找不到材料对活动进行更好的支持回应，从而大大影响了生成活动的开展。同时，幼儿园环境创设的事实效果与教师的期望不符，幼儿园没有设置互动性的环境、提供丰富的材料及激发幼儿探索意愿。

案例 23　多彩的秋天

2018 年，大班的孩子们进行了一个“多彩的秋天”的项目活动。活动源于孩子们在参观大学校园过程中表现出对树叶的兴趣，并希望回到幼儿园后能继续探究。随后教师和孩子们共同商量将“秋天”作为他们的项目主题。接下来教师和孩子们根据共同制作问题网络图，并一一寻找答案和解决方案。这个主题进行了一系列的活动：“秋天的落叶是什么样的？”“秋天环境创设”“秋天是什么样的？”“比较落叶的大小、颜色、数量”“我的树”“我喜欢的叶子”等。

此案例是X幼儿园大班开始生成课程后的第二个生成活动。遗憾的是在整个活动中，没有看到明显的家庭、学校及社区间的合作。“秋天”是一个和自然生活息息相关的主题，教师可以让孩子们和家长一起寻找秋天，用纸或者照片等方式记录自己的各种发现，再带回到学校分享；可以邀请当地气象台的工作人员来园介绍秋天的一些特征及当地秋天的独特之处；也可以邀请社区保洁人员介绍他们对秋天的感受；带领家长孩子们去社区公园寻找秋天；等等。

第二节　影响因素分析

一、教师缺乏生成课程的培训

教师实施生成课程的观念行为和教师的专业成长密不可分。正因为教师缺乏相关的培训支持，没有机会在生成课程理念及观察、反思、回应、评价等能力方面得到成长，所以他们在面对生成活动时无所适从。

Z幼儿园教师：“我们在开始探索生成课程的实践时，确实对生成课程不了解，对生成的理念也没有太多的认识，因为当时很少安排这些培训，也没有专家能够指导我们。”

X幼儿园教师：“在生成课程实践很长一段时间后，我才了解到原来生成活动要经历观察、反思、回应、再观察的过程，之前没有听说过相关的经验总结和理论说明。”

X幼儿园教师：“在生成活动进行中，我还是会比较关注大部分孩子的兴趣，支持班级大组生成活动的开展。很多时候个别幼儿的不同兴趣会被忽略，或者自己不知道怎样对出现的兴趣做出更好的支持和跟进。我们很需要这方面的研讨和学习，以及能力的提高。”

教师在生成课程中存在对幼儿游戏不重视、不懂挖掘幼儿深层次的兴趣、没有生成的敏锐性、不知道如何完善网络图、生成中的教师多种角色意识欠缺等问题。还有一个重要原因是教师在实践中缺乏对生成课程的研究。幼儿园没有形成相对稳定的探讨和研究小组，没有组织相应的研究交流。

X 幼儿园教师：“我们有很长一段时间不知道怎么去开展生成课程，没有对自己的经验进行及时的总结，老师之间也没有进行探讨和分享，导致大家在生成课程实践中成长得特别慢。”

Z 幼儿园老师：“在生成活动开展后，我们没有固定的合作教师计划会议和小组讨论，而会议和讨论我觉得对于教师更好地开展生成活动是很有效的。”

Z 幼儿园教师：“我也是刚开始实践生成课程，我个人觉得两位班级老师之间的讨论非常重要，我经常会和我的合作老师分享观察到的孩子们的活动，我们经常交换意见，也碰撞出很多生成的火花。”

二、教师欠缺生成课程的实践

由于幼儿园没有对教师是否进行生成活动进行明确规定，所以教师以预设活动为主，不注重生成活动开展；没有生成课程实践的机会，很难对生成活动实施过程中的各种角色有深入的理解和妥当的把握；对课程实施的不同发展阶段没有深入的实践；也没有机会提升对幼儿行为和兴趣进行观察反思及呼应的能力。

X 幼儿园教师：“刚开始的时候，我确实不知道从哪里着手，总觉得自己还是应该按计划设计活动，没有更好地去考虑活动的生成，更不知道怎么灵活地去生成。还是预设的活动更容易组织。”

X 幼儿园老师：“从我自己对生成活动的经验来说，我能明显感觉到比两年前更有方向了。这两年的生成课程的实践对我帮助非常大，至少在一个生成活动中我会考虑怎样把预设和生成更好地结合，怎样让孩子更好地实现目标，怎样让学习更符合孩子的兴趣、更有价值。”

我们看到目前在幼儿园中，确实有部分教师在积极实践生成课程的，但遗憾的是大部分教师的生成活动缺乏应有的评价体系，将评价作为相对独立的部分，没有进行有效的结合，没有体现相互交错、相互影响的螺旋上升的关系。生成实践没有总结反思，虽有实践，但生成课程很难有突破和发展，教师在实施中存在的问题也得不到解决。

Z 幼儿园教师：“出现生成课程开展不好的问题，原因可能包括没有对孩子的表现进行观察，没有对活动和孩子进行及时的评价，没有停下来对当下的活动做反思，没有对幼儿进行及时的评价，没有对活动做需要的调整。”

X 幼儿园教师：“我在进行活动过程中通常会对孩子的表现进行评价，

但在利用评价信息进行幼儿行为反思回应方面做得还不是很好。所以我发现有的时候生成的活动孩子并不是很感兴趣。”

三、幼儿学习主动性有待培养

幼儿是否具有主动发现问题、探究问题、解决问题的能力，直接影响生成活动是否得以深入开展。幼儿缺乏学习积极性，就不会主动地表达自己的疑惑、理解和经验，不会积极地和外部环境互动，从而减少了生成的契机，影响了活动开展的广度和深度。

X 幼儿园教师：“在美术区角，当孩子们习惯了按照范例进行手工活动时，当环境发生转变要求他们主动对各种材料自由探索和组合时，他们在短时间内很难适应，但只要教师加以引导并坚持，孩子们将很快学会主动去利用材料，表达自己的想法和观点。”

Z 幼儿园教师：“我们班在刚开始生成活动时，我们发现孩子们不会提问，不懂怎么提问，也不知道怎么解决问题。我和我的搭班老师花了很长时间让孩子们慢慢开始大胆地表达自己的困惑，说出自己的想法。这种开放、自由的学习氛围的创设需要比较长的一段时间。”

Z 幼儿园教师：“我们发现孩子在自己喜欢的主题活动时表现得特别活跃和主动，在没有太多来自老师和同伴的压力时更愿意表达。可见班级学习氛围的创设很重要。”

幼儿园环境中各式各样的刺激就像桌上散放的材料，教师要创造条件激发幼儿学习的主动性，要让幼儿学会主动地去感知环境中的不同刺激，按照自己的兴趣去选择，按照自己的经验去判断、去实践、去探究、去解决问题，尝试更好地表达思想，主动建构学习，这样才能为生成活动的开展源源不断地输送活力。

四、环境创设和资源利用局限

（一）幼儿园环境创设过于局限

幼儿园环境没能满足和支持幼儿生成的需要，是由环境创设过于局限造成的。幼儿园学习环境没有通过连续及持续的创设为幼儿提供探索各种游戏区域的机会，教师习惯性地从成人审美的角度审视环境的创设，忽视环境和幼儿的互动性，忽视环境对幼儿兴趣的启发。

目前我们大部分幼儿园环境、班级环境的设置都过于局限，不能最有效地激发幼儿的好奇心和主动探究欲，不能最大限度地支持和满足幼儿通过直接感知、实际操作和亲身体验获取经验，以促进幼儿更好的学习和发展。

X 幼儿园教师："我们经常说生成来源于孩子的兴趣，我在教学活动的过程中发现，如果我的区角提供的材料特别丰富和灵活，就能更好地挖掘幼儿的兴趣，相反，当我没有更新区角材料投放或者投放的材料特别固定时，幼儿和材料的互动就没有那么活跃，出现的兴趣点相对比较少。"

Z 幼儿园教师："我们通常设置很多的区域让幼儿在游戏中探索，比如建构、角色扮演、科学、美工、阅读、书写等，但是很多时候会忽视在游戏环境创设中做到支持和跟进幼儿的兴趣，或者在这方面做得比较少。这影响了活动的生成。"

（二）幼儿园、家长和社区间的合作不密切

幼儿园没有得到来自家长和社区对于生成活动的支持，没有为生成课程深入开展创造条件，主要是因为幼儿园、家长和社区间的合作不密切，彼此缺乏积极的沟通。家园紧密的合作能拓展幼儿的知识面，激发更多讨论的素材和契机，帮助幼儿更好地建构学习经验，促进生成课程的开展。

X 幼儿园教师："生成活动的开展比较灵活，了解社区幼儿园的资源情况，特别是及时获得材料跟进、支持孩子们的想法特别重要。但是我们对家长和社区的信息都不是很了解，也不知道有什么样的资源可供我们选择。我觉得如果加强幼儿园和家长的沟通，知道社区当中有哪些资源能为我们所用，将会促进生成活动的进一步开展。"

X 幼儿园教师："生成活动其实很需要家长的参与，我们的家长很可能是某一学科领域的专家，有很好的经验可以和孩子们分享。但是目前大部分家长没有这样的意识，另外我们也没有主动去寻求家长的帮助。"

第六章　理性建构：深度学习取向的生成课程架构

第一节　价值取向

一、课程价值取向的依据

幼儿园课程基本价值取向受到价值观的影响，与幼儿园课程相关的价值观主要包括课程价值观和儿童观，接下来将从这两个方面对幼儿园课程基本价值取向的观念依据进行描述。

（一）课程价值观

价值是主客体关系中客体对主体的意义。价值观是人们对价值的观点和看法。在教育生活中，价值观无处不在，无时无刻不在影响着人们的教育思想和行为。课程价值观是对课程价值的根本看法。对课程价值看法的不同就会导致不同的课程价值取向。同时，课程价值观的变化经历了一个曲折的过程。

1. 西方的探索

纵观西方课程价值观的演变历程，有一个从培养人的理性到培养人的精神生命、追求人的人性解放的发展过程。

苏格拉底认为教育的目的应该是训练思维，而不是造就绵羊般的顺从。他认为我们要认识的主要东西是人的性质和目的。一切具有深刻意义道德的和社会的成就都有赖于这种认识。柏拉图也认为认识的最终目的在于发现善或人的目的。泰戈尔认为，有了知识，我们会变得有力量，但有了同情心，我们才达到完满。奥尔科特认为，教育的过程，就是启发心灵内的思想，使之联系外界事物，再返回思考心灵本身，以认识事物的真实形态。由此，我们认为必须将每一个学生都看作个体，其思考能力在不断发展，都有望对活跃的、创造性的课堂讨论做出贡献。

苏格拉底提出“美德即知识”的命题，使之成为讨论知识与道德关系的经典命题。根据他的理解，个人要发展出优良的道德品质，必要的前提和要求是求知。他认为，智慧与善是一回事，而无知与恶也是一回事。做善事的人是因为他有关于善的知识，而作恶事的人是因为他的无知。苏格拉底这里的知识指的是关于自我的知识，关于善的知识。柏拉图把课程结构分为三层：第一层是初级课程，包括体育、音乐、技艺等，但柏拉图认为这些不涉及可知世界，只关涉感性世界，不能达到对“相”的认识。为了提升灵魂，使实现从可感世界向“相”的世界转向，他提出了第二层次的高级教育，即当时的数学和自然科学知识教育，具体包括数学、几何学、天文学、谐音学等。为了获得真正的知识，使灵魂转向实在即“相”的世界，还必须要学习辩证法，在柏拉图的课程结构当中，辩证法是最高等级的学习科目。从柏拉图所构建的这个课程结构来看，其主要的课程价值追求就是培养学生的理性思维能力，通过理性思维的培养引导学生走向善是根本目的。理性是善的原因。亚里士多德追求“理性—幸福”的课程价值观。亚里士多德认为，幸福就是德性，幸福是人的合乎最佳德性的理性灵魂的持久的活动。他认为追求人的幸福是最终目的，而德性就是幸福，实践智慧是实现德性的重要凭借。所以，培养人的理性思维仍是亚里士多德思想中的重要方面，但是他不满足于培养理性，而是通过理性的培养去实现人的幸福生活。

裴斯泰洛齐认为教育应该通过发展儿童各种天生的批判能力，恢复他们积极的、探索性的思维。除此之外，他还非常重视培养学生的同情心和爱心。福禄贝尔认为教育应重在通过激励性的游戏，引导和培养儿童的那些天然能力，鼓励儿童积极主动、乐于探询和提问，而不仅仅是接受。每一个孩子都值得被尊重，每一个孩子都应当成为探询者。由此可以看出，他们都认为教育的价值应该在于培养学生具有批判性思维，具有想象力，同时还要具有同情心。

卢梭认为，不应该一味地只是教给学生很多知识，更主要的是应该培养学生自己的理性思维和方法意识。他认为，“我们想取得的不是知识，而是判断的能力”。不要教学生这样那样的学问，而要由学生自己去发现那些学问。教师一旦在学生心中用权威代替了理智，学生就不再运用他的理智了，他将为别人的见解所左右。除了培养学生的理性思维外，卢梭认为，“问题不在于教他各种学问，而在于培养他有爱好学问的兴趣，而且在这种兴趣充分增长起来的时候，教他以研究学问的方法”。

随着工业革命的发展，教育越来越重视社会效率，要求个人习惯于社会控制，天赋能力服从于社会准则。在这个阶段，人们通过使天赋能力服从于社会的手段去获得效率，这种教育价值观导致了灌输式教育的产生，学生成为被灌输的机器，教师成为灌输的执行者。其实从某种意义上来说，教师也是在机械地工作，因为真正的教学应该是生成性的和互动的。雅斯贝尔斯认为，教育的开展，课程知识的学习，自身不是目的，而是要通过知识的学习等过程，培养学生丰富的精神世界，理性与非理性共存，天性与灵魂共生长。

随着人工智能的发展，社会对人提出了更高的要求，不但要求一个人具备信息技术能力、合作能力和解决问题的能力，同时更要求人们具备同情心，能够具有世界意识、天下意识。所以，教育越来越重视人文精神的培养，而不只是一味地强调科学精神，例如联合国教科文组织2015年的报告《反思教育：向“全球共同利益”的理念转变?》（以下简称《反思教育》）提出，教育应该以人文主义为基础，以尊重生命和人类尊严、权利平等、社会正义、文化多样性、国际团结和为可持续的未来承担共同责任。

2. 中国的探索

《大学》中记载：“大学之道，在明明德，在亲民，在止于至善。”其大意为，大学的宗旨，在于彰显光明的品德；在于反省提高自己的道德并推己及人，使人人都能改过自新、弃恶从善；在于让整个社会都能达到完美的道德之境，并长久地保持下去。由此可以看出，儒家教育理念的目的，在于培养一个道德完善并对社会道德建设有高度热忱与责任感的君子，而不仅仅是一个掌握生存技能的劳动者。总体上来说，我们古代的教育还是以人文教育为主的，比较重视人的道德的培养，正所谓“修身、齐家、治国、平天下”。

伴随着改革开放，为了尽快培养出大批量的人才，加上实证主义和工具理性的推波助澜，我们在考试中主要考查比较容易测试的知识和技能，当然，这也为我们国家培养出了很多人才。但是，伴随着信息革命、知识经济尤其是人工智能的应用，应试教育已经没有办法再培养出社会需要的创新型人才，因为应试教育在培养技术性人才方面是占有优势的，可科学精神、探索精神、无畏精神、责任意识是应试教育很难培养的。具体到幼儿园，过于功利的教育价值观亦成了幼儿园的主导，幼儿园、家长最关心的是幼儿是否学到了知识，而较少关注幼儿的精神状态、道德品质，幼儿本该有的丰富的精神生活被压缩了，整个幼儿园阶段成了“不能输在起跑线”的真实写照。所以，儿童在越来越早的人生阶段便开始接受技能训练，往往失去了通过轻松的游戏来学习的机会。其一，中体西用。张之洞在《劝学篇》中，对“中学为体、西学为用”做了相对详细的阐述和说明。针对甲午海战的失败，各种说法莫衷一是。他认为，“旧者因噎而废食，新者歧多而羊亡；旧者不知通，新者不知本。不知通则无应敌制变之术，不知本则有非薄名教之心”。因此，《劝学篇》分内外两篇，“内篇务本，以正人心；外篇务通，以开风气。中学为内学，西学为外学。中学治身心，西学应世事”。其二，求真知。民国时期以后，陶行知、陈鹤琴、胡适、蒋梦麟等一批留学知识分子开始在中国大地及教育事业上大展拳脚。其中陶行知的“生活教育理论”和“陈鹤琴”的“活教育”理论无疑又独具一番特色。就他们的课程价值观而言，总体上来说就是“求真知”，他们认为应该培养学生掌握真知识，发展真能力。

在认识到工具理性给教育带来的危害后，国内学者又一次开始积极探讨教育的本质，开始重视教育的本体功能，所以孕育出了生命教育、主体性教育、和谐教育等为了促进学生生命发展的教育。正如叶澜教授所说，“教育是直面人的生命、通过人的生命、为了人的生命质量的提高而进行的社会活动，是以人为本的社会中最体现生命关怀的一种事业”。在此基础上，叶澜教授也积极探索教育是为谁培养人、培养什么人和怎样培养人的问题，并取得了一定的成就。这都说明目前教育价值观的转变，开始越来越重视人的本质，重视人文教育对于培养人的重要性。在人文教育的倡导下，教育开始重视人的存在，具体到幼儿阶段，开始关注幼儿的生命，开始关注幼儿的精神。幼儿的批判性思维、想象力和同情心的培养越来越受到重视，比如部分幼儿园采用STEM教育模式，越来越多的幼儿园开始重视生成性教学，注重保护幼儿的好奇心和想象力，关于幼儿道德的教育也逐步成为幼儿园教育的核心内容。尤其近几年中国传统文化回归，越来越多的幼儿园开始研究、建设关于传统文化融入幼儿园课程的园本化。幼儿园课程基本价值取向也应该与此保持一致。

由以上分析可以看出，不同时代的不同的课程价值观会对课程基本价值取向产生影响，因此，在探讨幼儿园课程基本价值取向时，也要以此作为依据。

（二）儿童观

儿童不是抽象的存在，儿童是存在于生活中的。儿童观是关于儿童的看法，在本研究中，课程是为了儿童学习而存在的，不言而喻，课程必须以儿童本身的特点为依据，否则，我们设计的课程就可能是脱离儿童实际的。儿童观涉及人类自我意识的发展，人类自我意识的发展历来是备受关注的重点，因此，儿童观也受到持续地关注。

1. 西方关于儿童观的表述

在古代，人们尚未发现儿童与成人有什么不同，因而也就没有明确的儿童观念。在中世纪，小孩几乎一断奶，就被当作“小大人”看待，他们混入成人中间，穿着与大人相仿的衣服，与其一起劳动、竞争、社交、玩耍。中世纪的艺术还未涉及儿童，也没有表现他们的意愿。很难相信，儿童形象在艺术上缺失是缘于当时人们的笨拙和无能。我们宁愿认为，这是儿童在这个世界上没有地位的表现。这时候的教学认为人是生来就有罪的，儿童作为人类的一分子，自然也难逃厄运。儿童如果学业不良或违纪，就会遭到鞭打。中世纪末期以来，父母逐渐开始鼓励孩子与成人分离，以儿童及对儿童的保护和教育为中心的新的家庭观发展了起来。将童年时期视为一个最特殊的人生阶段，这个观念自此扎根于现代西方思想之中，并席卷了整个现代世界，成为无可动摇的价值观。

经历了漫长的黑暗，世界终于裂开一道缝，让文艺复兴之光照了进来，照到了儿童的身上，使人们突然发现，原来有个美好的东西一直被我们遗忘在了角落里。有很多振聋发聩的思想对中世纪的原罪说发起了诘难。

伟大的教育思想家伊拉斯谟主张研究儿童的自然能力和才智，不要认为儿童的兴趣与成人一致，不要指望他们像“小大人”一样的举止。对待儿童要有爱，要给予儿童尊严，而不是畏惧，不能使用恐怖手段使儿童奴化。人文主义思想家蒙田提倡“最高的训练，是依顺自然”。他崇尚自然教育法，把教师喻为伯乐，教师应把他的学生看作一匹马，让这匹马跑在他的前面，这样他就能更好地了解他的步伐，断定他到底能走多远，并且依此而知道如何教才能适合他的能力。他反对把学生教成一味地读书和寻求书本知识酸溜迂腐的学究，认为机械灌输式方法只会压制学生的主动性、创造性和独立性能力，使学生“变得更加奴性和更加怯懦”。教育家、思想家拉伯雷主张造就十全十美的人，主张与实践相结合，致力于创造发明的理想。教育家夸美纽斯认为在儿童的身上自然地播有知识、道德和虔诚的种子，需要通过教育把他们引导出来。

17—18 世纪启蒙运动时期出现了一种新的儿童观。英国哲学家洛克（1632—1704）提出了“白板说”，认为儿童生来就是一张白纸，要接受后天的教育，他说：“人与人之所以千差万别，均仰仗教育之功。”他非常重视儿童教育，认为童稚时所得到的印象，哪怕极其微小，乃至无法察觉，都有极重大、极久远的影响，犹如江河的源头，水性异常柔弱，一点点人力便可以影响河流的流向，乃至使河流的方向根本改变。这是对原罪说的最有力的冲击。他把培养“绅士”作为教育的目的，主张儿童要能控制自己的嗜好，听从理智的指导去行事；不应该过紧束缚儿童的心理，不能过分严格管束幼儿，否则，会导致幼儿心情沮丧，精神颓废；不应该使用鞭挞，这是最偷懒的一种方法。他主张鼓励儿童的好奇心，无论儿童提出什么问题，切不可以制止或羞辱，也不可使他受到讥笑；应该按照儿童的年龄特征与知识容量，回答他的一切问题，解释他所想要明白的事物，使他尽量懂得。这都说明洛克对于儿童的重视，以及肯定儿童期的价值。法国杰出思想家卢梭（1712—1778）那句至今仍响彻云霄的经典话语“一切出自造物主之手的东西都是好的，而一旦落到人的手中，就全都变坏了”，引起了我们对于儿童的诸多思考。他希望世人认识到人是从儿童开始的。他认为，儿童生来孱弱，所以需要有力量；儿童生来一无所有，所以需要帮助；儿童生来愚昧，所以需要具有判断能力，所有这些都要通过教育才能获得。他认为儿童有自己特有的观察、思考和感觉事物的方式，如果我们试图用成人的那一套方式取代，就简直太不合情理了，孩子只会像早熟的果实一样烂掉，只会长成青涩的博士和上了年纪的儿童，所以，要遵循大自然的秩序。他认为不要对学生进行任何形式的口头教训，他们应该从经验中获得教训；不要给他们任何惩罚，因为他们还不知道错在哪里；不要让他们请求你的原谅，因为他们不知道哪里冒犯了你。这些话语，都表明卢梭对于儿童的深刻理解和认知。他还认为要尊重孩子，千万不要急于认定他们是好还是坏。在对那些特殊的表征采取特殊的方法之前，要让它们表现出来，让它们得到证实。先让大自然对儿童进行教育，在相当长的一段时间之后，教师再去接替它的工作，以免打乱了应有的教育过程。

近代以来，裴斯泰洛齐、赫尔巴特、第斯多惠等开创了 19 世纪的“教育心理学化运动”，随着心理学化运动的开展，儿童心理得到了更多的研究，关于儿童观的认识也越来越趋向于科学化。瑞士民主教育家裴斯泰洛齐（1746—1827）提出了教育心理学化的思想，主张用发展儿童内部能力和个性的新教学，去取代那种仅从外部向儿童硬性灌输，压制儿童精神、智慧和个性发展的旧式传统教学。他还提出，对儿童的早期教育绝不是发展他们的才智或理智，而是发展他们的感觉、心地和母爱；对儿童的教育要从感觉训练慢慢地过渡到判断训练，先要长时间地训练心地，然后才能训练理智；他主张鼓励儿童的好奇心，鼓励儿童的发展；儿童有权发展他的一切才能，我们没有权力阻止儿童发展那些我们目前或许还没有想到对他们未来的职业或生活地位将是至关重要的才能；他把适应生活和自主行为作为教育的目的。德国哲学家、教育学家赫尔巴特（1776—1841）是“教育心理学化”运动的最重要代表人物之一，他第一次提出把心理学作为教育学的基础，并且提出了“统觉”的概念。赫尔巴特首次把“多方面兴趣”作为教育的目的，并将其作为心理依据来设置课程和进行教学设计，提出了教学形式阶段论。这样，赫尔巴特就将教育学建立在心理学分析的基础之上，有力推进了人们对儿童观的认识。英国空想社会主义者欧文（1771—1858）创立了幼儿学校，并提出了一整套幼儿学校理论。他认为一个人的性格是后天环境影响形成的，并且认为人带着天赋品质降生，然后由社会予以形成。“一个人永远是周围环境的产物”。为此，他设立了幼儿学校，以利于培养性格，因为，在他看来，早年教育对于人的性格的形成有着决定性的影响。人们在幼年时期被培养成什么样的人，成年后也就是什么样的人。早年没有受过教育或受到错误教育的人，在性格形成方面会受到很大损害。因此，要想为人类陶冶最优良的性格，应从儿童出生之日起，就对他们进行系统的训练和教育。德国幼儿教育家福禄贝尔（1782—1852）于1837年在布兰肯堡创设了一所收养1~7岁儿童的教育机构，1840年命名为幼儿园。这是世界上第一所真正意义上的幼儿教育机构。“幼儿园”这一名称也被世界各国沿用至今。他认为人性是善的，“人并不是生来坏的”“人也不是生来就有坏的恶的品质”，表达出他认为儿童的心灵是美好的。他还强调教育应该按照儿童的本性连续地、协调地促使他们在各方面得到发展，反对把儿童的发展看作“静止的、完结的”，并且认为儿童的发展应该是连续的，而非断裂的；他提出教育要适应自然的原则，要求儿童从小开始不受打扰地成长，保证自然发展。他喜欢把植物类比人，如他把儿童比作葡萄，把教师比作园丁，指出，“葡萄藤应该被修剪，但修剪本身不会给葡萄藤带来葡萄，相反，如果园丁稍不注意，不按照葡萄的本性修剪，可能会给葡萄藤造成破坏，甚至彻底地毁灭”。与此同时，他也注重儿童个性的发展，但这并不意味着要忽视跟集体的联系。他强调游戏在儿童活动中的重要性，认为儿童主要通过游戏来表现自己的想象力和创造力，可以培养幼儿的社会道德感。为了让幼儿能够更科学地进行游戏，他设计了一套“恩物”。德国教育家第斯多惠（1790—1866）认为儿童生来就具有一定的天资。这种天资就是一个人本身能力和活动可能性的基础。也可以说天资是发展能力和力量的胚胎——天资是一种起因，或者说能引起一种起因——天资本身不是一种作用或行为，而是一种最初最深的活动或动因的基础。这种天资具有发展的天然倾向，教师必须按照这些天资发展的自然规律来激发它们。并且他认为，天资唤醒得越早越容易发展，唤醒得越晚，越难变为力量。乌申斯基（1824—1871）认为要培养儿童对自己机体的支配力，因为蕴藏在儿童神经机体内的一切能力和力量，远非都能支配的。只有那些能使之听从于自己的意识和意志、从而能按照自己的愿望加以支配的力量和能力——也正是这些力量和能力——才是属于人自己的。所以，教育者不能盲目欣赏儿童机体的神经激奋性的各种表现，不能以为在这种激奋中能发现伟大的才能或者甚至天才的萌芽，而是要采取各种适当的措施去减弱这种激奋性。儿童的神经组织越丰富，教育者就越应该谨慎地对待它。任何时候，在任何情况下，都不应该让它达到激奋状态，只有如此，才能逐渐地习惯于忍受一切极其强烈、极其广泛的印象，因而随着神经组织的发展，人的意志和意识应该坚强起来。

在 19 世纪向 20 世纪过渡的过程中，科学的儿童心理学的建立和各国对“尊重儿童”的呼声的日益高涨，使儿童成为万众瞩目的“明星”，走进公众的视野。1899 年艾伦·凯在著作《儿童的世纪》中预言 20 世纪将是儿童的世纪。在 20 世纪，传统的成人与儿童的关系发生了革命性的变化，由以教师为中心、以课堂为中心、以教材为中心转为以学生为中心、以活动为中心和以经验为中心。并且在这个时期，出现了著名的儿童教育家，如杜威和蒙台梭利等，也出现了格赛尔、皮亚杰等著名的儿童心理学家，他们以科学的方法研究儿童心理，揭示儿童心理发展的特点和规律，为科学地认识儿童做出了巨大的贡献。美国著名的哲学家和教育学家杜威（1859—1952）认为应该重视儿童的本能，儿童具有自我生长的能力，儿童与成人在心理上存在着很大的差异。杜威认为，第一，教育的本质是教育即生活、教育即生长、教育即经验的改组或改造。第二，教育应以儿童为中心。教育过程是儿童和教师共同参与、真正合作和相互作用的过程。第三，教育方法方面，他主张“从做中学”的教育方法，以儿童的实际经验为起点。他认为儿童在出生后对每一件事都是要学习的，如看、听、做等，但是他们只有对真实的活动本身产生了兴趣，才会对活动中产生的一切进行观察；然后发现问题，寻求解决问题的方法；最后解决问题，从而提高他们的思维能力。意大利儿童教育家蒙台梭利（1870—1952）被誉为 20 世纪初的“幼儿园改革家”。她认为儿童是世界的创造者，儿童是具有能动性的；儿童有一种能够吸收知识的心理，他们能够自己教自己。她认为儿童不再被看作一个幼弱无依的生命，像一个需要我们的智慧去填充的容器，而是一个具有崇高的尊严而被看作我们自己的心灵塑造者的人，一个自我引导按照精确的时间表在愉快与欢乐中孜孜不倦地从事着创造宇宙最伟大的奇迹的工作的人。瑞吉欧学前教育模式最早在意大利北部小镇瑞吉欧诞生，20 世纪 80 年代后在欧美各国产生了普遍的影响。瑞吉欧教育主张，第一，走进儿童心灵的儿童观。“儿童的一百种语言”是瑞吉欧教育体系的核心儿童观。这里的“一百种语言”是指儿童多种多样的认识、交流的表现手法和学习方式。瑞吉欧教育主张儿童借助多种感官来主动学习，认为每一位幼儿都是主角，要维持他们强烈的好奇心。瑞吉欧教育认为年幼的儿童是自己成长过程中强大的、活泼的、有能力的主角。儿童是社会的主角，承载着被倾听和参与的权利，每个人都是小组的一部分，以个人特殊的经验和不同的理解水平与小组中其他成员共同行动。不能脱离具体实际而是以一种抽象的、概括的方式去思考儿童。每一个儿童都是独特的个体，与特定的时间和空间密切相关。总之，儿童是有独特个性、历史背景和文化背景的主角。第二，尊重孩子。对幼儿尊重并不意味着采用被动或袖手旁观的态度，而是让我们进一步促进他们发展，甚至可以经常提出反对或干涉的意见。就这种隐性的促进作用的目标而言，尊重和爱相类似，但没有尊重的爱会遮蔽双眼而成为束缚。爱是自发的私有行为，尊重则蕴含于与他人交往的所有道德关联之中。这也说明瑞吉欧教育对儿童的态度，与允许儿童有一百种语言是不谋而合的。第三，在教学方法上，瑞吉欧教育的创始人马拉古奇认为幼儿的学习并不会在教师教授后自动发生，大部分是幼儿自己参与活动并利用自己的资源主动动手操作的结果。必须考虑幼儿入学前自己独立建构的知识与技能，这类知识基础并不是维果斯基所讲的“史前知识”，而是幼儿社会发展过程中的一个阶段。在任何一个情境下，幼儿自己都会自然而然地提出问题或形成思考的方法或感觉的策略。无论在什么地方，幼儿在知识学习与理解的建构中都扮演主动、积极的角色。

上面我们对西方的儿童观的演进做了分析，总体上可以看出儿童观演进的路径是：从没有儿童的观念到具备儿童的观念；从以成人为中心安排幼儿的活动到以儿童为中心安排幼儿的活动；从根据经验以儿童为中心安排活动到根据科学的研究结果安排儿童的活动。相信随着对儿童研究的不断推进，关于儿童的看法还是会不断更新的，这些不断更新的儿童观应该成为幼儿园课程基本价值取向的重要依据之一。

2. 中国关于儿童观的表述

预成论是中国古代关于儿童观的一种表述。例如我们常说的“生而异禀”，例如朱熹小时候作画被人称为“八卦”。民间的习俗也可以反映出预成论，例如“抓周”等。还有一种“邪异论”的表述，认为儿童是怪异的并表现在多方面，如儿童的眼睛；也认为儿童是某种神秘力量的代言人，宋徽宗就“曾梦青童从天而下，出一玉牌”。并且，有人认为，几乎中国历史上的每一次大变动，事先总有童谣预告，当然这可能是曲解的产物。很多人把儿童当成缩小的成人，看不起小孩子，希望他们赶快长大，也会把四书五经灌输给儿童，使儿童少了许多童年的快乐。同时，古代还有严重的重男轻女的思想，认为女童的地位比男童低。

总体上看，中国古代的儿童观主要把儿童看成工具，传宗接代的工具、光耀门楣的工具等，忽略了儿童本身的存在和发展，以成人为中心，让儿童从属于成人，而没有独立和自由。

1840 年，西方列强侵入中国，致使中国传统的封建教育向半封建半殖民地教育转化。在这样的背景下，中国传统的以家庭为主体的实施学前早期教育的模式开始受到冲击。到 19 世纪后期，随着反帝、反封建旧民主主义革命的兴起和西方资产阶级教育思想的传入，国内一批具有先进思想的改良人士开始把国外的学前教育思想引入中国的教育领域，建立和推广学前社会教育的思想开始萌芽并逐步深入发展。其中，康有为在《大同书》中，首次主张由政府对儿童实施公共教育。梁启超在《教育政策私议》一文中，借鉴西方按照年龄实施分期教育的方式，提出了“教育分期表”，并把 5 岁以下的儿童列入“家庭教育期”和“幼稚园期”的教育范畴，他还最早将日本的幼儿园制度介绍到了中国。20 世纪初，冯世德在《新教育学》一书中，除了介绍裴斯泰洛齐、康德、斯宾塞等人的教育思想外，还阐述了儿童早期教育的必要性。这一时期学前教育机构的发展没有整体的规划，基本上处于自发状态，学前教育的内容、方法，甚至设备和玩具，主要效仿国外，并从效仿日本转为效仿西方。

我国伟大的人民教育家陶行知（1891—1946）毕生从事旧教育改革，推行生活教育、大众教育，为我国的教育事业做出了重大贡献。在教育实践中，他创立了生活教育理论和教学做合一的教学方法。第一，他是农村幼儿教育事业的开拓者。陶行知认为教育不仅要普及到小学，而且要普及到幼儿，提出小学教育是建国之根本，幼儿教育为根本之根本。他提倡建设中国式、省钱的和平民化的幼稚园，并付诸实践，建立了我国第一个乡村幼稚园——南京燕子矶幼稚园。第二，重视培养儿童创造力。陶行知认为旧中国的孩子受封建传统礼教的束缚，身心得不到充分发展，教育工作者要注意发挥孩子的创造力。他提出从六个方面着手解放孩子的创造力。① 解放孩子的头脑。② 解放孩子的双手。③ 解放孩子的眼睛。④ 解放孩子的嘴巴。⑤ 解放孩子的空间。让儿童去接触大自然中的花草树木、青山绿水、日月星辰，以及大社会中的士农工商、三教九流，自由地对宇宙发问，与万物为友，并向中外古今三百六十行学习。解放了空间，才能搜集丰富的资料，扩大认识的眼界，以发挥其内在的创造力。⑥ 解放孩子的时间。给他们一些空闲时间消化所学的内容，学一点他自己渴望学的学问，干一点自己高兴干的事情。第三，提倡生活即教育。要把儿童生活中的见闻和经历的事件作为教育的主要内容。第四，提倡做中学。教和学的目的是做，没有做的参与，也就无所谓教和学。比如种田这件事是要在田里做的，便须在田里学，在田里教。

我国著名的儿童教育家陈鹤琴（1892—1982）提倡“活教育”。为了实践自己的理念，陈鹤琴建立了南京鼓楼幼稚园作为实验中心，并先后在江西和上海创办实验幼师和幼专，为我国幼儿教育师资培训事业做出了不可磨灭的贡献。他一生致力于探索中国化、平民化、科学化的幼儿教育道路。

第一，“活教育”理论。陈鹤琴反对埋没人性、读死书的死教育。提出“做人，做中国人，做现代中国人”的目的论。目的论不仅体现了陈鹤琴的爱国主义精神，也反映了他具有放眼世界的胸怀。他强调“大自然、大社会都是活教材”的课程论，认为学前儿童周围的环境不外乎两个方面：大自然和大社会。幼稚园应该以大自然和大社会为中心组织课程。他主张“做中教、做中学、做中求进步”的方法论，认为教育重视直接经验，强调以做为中心。他主张学校里的一切活动，凡是儿童自己能够做的，都应当让他自己做。

第二，强调学前教育要适应儿童的发展规律。他在观察自己孩子的基础上，总结出儿童心理具有以下特点：好动、好奇、好模仿、易受暗示、喜欢游戏等。因此，幼儿园的课程要基于幼儿的这些特点进行设计。

第三，幼儿园课程理论。陈鹤琴认为课程首先应该是民族的，不是欧美式的，只有这样幼稚园的教育才不至于与社会脱离而收事半功倍之效果；是科学的，不是封建的，要以马列主义和毛泽东思想的观点和方法来建立新的内容和方法，使儿童从小就建立起最基本的唯物史观；是儿童化的，不是成人的，幼稚生年龄很小，对于课程的编制，要顾到儿童心理发展与能力，不要根据成人的经验，而编制一些生硬、枯燥、高深的材料让儿童茫茫然不知所以，得到一些糊涂、杂乱无章的知识；是发展的、联系的，而不是孤立的，对于事物的研究要有系统，注意事物发展的规律，使儿童对事物的发展有一个整体的概念。

我国著名的学前教育专家张雪门（1891—1973）与陈鹤琴先生并称“南陈北张”，他有以下主张。

第一，学前教育与社会环境相统一。张雪门认为儿童的身心发展与社会环境之间有着密切的关系。他认为真正适合儿童发展的教材应该符合社会生活的需要和标准，课程的具体内容应该围绕儿童的生活世界来选择。同时，他始终把儿童作为教育的主体，注意儿童身心发展特点、现实的需要及兴趣，努力使课程与儿童当前的实际需求相结合。

第二，创立“行为课程”。张雪门在《幼稚园的研究》一书中提出：“课程是什么？课程是经验，是人类的经验。用最经济的手段，按有组织的调制，用各种的方法，以引起孩子的反应和活动。”同时他明确指出：“幼稚园的课程是什么？这是给三足岁到六足岁的孩子所能够做而且喜欢做的经验的预备。”在《增订幼稚园行为课程》一书中，他明确提出什么叫“行为课程”，“生活就是教育，五六岁的孩子们在幼稚园生活的实践，就是行为课程”。

我国学前教育和乡村教育专家张宗麟（1899—1976）是中国幼儿教育史上第一位男幼儿园教师。第一，教育宗旨方面，张宗麟认为幼儿教育应贯彻的宗旨是：养成有健康、活泼身体的儿童；养成几种儿童生活上必需的习惯；养成儿童欣赏之初基；培养儿童欣赏的态度与能力；养成儿童能自己发展的能力；培养幼儿的图画、手工、唱歌、言语及各种自由活动的能力。第二，课程内容方面，张宗麟认为幼稚园课程的范围包括一切教材、科目和幼儿的活动。幼稚园课程内容来源可归纳为四个方面：儿童自发的各种活动；儿童与自然界接触而产生的活动；儿童与人事界（社会环境，如工厂、市场等）接触而产生的活动；人类流传的经验，并且符合儿童的需要。第三，幼儿园教师素质方面，张宗麟认为，做一名合格的幼儿园教师，应具有以下本领：一是要有多种技能与常识；二是要有终身从事幼教事业为社会谋福利的态度；三是要有决心和研究心。

随着社会的发展，目前对儿童观的认识越来越科学，主要包括以下几点。

第一，儿童是人。其一，儿童有自己的人格和尊严。不能把儿童当成成人的附属品，不可以随意侮辱儿童的人格，随意践踏儿童的尊严，要把儿童当成一个独立的与自己地位平等的人来看待。其二，儿童有自己的精神世界。每个儿童都有自己丰富的精神世界，我们要尊重儿童的精神世界，不能取笑儿童，把儿童当作逗乐的玩具。其三，儿童具有差异性。正如世上没有相同的两片树叶，同样，世上也没有完全相同的儿童，每个儿童都是独一无二的，拥有各自不同的天赋和自制，我们应该认同差异，包容差异，鼓励差异，发展差异，让每个儿童都成为独一无二的自己。

第二，儿童是发展中的人。其一，儿童身心是稚嫩的，各方面发展都不完善，需要科学的、合理的照顾和保护。其二，儿童有巨大的发展潜能和被塑造与自我塑造的潜力，有自己独特的认识方式和成长特点。

第三，儿童是权利主体。无论是国际的《儿童权利宣言》《儿童权利公约》，还是我国的《宪法》和《未成年人保护法》，都规定了儿童的权利，主要包括：要保护儿童最佳利益；要尊重儿童尊严；要尊重儿童的观点与意见；不能歧视儿童。

第四，儿童期有自身的价值。其一，儿童期不只是为成人期做准备的。儿童通过整个儿童期的学习来锤炼自己的本能，从而实现自己潜在的、天赋的资源。其二，儿童创造了成人。人的性格、认知能力和情感等都是在童年时形成的，所以童年期在相当程度上决定一个人的未来。其三，儿童是成人之父。儿童单纯的内心世界值得成人学习。

儿童作为课程的服务对象，不同时代的人们对儿童所持有的看法直接决定了提供什么样的课程给他们。经过分析可以看到，当把儿童当成“小大人”“带有原罪的人”时，提供给儿童的课程自然是与成人无异的，只不过在内容上做了简单化处理；而把儿童看作具有“吸收性心智的人”“会主动建构的人”，提供给儿童的课程就是符合幼儿身心特点的、允许幼儿自行探索的课程，因此，不同的儿童观会产生不同的幼儿园课程基本价值取向。

二、幼儿生成课程的价值定位

（一）生成课程是以幼儿为主的

生成课程是在人们逐渐认识到幼儿主体性前提下提出的，在苏珊·史黛丝的《早期教育中的生成课程》一书中有这样一段话：“通过对幼儿的观察，发现和跟随他们的兴趣和需要，充分利用教学资源，随时调整活动目标和进程，支持引导幼儿的活动，充分发挥幼儿的自主性，调动和激发每个幼儿的潜力，使课程不断发生和发展，促进幼儿进行动态的有效学习和多元化发展。”由此可见，幼儿是生成课程的主体的地位是毋庸置疑的，生成课程的开展可以有效促进幼儿自主、全面发展，让幼儿做课程真正的主人。

教师又是如何理解生成课程的呢？在幼儿园中，培养幼儿的兴趣、习惯，建构幼儿知识体系，促进幼儿全面发展是教师的首要任务。在原先的教学体系中，我们只注重每一阶段的教学任务，缺乏对幼儿们是否学懂、是否有兴趣等问题的反思。生成课程由孩子们发起，教师搭建框架，是师幼合作的，所以孩子们和教师都可以提出自己的想法。将课程建立在孩子们现有的兴趣之上，最大限度地开发幼儿自主探索的机会，这对于教师也是一种挑战，需要发现生成的契机，随机进行生成，让幼儿探索的天性得以发展，使得幼儿可以建构属于自己的知识，达到深度学习的目标。

生成课程中教师和孩子是课程的主人了，教师不再是课程的唯一“设计师”。对于以前明确的课程计划，没法突破其桎梏，只能按照课程计划进行教学，很少有时间给予幼儿自主探索的机会，幼儿对于课程所要求掌握的知识也是一知半解。随着幼儿园实施课程改革的开始，我们开展的生成课程以幼儿兴趣为主要基点，即一个孩子或几个孩子发生问题为开始而开展的一系列活动，课程计划不再是一成不变的，课程可以是动态发展的，幼儿对于知识的摄取也更加渴望，从而能够给幼儿更加丰富的多元表征，对于建构幼儿自己的知识体系可以起到一定作用。

（二）生成课程是逐步发展的

苏珊·史黛丝在《早期教育中的生成课程》一书中提出：生成课程不是线性的，它是有机的、不断生长和演化的，有时甚至是循环的。《指南》中指出5到6岁儿童学习的核心是激发探究兴趣，体验探究过程，发展初步的探究能力。教师要善于发现和保护幼儿的好奇心，充分利用自然和实际生活机会，引导幼儿通过观察、比较、操作、实验等方法，学习如何发现问题、分析问题和解决问题，帮助幼儿不断积累经验。生成课程就是以幼儿兴趣点为基点，继而引导幼儿学习其他方面的知识，建构起幼儿发现问题、分析问题和解决问题的能力。

例如：纸不仅是幼儿生活的伙伴，也是幼儿游戏、创作的必备材料，在幼儿的世界里扮演着不可缺少的角色。在班级中，笔者发现孩子们特别喜欢玩餐巾纸，喜欢用餐巾纸来做各种各样的游戏，这时，班级一角传来了孩子们的阵阵欢呼声，他们正在用餐巾纸玩拉力比赛（餐巾纸两两交叉玩拉力赛），获胜的孩子不停地欢呼，失败的孩子不气馁，反复挑战，气氛活跃。教师决定跟随孩子的兴趣，和他们一起尝试探索生成课程。

通过观察记录，可以看出老师完全是根据幼儿的兴趣开展的一系列的活动，通过“纸巾大力士”这个活动，不断引导幼儿开始探索关于纸巾的其他活动，随着幼儿对纸巾的深入认识和了解，孩子们对纸产生了浓厚的兴趣，一系列的话题、问题不断在幼儿脑中涌现。幼儿因为本身对于未知事物具有极强的好奇心，所以通过向幼儿提出一系列问题，引发幼儿的思考，可以支持幼儿探究逐步深入。生成课程是一个以幼儿为主体不断深入、不断生成的过程，教师通过提问的方式，将生成课程造就成非随意性的“放牛式”的课程。

（三）生成课程是随机教育

随机教育是指在教师教育计划之外的，随客观提供的教育情景而随机进行的教育。抓住时机对幼儿进行随机教育，就是抓住了教育幼儿的最佳契机。随机教育是可以随时根据幼儿兴趣或事件发展所引发的教育，随机教育具有灵活性、动态性、情境性的特点。

在大班的教学活动中，笔者发现很多幼儿喜欢乱扔垃圾，孩子们虽然经常会说："我们要保持教室和幼儿园环境的整洁""不乱扔垃圾""不乱采摘花草树木……"但在日常生活中随手乱扔废纸、瓜果皮、塑料袋的现象依然存在。在一次课堂材料收拾中，笔者发现孩子们还是没有将废纸等垃圾丢入垃圾袋，笔者便对孩子们进行了垃圾分类的教育活动，通过引发孩子们的好奇心和探究欲望，逐步开展垃圾分类的活动。

在幼儿教育中，像这种教育活动是完全随机的，然而就因为其随机性，在生活习惯养成方面才可以进行更多的教学活动。

教师的随机教育是时时存在的，对幼儿的知识教育是第二重要的，第一重要的是行为习惯的教育，从小养成好的习惯才能更好地去学习，所以行为习惯教育是一日活动中的随机教育。不仅在社会活动的时候要去培养幼儿的行为习惯，一日活动中发现幼儿做得不正确的时候，就得马上指出来。走路的时候怎么走，说话的时候怎么说，怎么倾听别人的回答，等等。

教师都认为生成课程就是随机教育，在幼儿的日常教学中时时存在，教师需要对幼儿的兴趣、习惯、矛盾及困惑等随机地进行生成。在日常教学中培养幼儿的习惯比让幼儿学习知识更加重要。良好的习惯是一切的前提，所以当教师发现孩子有不好的习惯时需要进行随机教育，随机生成。

（四）生成课程与预设课程的统一

约翰·尼莫提出了"生成课程"（emergent curriculum）。生成课程与预设课程不同，它不是教育者预先设计好的、在教育过程中不可改变的僵死的计划，也不是无目的地追随儿童的随意的、自发的活动，而是在师生互动中，教师根据对儿童的需要、兴趣的观察及所做的价值判断，从而不断生成课程活动、不断调整课程计划、师生共同建构课程的过程。可以说，意大利瑞吉欧的方案课程就是一种生成性的课程。当前，随着幼儿园课程观念的不断革新，尤其是意大利瑞吉欧方案课程的影响，幼儿园课程越来越强调预设与生成的统一。

在以往幼儿园的教学中，我们一般要设计教案，通过教案对幼儿进行教学实践，但是在实践过程中，幼儿通常对教师预定的教学内容不太感兴趣，就算教案设计得好，也不如幼儿的兴趣所生成的课程，单独的预设课程难以满足幼儿发挥自身主体性。所以通常我们都需要在预设课程的基础上，根据课堂实际情况去调整教学方向与方法。比如在建构区的活动中，我们组织的活动是用积木搭建汽车，但是中途有两个孩子为了自己的汽车能更快地行进而发生了争吵，这时，可以这个争吵为契机，对孩子进行了汽车及其他交通工具的知识普及，并鼓励孩子们建造起属于自己的交通工具。

在课程活动之前都要进行认真的预设，包括课程的规划、一般性的目标、活动可能进行的路径及多种可能性，但在课程活动中又不能完全服从于预设，局限于预设，而是要根据活动中师生的互动激发情况、儿童的兴趣和需要及时修正、改变预定方案，及时调整课程预先设定的计划与“线路”，生成新的课程活动，在充分发挥儿童主动性，满足儿童内在兴趣、需求的基础上，让儿童自主地探索，自我建构，自我完善。

第二节　目标定位

课程目标是课程内涵的第一要素，它对于如何选择和组织课程内容、进行课程设计及评价都起着导向的作用。课程目标上承教育目的和培养目标，下接具体的教学目标，在整个课程编制过程中起着关键性的作用。幼儿园课程目标的确立是进行幼儿园课程建设的首要任务。因此，对于课程目标的确定我们也要采取一定的策略，选取明确的课程目标来源、体系和表述，这样才能保证幼儿园课程教学实施的方向，才能减少课程实施、课程评价的盲目性，才能避免低效的课程教学。

一、课程目标取向的确定

课程目标是一定的教育价值观或教育目的在课程领域的具体化，无论是有意识还是无意识，任何课程目标总有一定的价值取向。这种“取向”主要指课程目标所采用的形式或类型，而不是指目标的实质内容。

完全以传统的目标模式编制课程时，目标是以行为方式来陈述的，或称为“行为目标”。但近年来，只用行为目标一种课程目标形式，其旧时代痕迹之缺陷越来越明显，于是更具时代精神的其他形式的课程目标相继出现，其中影响较大的有生成性目标与表现性目标。下面我们分别介绍传统的行为目标，新出现的生成性目标和表现性目标。

（一）行为目标

行为目标是指以具体的、可操作的行为形式陈述的课程目标，它指明教育过程结束后幼儿身上所发生的行为变化。其基本特点在于：目标的精确性、具体性、可操作性。

目标模式的标志——泰勒的《课程与教学的基本原理》一书在 1949 年出版以后，受其影响，在许多课程文献里，课程目标与行为目标一度几乎成了同义词。泰勒在该书中强调，在课程目标确定后，要用一种最有助于学习内容和指导教学过程的方式来陈述目标。泰勒对课程目标的贡献在于提出了“行为”与“内容”维度。但是，一般来说，“内容”维度是所有课程工作者都关注的，而“行为”维度恰恰是被大多数人所忽视的。所以，从根本上说，泰勒对课程目标的贡献集中于强调以行为方式来陈述目标，正是在这个意义上，人们把泰勒称为“行为目标之父”。

后人对行为目标的陈述做了大量的扩充，如美国著名教育学者梅杰在其 1962 年出版的关于“行为目标”的经典著作《准备教学目标》中指出，教学目标必须包括三个组成部分：第一，儿童外显的行为表现；第二，能观察到的这种行为表现的条件；第三，行为表现公认的准则。他认为，典型的“行为目标”应这样陈述：“给儿童一篇文章，儿童在五分钟内不靠帮助或参考书，能够识别出它的风格。”其中，“识别文章的风格”是儿童外显的行为表现：“五分钟内不靠帮助或参考书”分别是行为表现的条件与表现的准则。他认为这样的陈述，如儿童将学会正确使用逗号，不是行为目标，因为该目标没有预先具体化的、可观察的、最终的行为。真正的行为目标应这样陈述：“儿童将通过陈述来证明已掌握了五项逗号规则的知识(具体说出有哪五项规则)，并能在逗号被删除的句子中正确插入逗号。”

行为目标克服了目标模糊性的缺陷，在课程领域科学化的历程中做出了积极的贡献：① 由于行为目标具有精确性、具体性、可操作性的特点，当教师能将其教学内容以行为目标的形式陈述的时候，他们对教学任务会更加清楚明了，便于有效控制教学过程。② 行为目标便于教师就教学内容准确地与教育督导、儿童家长、儿童展开交流。③ 行为目标便于准确评价，因为它是以具体行为的形式呈现，所以很容易判断目标是否达成。总之，行为目标对于基础知识和技能的熟练掌握，对于保证一些相对而言简单的教育目标的达成是有益的。

但是，行为目标的越来越细化、越来越精确化的倾向，也确实容易导致一些偏差。比如，有些教师只见目标不见幼儿的个性，使这些目标或固定的标准，成了人的身、心和精神充分发展的敌人。另外，人的许多高级心理素质（如价值观、理解、情感、态度、审美经验等）是很难用外显的、可观察的行为来预先具体化的。因为这些高级心理素质不只是行为，更主要的是意识问题。试图把这些心理素质完全用可观察的行为来具体化，所掩盖的东西恐怕要比揭示出来的东西多得多。

行为目标在幼儿园教育中的影响远远比不上其在普通学校教育中的影响。但是，长期以来不可避免地还是出现了层层分化的现象：将课程划分成为若干领域或学科，如社会、语言、艺术、科学等；将每一领域划分为若干方面，如将艺术划分为音乐、美术、舞蹈、戏剧等；再将每一方面划分为几个部分，如将音乐划分为唱歌、欣赏、律动、打击乐等，将美术划分为绘画、手工、欣赏等；然后，才在每一部分再罗列出详细的、可操作的行为目标。例如，幼儿园艺术领域中的美术方面“欣赏部分”行为目标的具体内容为：① 幼儿能够说出其周围环境中东西的颜色、形状、大小和样式。② 幼儿能够指出他或她所画或所做的东西中他或她自己认为重要的特征。③ 幼儿能够对某些自己所画或所做的东西表达喜爱之情。④ 幼儿能够对观看和讨论他们所认识的艺术家创作的作品表现出兴趣。⑤ 幼儿能够评价自己的绘画和手工作品。⑥ 幼儿能够认识和比较不同艺术家的风格等。对行为目标过细的划分，我们是力图要避免的，尤其在艺术领域，行为目标是不太有力量的。

（二）生成性目标

生成性目标是指在教育情境中随着教育过程的展开而自然生成的课程目标。它是问题解决的结果，是人的经验生长的内在要求。生成性目标的根本特点是过程性。

英国课程论专家斯滕豪斯在“过程模式”中，对生成性目标做了比较充分的诠释。他认为，学校教育主要包括三个过程：训练、教学与引导。所谓“训练”，是使幼儿获得动作技能的过程，训练成功了，幼儿会获得操作能力，如打字等。所谓“教学”，是使幼儿获得知识信息的过程，教学成功了，意味着幼儿获得了一定的知识信息，如记住了字母表等。所谓“引导”，是使幼儿获得以知识体系为支持的批判性、创造性的思维能力，这是使幼儿进入“知识的本质”的过程。斯滕豪斯认为，真正的教育是使人类更加自由、更加富有创造性，因而教育的本质是“引导”。教育即引导幼儿进入知识之中的过程，教育成功的程度即它所导致的儿童不可预期的行为结果增加的程度。

斯滕豪斯认为，“训练”与“教学”可以用行为目标来陈述，而“引导”的本质恰恰在于其不可预测性，故用生成性目标是最恰当的，如用行为目标会导致质量标准的形式化而降低质量标准，也会使知识工具化而丧失内在价值，最终使知识变得支离破碎。例如在艺术领域，幼儿学习的最重要的结果是尝试，尝试进行绘画、演奏音乐、设计和制作等，对这些尝试的评价应着眼于创造，而非根据事先规定的模式或标准。

生成性目标形式在人本主义心理学课程流派那里发展到了一个极端。罗杰斯认为，凡是可教给别人的东西，相对来说都是无用的，即对人的行为基本上没有什么影响。能够影响一个人行为的知识，只能是他自己发现并加以同化的知识。所以，课程的功能是要为每一个幼儿提供有助于个人自由发展的、有内在奖励的学习经验。

生成性目标是非预成性（不是课程编制者和教师所强加的）的、没有文字表达形式的、在教育情境中自己产生的目标。它充分尊重幼儿，使幼儿有权利决定什么是最值得学习的。当幼儿从事与自己的目标相关联的学习的时候，他们会越来越深入地探究既存的知识。随着问题的解决和兴趣的满足，幼儿会产生新的问题、新的价值感和新的对结果的设计。这个过程是持续终生的，因而基于生成性目标的课程必然会促进终身学习。

在西方国家，以生成性目标为取向的早期幼儿课程或教育方案并不少见，像意大利瑞吉欧教育方案、美国项目活动等都是典型的以生成性目标为取向的课程。这些课程比较少地带有预设的教学的痕迹，课程实施的过程能比较充分地发挥幼儿的主体性。

但是，生成性目标确实带有教育的理想主义色彩：因为运用生成性目标，意味着教师要能够与儿童进行有意义的对话，但大多数教师并没有受过这方面的训练。即使教师受过对话方面的训练，许多人还是不可能运用这种互动性教学方法，因为它需要大量额外的计划和努力。由于生成性目标太开放，幼儿可能永远都不愿费神去发现必要学科的重要性。

（三）表现性目标

表现性目标是指每一个幼儿在与具体教育情境的种种“际遇”中所产生的个性化表现。表现性目标的特点是追求幼儿反应的多元性而非同质性。

表现性目标是由美国艺术课程学者艾斯纳提出的，他受其所从事的艺术教育的启发，认为课程计划中应该有两种不同性质的课程目标：教学性目标和表现性目标。

教学性目标旨在使幼儿掌握现成的文化工具。它是在课程计划中预先规定好的，这种规定明确指出了幼儿在完成一项或几项学习活动后所应习得的具体行为，如技能、知识等。它通常是从既有文化成果如各种学科中引出的，并以适合于幼儿的方式进行表述。教学性目标对大部分儿童来讲是共同的，使用一项教学性目标的课程计划，其有效性表现在幼儿最后形成的行为与所给出的目标的一致性。

表现性目标与教学性目标不同，它旨在培养幼儿的创造性，强调个性化，因而超出了现有的文化工具并有助于发展文化。表现性目标不是规定幼儿在完成一项或多项学习活动后准备获得的行为，而是描述教育中的“际遇”，即指明幼儿将在其中作业的情境、将要处理的问题、将要从事的活动的任务。表现性目标一般在主题式或单元式的表现性活动中使用，幼儿围绕主题可以运用原来学到的技能和知识的意义，并通过“表现性目标”的引导，扩展和加深对那些技能与知识的理解，进而使它们具有个人特点。使用“表现性目标”意在达到幼儿多样性、个体性的反应效果，而非反应的一致性。教师只是提供一个表现性活动的情境，幼儿在此情境中获得其个人意义。对表现性目标的评价，追求美学评论式的评价模式，即对幼儿活动及其结果的评价是一种鉴赏式的批评，依其创造性和个性特色检查其质量与重要性。

表现性目标的制定一般用这样的句式：解释……的意义，考察……的意义，讨论……的过程，等等，显然它追求的是对幼儿种种际遇的表达。际遇表达的三个内容是：指明幼儿将在其中作业的情境，幼儿将要处理的问题，幼儿将要从事的活动的任务。

在艾斯纳看来，这两种目标对课程来说都是需要的，而且都存在于课程实践中，但它们需要不同的课程活动和评价过程。教学性目标适合于表述文化中已有的规范和技能，从而使进一步的探究成为可能。表现性目标则适合于表述那些复杂的智力活动，已有的技能和理解是这种活动得以进行的工具，并且，这类活动有时需要发明新的智力工具，从而导向创造性的活动，这使文化得以扩展和重构而保持勃勃生机。因此，课程编制者与教师应该研究这两类目标在课程理论、课程编制和教学活动中的恰当位置，分别指明它们在课程和教学中的适用范围，找出它们以何种方式相关联才最有利于各种不同类型的学生、不同的学习活动及不同的学科。

表现性目标与表现性评价紧密结合在一起，在幼儿园教育情境中，表现性评价已经成为一种重要的评价方式，被许多幼儿园教师所采用。表现性评价的三个设计环节，即确定表现性任务的类型，设计表现性任务的真实情境，确立表现性评价的标准。

（四）对三种目标取向的评析

行为目标取向是随着课程领域科学化和独立而产生的，主要流行于20世纪初至20世纪60年代末70年代初这一时期。生成性目标取向早在20世纪初杜威的思想中即已诞生，但真正流行于课程领域却是在20世纪70年代。表现性目标取向流行于20世纪80年代以后的课程领域。

应该说，生成性目标与表现性目标是具有异曲同工之妙的，具体表现在：① 它们都反对把课程目标技术化的倾向，明确提出教育及课程本质上的价值问题。② 它们都以人的自主发展作为课程目标取向的根本，注重人的自主性、创造性、个体性，注重课程情境的具体化；在儿童个人与社会既有文化关系上，它们都强调个人接受既有文化时的个性化表现，强调个人对文化的创造性发展。③ 在前两点的基础上，它们都不主张完全取消行为目标，或者说它们注意吸引行为目标所表达的内容对人的发展的作用，认为行为目标只能概括人的较低层面的素质，因而强调用高层次的生成性目标或表现性目标整合行为目标，使课程目标更好地为人的总体发展服务。④ 鉴于人的发展的高层次目标在本质上具有不可预测性和不应控制性，它们都主张目标的开放性，重视课程活动及其结果的个体性、差异性，一切视教师、学生和教学情境的具体情况而定。

当然，生成性目标与表现性目标也有重大的区别，着重表现为在把握课程问题的切入点上的不同。艾斯纳从评价入手来看待课程问题，所以他仍然沿用“目标”一词，以利于评价的相对可操作性。斯滕豪斯则是从课程实践入手来建构一种新的课程模式，因而强调过程，所以课程编制的起点不是目标，而是主张把“目标”一词作为“不受欢迎的累赘假设”抛弃，最后的检验用“过程原则”代替评价。

行为目标的优点在于它的精确、具体、可操作，使教师很容易理解课程计划，很容易实施课程计划。但是，也正是它的精确、具体、可操作，使课程计划的实施容易陷入表面、简单与僵化。生成性目标与表现性目标的优点在于它们的开放性，对幼儿来说，学习过程是开放的，结果是开放的，所以，幼儿的个性能够得到充分的体现，主体性得到极大地张扬。然而，也正是这种开放性，教师往往没有足够的能力在开放环境中去有效地引导学生；幼儿也因为学习过程与结果的开放性，不会愿意费神去学习对他们来说很有必要的学科内容。

对这三种目标取向，我们需要做的是认识到这三者之间的互补作用，实现行为目标、表现性目标与生成性目标的逐次超越，体现一种具有文化底蕴的对主体价值与人性解放的追求。

二、幼儿园课程目标的来源确定

目前课程界对幼儿园课程目标的基本来源问题是基本达成共识的，认为幼儿园课程目标所依据的三个基本来源，就是泰勒原理中确立的三个来源，即对学习者的研究、对当代社会生活的研究与对人类知识的研究。

（一）对幼儿的研究

从传统意义上说，对幼儿的研究包括两方面内容：一是了解儿童心理学研究所揭示的幼儿“应该”和“可能达到”的理想发展；二是了解幼儿的现实发展状况。经过两个方面的平衡比较后，相对合理、适宜的课程目标也就凸显出来。例如，皮亚杰的发展阶段论认为，守恒的出现是在儿童7岁以后。但从我国的实际状况来看，5岁左右的幼儿，就开始出现数量守恒的趋势。所以，关于数量守恒的内容被列入我国幼儿园目标体系之内。

虽然，课程目标三个基本来源的名称是一致的，但内涵已经发生了很大的变化。对幼儿的研究过程，不仅仅是了解幼儿现状并与可接受的常模作比较、找差距从而确定幼儿教育目标的过程，更是确定幼儿有哪些需要，本质上是尊重幼儿个性，体现幼儿意志的过程。所以，在制定幼儿园课程目标过程中，当幼儿的需要被优先强调时，即以满足幼儿的需要、促进幼儿的个性发展为直接目标时，就会出现相应的“儿童本位课程”，即“经验课程”。

（二）对当代社会生活的研究

幼儿不仅生活于幼儿园之中，还生活于社会之中。人是社会的人，幼儿的成长是一个不断社会化的过程，所以，当代社会生活的内容理应成为幼儿园教育目标的基本来源之一。

泰勒是用“活动分析”或“工作分析”的方法来确定当代社会生活的需要的。现在一般认为，泰勒的做法至少存在两个问题：第一，把学校课程视为对社会生活的适应，忽略了学校课程的相对独立性，忽略了学校课程对社会生活的批判与改造功能；第二，试图仅通过“活动分析”来确定社会生活的需要，实际上很难做到。

将当代社会生活需要确定为幼儿园教育目标时，应考虑以下主要原则：第一，民主性原则。在“大众主义”时代，幼儿园教育特别需要体现社会公平的思想。第二，民族性与国际性统一的原则。国际化时代的课程应具有国际视野，应把本社区、本民族、本国家的需求与整个人类的需要统一起来。当然，那些盲目国际化，或追风式的、不具本土适切性的课程，也是应该避免的。第三，教育先行原则。在信息时代，幼儿园有关社会生活的课程应具有新的质量，教育滞后现象已经越来越不被社会容忍。

当以满足当代社会生活需求、维持或改造社会生活为直接目的，强调当代社会生活的需求优先时，这种课程称“社会本位课程”。

（三）对人类知识的研究

知识是人类智慧的结晶。知识可以帮助幼儿更好地认识自然、认识社会、认识自己，形成判断是与非、美与丑的标准，掌握有效的行动方式方法。毋庸置疑，对人类智慧结晶的知识的研究，是幼儿园课程目标的一个基本来源。

知识按其反映的事物的类型和其内在逻辑联系可分为不同的学科领域。

对学习者来说，各领域的知识都有两种价值：一是学术发展价值；二是一般发展价值。对这两种价值的不同的强调程度，会影响由此生成的课程目标的性质。

幼儿的年龄特点和幼儿园教育的性质，决定了幼儿园课程注重的是学科知识的一般发展价值而非学术价值。以 2001 年我国《纲要》中关于“科学”领域的目标为例，我们很容易发现这种倾向：① 对周围的事物、现象感兴趣，有好奇心和求知欲。② 能运用各种感官，动手动脑，探究问题。③ 能用适当的方式表达、交流探索过程和结果。④ 能从生活和游戏中感受事物的数量关系并体验到数学的重要和有趣。⑤ 爱护动植物，关心周围环境，亲近大自然，珍惜自然资源，有初步的环保意识。

当以学科知识发展为直接目的，强调教材优先时，这种课程称为“学科本位课程”，简称“学科课程”。在幼儿园教育环境中，由于强调学科知识的一般发展价值，所以，绝对的“学科本位”的课程正在逐渐消失。从目前我国的现状来看，我国幼儿园教育的课程形态正处于既不处于典型的“学科本位”时期，也不处于典型的“经验本位”时期，而是两者交织在一起，处于交织方式千姿百态没有定格的时期，极具中国的特色。

三、幼儿园课程目标体系的确定

（一）幼儿园课程目标的体系类型

任何国家在表述幼儿园课程目标时都有其自己的体系，不同的目标体系的背后及同一目标体系分化程度不同的背后，都隐含着不同国家在幼儿园课程的内容选择与实践环节、课程评价环节的不同的状态。

概括地说，幼儿园课程目标体系有两类：以教育内容领域为结构框架的目标体系与以儿童发展领域为结构框架的目标体系。在世界范围内，前者在以中国、日本为主要代表的东方国家中使用；后者在以美国为主要代表的西方国家中使用。

（二）幼儿园课程目标层次

幼儿园课程目标层次指的是幼儿园课程目标的纵向结构。无论是哪种类型的幼儿园课程目标，从上到下的结构一般都分为如图 6-1 所示的四层。

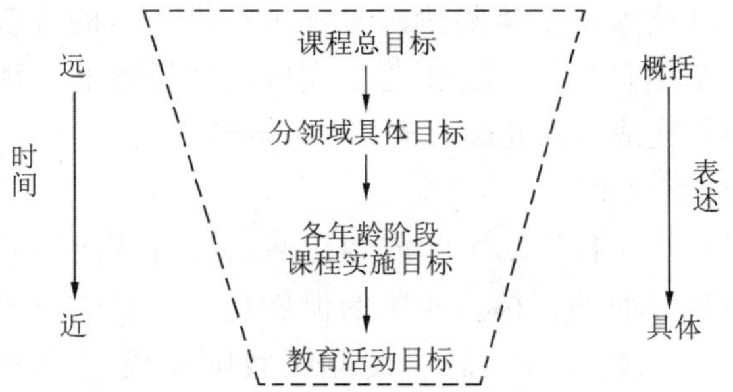

图 6-1　幼儿园课程目标层次示意图

1. 以发展领域为结构框架的幼儿园课程目标的层次

（1）课程领域目标

在课程领域目标层次，一般只是概括地罗列具体的发展领域与提纲挈领式的几条要求。例如，20 世纪五六十年代美国学前教育课程目标的发展领域划分为五个方面：身体成长、认知发展、情感培养、社会性发展和美感形成。其中，在认知发展上的要求是：通过感官来探索周围世界；发展好奇心和求知欲；鼓励儿童提出问题，对事物进行比较，找出相互之间的联系；帮助幼儿获得形状、颜色、大小、分类、顺序、数字等概念。

应该说，从目前的发展趋势看，以发展领域为结构框架的课程目标的表述，越来越趋向概括、抽象。这不能不说是受生成性课程目标取向的影响，因为概括、抽象的课程目标非常有利于过程模式的课程的展开。当然，对于目标模式的课程，同样可以进行，因为目标的分化可以在课程目标的第二层次，即年龄阶段的目标中完成。

（2）年龄阶段目标

这一层次的目标，是幼儿园目标体系中的核心内容，它需要把宽泛的不具操作性的领域目标转化成具有可操作性的目标。因而它具有层次清楚、结构完整、内容翔实的特点。它事实上已经成为学期目标、月目标、周目标的蓝本，同时也已经为幼儿的发展评价建立了评价体系。

（3）单元目标

以内容为单元的目标，指的是主题活动的“单元”。如果主题活动的单元很大的话，制定单元目标就显得格外重要。我们这里主要论述以时间为单元的目标，它是年龄阶段目标或学年阶段目标的再分解，即学期计划、月计划、周计划。

如果充分理解了年龄阶段目标的每项内容，那么制订学期计划、月计划与周计划是比较容易的事。不过，这三个计划的制订需要明确各自的功能：学期计划的功能就是把年龄阶段目标进行进一步的分解；月计划的功能除了继续分解学期目标外，还要落实完成这些目标的具体教育活动；周计划的功能主要是完成与幼儿园、家长、社会的互动。

（4）具体活动目标

具体活动目标指一日活动中的或生活活动或游戏活动或教学活动的目标，这是真正微观层面的目标。我国的惯例是：国家层面的或理论研究层面的负责制定一、二层课程目标，幼儿园教师完成三、四层课程目标的制定。

2. 以内容领域为结构框架的幼儿园课程目标的层次

（1）课程领域目标

课程领域的目标层次，与发展领域为结构框架的幼儿园课程目标一样，只是概括地罗列具体的内容领域与提纲挈领式的几条要求。上述幼儿园课程目标类型中，中国与日本的课程目标就是这类目标的典型例子。

（2）年龄阶段目标

这一结构框架类型的年龄阶段目标的制定，一般不仅考虑了课程内容维度，还考虑了幼儿发展维度。然而，由于课程领域目标是以内容为导向的、缺少立体的结构，所以，年龄阶段目标的形式也不可避免地表现为单层次的、平面的罗列。

（3）单元目标

我们继续主要论述以时间为单元的目标，它是年龄阶段目标或学年阶段目标的再分解，即学期计划、月计划、周计划。在以内容领域为结构框架的单元目标系列中，它的表述格式的平面罗列性，导致学期计划、月计划与周计划各自所应体现的功能被削弱。

3. 对两类目标体系的评析

一个完善的目标体系，应该是体系展开的过程中自然完成以下三方面的结构：第一，幼儿心理发展结构；第二，教育内容结构；第三，幼儿年龄发展结构。

以发展领域为结构框架的目标体系，在层层分解的过程中是自然完成以上三方面的结构的建构的。也就是说，在第二个层次，幼儿年龄发展结构建立；在第三个层次，教育内容结构建立。以内容领域为结构框架的目标体系，在第二个层次，建立幼儿年龄发展结构，但始终无法靠层次分解本身来建立幼儿发展结构这一维，也就是说，在这一类目标体系中，有一维的结构靠人为的形式建立而非体系层次的自然展开建立。所以，以内容领域为结构框架的目标体系，相对以发展领域为结构框架的目标体系而言，容易有两个偏向：一是容易流失发展目标，重内容轻发展；二是不利发展评价体系的建立。用已经过时的话来说，就是缺少科学性。如果一定要找出它的优点的话，那就是对于教师专业化水平还较低的我国来说，这类目标体系比较容易看懂与掌握。而以发展领域为结构框架的目标体系中，包含了少量心理学术语，如果教师不能真正理解这些术语，就会影响目标的实现。

四、幼儿园课程目标的表述

有关目标陈述的内容，我们重温泰勒的观点。泰勒认为当时人们在实践中容易犯的错误是：① 把目标作为教师要做的事情来陈述，却没有陈述期望学生发生什么变化，如介绍进化论、演示归纳证明的性质等。② 列举课程所涉及的各种要素，却没有具体说明希望学生如何处理这些要素。③ 采用过于概括化的方式来陈述目标，却没有具体指出这种行为所能采用的领域。所以，泰勒指出，最有效的陈述目标的形式，是既指出要使学生形成的那种行为，又言明这种行为能在其中运用的生活领域或内容。也就是说，每一个课程目标都应该包括“行为”与“内容”两个方面，前者是指要求学生表现出来的行为，后者是指这种行为所适用的领域，这样就可以明确教育的职责。

根据泰勒的观点，再结合我们已经论述过的有关目标取向的内容，可以说，关于幼儿园课程目标的表述我们至少要关注以下三个问题：表述的角度问题、表述的性质（确定目标类型）问题与表述准确的问题。

（一）确定表述的角度

确实，正如泰勒所批评的那样，20 世纪五六十年代的美国的学前教育的课程目标也都是从教师的角度来表述的。

我国从国家层面来说，在 2001 年发布的《纲要》里，就已经完成了目标表述的角度转换，即从教师角度的表述转到了幼儿角度的表述。

目标表述角度的转换，一方面体现着教育理论界对“教学”重心从“教”转向“学”的意志；另一方面也确实能促进这一重心在实践层面的转移。

（二）确定表述的性质

不同的课程目标有不同的表述方式，我们已经探讨了课程目标的三种不同取向：行为目标取向、生成性目标取向与表现性目标取向。其中，生成性目标除了课程目标层面有极度宽泛的目标制定外，其他层面没有文本意义上的目标，要不就不会称之为“生成性目标”。所以，所谓的“不同的课程目标有不同的表述方式”，就是针对行为目标与表现性目标的。

行为目标的特点是精确性、具体性、可操作性，它擅长表述确定的知识技能的目标；而表现性目标是对行为目标的超越，是指每一个学生在与具体教育情境的种种“际遇”中所产生的个性化表现。把两者的不同说得更直白一点，那就是：行为目标是针对学生的知识技能的，而表现性目标是针对学生对知识技能的运用能力的；行为目标的实现主要是在课堂环境，而表现性目标的实现需要能让学生表现其真实能力的真实情境；行为目标的任务往往是简单的、浅层面的，而表现性目标的任务是问题解决性质的，往往结构比较复杂、需要学生对知识有较深层次的理解。例如，当一个学生能回答“一辆汽车第一次开了 2 千米，第二次开了 7 千米，它一共开了多少千米”的问题时，说明他能够完成一个行为目标，但不能说他已经完成了一个表现性目标。只有当他拿着 9 元真币，到商店（或模拟的商店）买回来几件物品恰好把 9 元钱用完时，我们才会说他完成了一个表现性目标。

所以，对教师来说，明确自己应该用行为目标还是用表现性目标，是目标表述准确的前提。

（三）表述准确的问题

如果确定是行为目标，那么行为目标的最有效的陈述形式是既指出要使学生形成的那种行为，又言明这种行为能在其中运用的生活领域或内容。

如果确定用表现性目标，那么目标的表述就应该包括以下三个维度的内容：第一，指明儿童将在其中作业的情境；第二，指明儿童将要处理的问题；第三，阐述儿童将要从事的活动的任务。

第三节　基本内容

一、生成课程的内容来源

内容来源是教师进行生成课程的前提和基础，没有内容来源，生成课程就会像无源之水，失去它的灵性。在幼儿园日常活动中，幼儿的兴趣爱好、行为习惯、对知识的渴望，以及社会上引起幼儿兴趣的事件等都是教师进行生成课程的内容来源。幼儿对外界具有强烈的好奇心、喜欢探索，但同时自我照顾能力较差，这是幼儿身心发展的特征，因此教师需要关注幼儿的一举一动，抓住富有潜力的教育契机，对幼儿进行随机教育。

（一）幼儿教育的目标与任务

在生成课程中，我们一再强调尊重幼儿在活动中的主体地位，那是因为在以前的课程中我们往往忽视甚至无视幼儿主体的存在。但是，处于发展状态中的幼儿，还不具备正确选择自身行为的意识和能力，还需要教师的引导。教师引导幼儿发展的依据是《幼儿园工作规程》（以下简称《规程》）和《纲要》，生成课程从根本上讲是在《规程》与《纲要》中的“幼儿教育的目标与任务”的指导下进行的。因此，我们把“幼儿教育的目标与任务”作为生成课程的第一个内容来源。

《纲要》将《规程》第四章“幼儿的教育”的内容展开并具体化，阐述了各领域的目标、内容与要求、指导要求，是教师开展教育活动的重要依据。但是，对源于幼儿教育的目标与任务的课程来说，不能把《纲要》中的内容“拿来”就用，而需要将教育目标转化为幼儿的兴趣、需要。

要实现这一转化，教师一方面要对幼儿教育的目标与任务烂熟于心，另一方面要了解本班每位幼儿的发展水平、学习特点与能力特征，从而找到两者之间的差距与中间的桥梁，进而提供蕴涵着教育目标的活动材料与相关情景，激发幼儿的兴趣，使其萌发主动学习的愿望。如此，就可以把孩子们各阶段的发展目标转化为他们的兴趣与需要，生成有价值的课程。

比如，《纲要》在科学领域中提出了要培养幼儿“对周围事物、现象感兴趣，有好奇心和求知欲”及“能运用各种感官，动手动脑，探究问题”的目标，教师就可以根据自己对本班幼儿的了解，在学期初布置教室时在天花板上悬挂了一些具有弹性特点的玩具。孩子们对这些玩具很感兴趣，常常去摆弄它们。多次摆弄之后，“弹性”的特征逐渐引起了他们的关注，于是，围绕着“弹性”便生成了一系列探索活动——收集弹性玩具、探索弹性特征、制作弹性玩具等。

（二）幼儿当前的兴趣与需要

“兴趣是最好的老师”，这是亘古不变的真理。所以，我们把幼儿当前的需要与兴趣，作为生成课程的一个重要来源。

不同年龄、不同性别、不同性格特征的孩子表现自己兴趣的方式有很大的差别，但他们也有着共同的、最突出的外在表现形式——热衷于一件事，不断发现一些问题，并尝试解决问题。从孩子的兴趣出发生成课程时，往往会出现这样的情况：有的孩子对这个问题感兴趣，有的孩子对那个问题感兴趣。这时教师怎么办？首先需要对孩子的兴趣进行价值判断，判断的标准就是幼儿教育的目标。教师根据幼儿教育的目标，判明支持孩子的哪一兴趣更有利于他们的终身学习与个性发展之后，再为幼儿提供活动的时间、空间、材料，同时要借助于自身的参与来为这一活动做宣传，以吸引更多的孩子投入活动中来。对于那些在价值判断中被列在次要位置的兴趣，教师可通过向孩子提供书籍、操作材料、空间、时间等方式给予支持。

例如：春天来了，孩子们对大树底下忙碌的小蚂蚁产生了兴趣，不停地问“小蚂蚁的眼睛在什么地方”“小蚂蚁怎么说话”“它们吃什么”，等等。此时，老师思考的不是如何尽快地给孩子答案，而是围绕孩子喜欢的蚂蚁可以开展哪些活动，哪些活动能促进他们的发展。于是，顺着孩子的兴趣，他们开展了捉蚂蚁、蚂蚁吃什么、蚂蚁的种类、蚂蚁的故事等活动。在这些活动中，孩子们找到了捉蚂蚁的几种适宜的方法，学会了记录、实验、查找与分析资料，发展了想象力。应该说，假如没有老师对孩子兴趣的价值分析与引导，孩子们对蚂蚁的关注不一定导致活动的必然产生。因此，具有责任心和一定专业素质的老师要善于发现、分析孩子的兴趣，为他们提供活动的条件和创设相关的环境，并在他们需要的时候给予帮助，以促进他们的发展。

（三）幼儿共同生活中的矛盾与冲突

孩子们每天生活、游戏在一起，由于个性不同，发生一些矛盾和冲突是避免不了的。很多老师为此而苦恼，殊不知，出现一些问题，反而是提供了开展教育的时机。只要老师是个有心人，解决问题时能透过问题表面看到问题实质中蕴含的教育价值，幼儿生活中的问题与冲突，就会成为生成活动的内容来源。

例如，活动区的活动结束以后，孩子们不愿意整理自己用过的物品和废弃物。老师抓住幼儿在共同生活中经常出现的这个问题所蕴含的教育价值，生成了关于环境保护的活动，不仅解决了班级环境脏乱的问题，而且培养了孩子的环保意识。

一次班级开展特色活动，老师带着孩子们去公园游览，一个幼儿指着一片灌木丛大声说道：“哇，这里有好多的花啊！”。孩子们都跑了过去，“这是什么花儿？”“这花好漂亮啊！”一个细心的幼儿 A 发现这朵花有点奇怪，周围的幼儿就开始争吵这是花还是叶子，教师发现了这个问题，并且引导孩子对是“花”还是“叶”展开了探索活动。在这一科学探索活动中，老师及时抓住幼儿的发现新问题的契机，开展新探索活动，注重启发式的教学，提出问题，引导幼儿独立思考，通过科学实验了解事物的科学奥秘。

（四）幼儿身边的人与事

幼儿每天都会接触一些人。这些人在年龄、性别、职业、性格、爱好等方面千差万别，在交往中可传递给幼儿的信息涉及方方面面。如，一位以往都是穿着便装的警察家长，忽然有一天穿着警察制服来接孩子。孩子们一下就围拢过来，七嘴八舌地议论起来：“您怎么变成警察阿姨了？”“阿姨，您带枪了吗？”“阿姨，您抓过坏人吗？”“阿姨，您会开警车吗？”于是，班里围绕着“警察”生成了一系列活动。在游戏中，有的“小警察”很粗暴，有的“小警察”很胆小；有的“小警察”抓坏人，有的“小警察”指挥交通。为了让孩子们对警察有个真正的了解，老师与警察家长联系，请她利用接孩子的时间，为孩子们进行有关警察的答疑活动。家长欣然接受，不仅讲了很多有关警察职责的内容，还给孩子们讲了两位警察叔叔勇敢机智抓坏人的故事。这个活动不仅帮助孩子正确认识了警察职业，还丰富了孩子的游戏内容。

幼儿身边的一些事在一定的环境和条件下，也会成为生成课程的内容来源。如，天宁小朋友从杭州给大家寄来一封信，引起了大家对信的关注，并由此产生了一系列活动。孩子们通过亲自写信、寄信、收信来探索信件往来的过程。针对他们在这一过程中出现的疑惑，老师带孩子们参观了邮局，还把邮递员请到幼儿园给孩子们介绍邮政专业知识。这些活动不仅丰富了孩子有关信件传递的知识，还培养了孩子们的积极探索精神，提高了他们的主动交往能力。

（五）社会热点问题

一些社会热点问题往往会引起孩子们的关注，比如重大体育比赛、中国成功举办冬奥会、新冠疫情等，他们会围绕着这些话题，去探究原因，去参与评论。比如，现在各种广告充斥街头巷尾，影响到了孩子的生活。他们频繁地将广告语运用在一日生活的各环节中，表现出了对广告的浓厚兴趣，但广告知识的匮乏，又影响着他们对广告的理解与判断，于是这个社会热点便成了生成课程的一个内容来源。

（六）动植物与自然规律

变幻莫测的自然现象，千姿百态的动植物，无时无刻不在刺激着孩子的眼睛，引发他们的好奇心和求知欲。春天即将到来的时候，大同对窗外树上的鸟窝产生了浓厚的兴趣，只要有空就去看看有没有小鸟飞进去。几天之后，他让妈妈找人做了一个精致的鸟窝带到了幼儿园。原来，大同很长时间没有看见一只小鸟回窝，就以为是鸟窝太破了，小鸟不愿回来，所以给小鸟准备了一个漂亮的新家。其实，小鸟未回窝是我们熟知的“候鸟迁徙”现象。幼儿不了解这一现象，因此便“给小鸟准备新家”。面对这种情况，老师并没有急于把其中的道理讲给幼儿，而是开展了利用各种废旧材料制作鸟窝的活动。活动中，孩子们自发分工合作，每个人都用自己独特的方式表达了对小鸟的爱。有的在鸟窝上装了秋千，有的在鸟窝上安了烟囱、楼梯，有的还给小鸟配备了盥洗室……就在幼儿对小鸟表示出极大关注的时候，西城区环保局举行了“让鸟儿在什刹海地区安家”活动，孩子们成了年龄最小的参与者。通过宣传活动，他们明白了“冬天鸟窝里为什么没有鸟”的原因。接着，他们主动邀请一同参加活动的解放军叔叔来幼儿园，把自己做的鸟窝也挂在了树上。在做鸟窝、挂鸟窝的活动中，孩子们对候鸟迁徙规律有了简单的了解，“热爱动物、热爱大自然”的积极情感得到了有效培养。

（七）意外或突发之事

实施计划的过程中，如果有意外或突发事件发生，老师就应抓住教育契机，瞬间判断出突发事件的教育价值。如果该事件存在着有意义的教育因素，那么课程就生成了。因此，“意外或突发之事”也可以成为生成课程的内容来源。

对突发或意外事件的利用，对教师的专业水平提出了很高的要求，因为它要求教师在转瞬间对眼前事件的教育价值做出判断，并确定下一步的行动方案。不过，当教师难以在瞬间进行价值判断，或者虽然意识到价值的存在却还无法明确下一步活动的思路或框架时，可以先让幼儿就此事充分发表看法。这样做，既可满足幼儿主动参与的愿望，又可争取到一定的时间，进行周密的思考，逐步形成下一步活动的计划。

例如在“野鸭”项目活动进行的过程中，就发生了一件意想不到的事情。当孩子们兴奋地为做野鸭窝而做各种准备时，一夜大风过后，河面上漂浮着各种垃圾，每天都来此休息的野鸭也不见了踪影。“一定是小朋友的家长乱扔的！”“小河被污染了！”孩子们很气愤，纷纷议论着。怎么办？孩子们一致提出，“要告诉幼儿园所有的人，不能乱扔废弃物”，于是，制作野鸭窝的活动就改成了制作“爱护环境”宣传画的活动。孩子们画了“被污染的小河”“美丽的小河”等宣传画，塑封之后挂在了桥栏上，倡议所有的小朋友和家长要爱护环境。通过宣传活动，孩子们真切地认识到了保护环境与维持动物及我们人类生存之间的关系，他们在关爱小动物、爱护环境、树立环保意识方面有了一个很好的开端。

二、生成课程的内容构成

预设课程的课程内容一般是以成人设计为主导的，而且是较早设计好的，内容比较固定。那些依然在使用固定教材、教案的园所，尤其是使用省编统一教材的园所，其课程内容基本都是成人主导设计的，成人在设计这些课程内容时会遵循既定的教育理念、课程目标。几乎所有的幼儿园都有自己的办园理念，加之比较流行园本课程，很多园所都在追求自己的特色课程。在这种背景下，很多幼儿园会提前预设好符合自己办园理念、体现自己园所特色的课程内容。比如，某个幼儿园实施生命教育课程，一般会在开学前就把本学期生命教育的课程框架、课程内容做好预设。实施预设课程的园所，即便没有统一的教材、教案，教师自己也会提前撰写教案，然后按照教案来实施课程。一旦有了教材、教案，课程内容就会固定下来，一般教师在实施预设课程内容时就不会轻易临时改变课程内容。

生成课程的课程内容更多是随机生成的，一般是在追随幼儿当前兴趣的基础上延伸而来的，幼儿往往是课程内容的决策者，其内容一般会比较贴近幼儿当下的游戏、生活、学习及发展需求。这里有两个重要的特点需要关注，一个是当下性，另外一个是幼儿参与课程内容的决策性。

（一）与幼儿已学内容和主题结合

教师要密切关注幼儿当下对什么感兴趣、当下幼儿哪方面的能力需要提升。幼儿发展的需求会存在一定的年龄特点，成人可以预测一些课程内容。而当下幼儿的兴趣是什么，以及当下又存在什么样的课程资源，这是很难较早提前预设的。因此，生成课程的课程内容需要密切结合幼儿当下的兴趣爱好，需要有效地利用当下的课程资源。

比如，上午教师带领幼儿开展“吹墨画”的活动，因为有部分幼儿不小心弄脏了衣袖。发现这个情形后，活动临近结束时，教师与幼儿讨论决定下午开展一个“洗衣服”的活动。再比如，教师开展一个活动的过程中，突然一只蜜蜂飞进了教室，引起了幼儿的强烈关注。教师与幼儿针对蜜蜂开展讨论后，决定接下来的几天时间开展有关“蜜蜂”的小主题活动。这些都是基于生成而临时预设的课程内容，但是预设的时间都具有很强的当下性。

幼儿园生成课程的实施不是无中生有，也不是教师主观臆造的，应从当前学习的内容或主题中产生及延展。教师依据教育内容或主题，依据对幼儿认知水平的了解，充分地估计他们接触教学内容时可能出现的各种各样的可能性来设计一个大的框架，如：以节日为主题的，以“四季”“美丽的家乡”为主题的，既完成了《纲要》要求的教学内容，又根据幼儿的兴趣点、好奇心，因势利导，丰富完善了课程。

（二）与幼儿生活环境紧密结合

幼儿园环境对幼儿园的课程及其生成起着至关重要的作用。环境作为一种“隐性课程”，在开发幼儿智力、促进幼儿个性方面，越来越引起人们的重视。首先，幼儿不是消极被动地接受外界环境的影响，他们总是按照自己的兴趣、需要、知识经验、能力和意愿对客观环境做出选择性反映，并主动地与这些环境进行交互作用。教师创设的环境应适宜幼儿的年龄特点、身心发展水平、兴趣、能力、知识经验和认知水平，应充满童心童趣。其次，教师创设的环境应具有丰富性。环境里蕴含的信息量越大，对幼儿的刺激越强烈，越能调动幼儿主动去获取大量信息的积极性。因此，在幼儿园环境创设中要尽可能地体现出多元文化信息、能力经验、智力与非智力因素。最后，教师创设的环境应体现启发性。环境中所提供的信息刺激无论是形式上还是内容上，都要不仅能引起幼儿观察，还要能诱发幼儿利用这些信息进行积极思考和探索。

（三）与幼儿游戏活动结合

《纲要》中指出：善于发现幼儿感兴趣的事物、游戏和偶发事件中所隐含的教育价值，把握时机，积极引导。关注幼儿在生活中的表现和反应，敏感地觉察他们的需要，及时以适当的方式应答，形成合作探究式的师幼互动。课程内容是师幼共同建构的过程，更强调让幼儿参与到生成课程建设中，幼儿可以决定课程的发展方向与想要做的具体活动。即生成课程中幼儿是课程的主人。幼儿遇事多从兴趣出发，因此游戏能吸引幼儿的注意力，使幼儿各种感官积极活动，从而自发生成新的知识，创造出新的玩法，发现新的问题，如："区角游戏""春游""沙水游戏"等，教师要及时根据幼儿提出的问题来引导幼儿探求未知的世界，满足幼儿的兴趣点、求知欲和好奇心。

（四）与幼儿生活社会环境结合

幼儿园、家庭、社区都有丰富的教育资源，这些都是幼儿熟知并和日常生活中息息相关的，是每天都会遇到的人和事，应充分地加以利用，并进行有机整合。如主题活动"我的家""我周围的建筑""小区里的宠物""交通工具"，通过情景、游戏等方法，让幼儿学会与人交往的礼仪、规则、行为规范等，以提高他们的社会适应能力，培养幼儿与他人、与自然的和谐关系。

需要特别注意的是，就像生成课程的课程目标一样，生成课程的课程内容也需要进行提前预设，但是一般不会很早预设好。认为生成课程是"踩着西瓜皮，滑到哪是哪"是错误的。一般是针对当下班级所发生的情形对生成课程的课程内容做个预设，预设的内容比较粗略，不会像预设课程的课程内容那么详细、具体。综上所述：幼儿园生成课程中内容组织是落实《指南》要求最有效途径之一，它最大的优点是能够调动幼儿学习的积极性，让幼儿学得更生动、更有效，有利于发展幼儿的主体性，培养创新人才。

第四节　课程实施

一、课程的实施策略

幼儿课程实施是一个动态的过程，它不是简单地执行课程计划，实施本身是对课程的一个再创造，是实施者根据幼儿实际情况对课程目标、内容和方法进行调适和再创造的过程。没有创造性地实施，课程设计可能只会停留在书面上。怎样有效实施课程的策略，应做到以下几点。

（一）以循序渐进的提问促进幼儿的深度学习

提问是一门科学，是一种教学艺术，是提高教学质量的有效手段，也是教学过程中的一个重要环节。好的提问能调动幼儿的学习积极性，发挥幼儿的思维、想象、创造力。“问题提得好，就像一颗石子投入平静的水面，能激起幼儿思维的浪花。”陶行知说得好：“发明千千万，起点是一问。”教师有效提问是指教师根据课堂教学的目标和内容，在课堂教学中创设良好的教育环境和氛围，精心设置问题情景，提问有计划性、针对性、启发性，能激发幼儿主动参与的欲望，有助于进一步培养幼儿的创造性思维。在幼儿的学习中，提问能起到激发兴趣、促进思维、发展语言等作用。因此，我们在教学活动中要讲究提问的策略。

1. 目前教学活动中提问的误区

（1）以为多提问就一定是启发性教学

启发式教学的本质内涵是受教育者在教育者的启发诱导下，主动获取知识、发展智能、陶冶个性、形成完美人格的过程，其目的是建构和塑造受教育者的主体性，使他们爱学、会学。但是许多教师却简单地把问答式教学等同于启发式教学，轻易地认为语言活动中的提问就是启发式教学。这就导致提问越多，越容易使自己的主导地位发生变化，由主导变为主体。此外，如果这种情况长期下去，幼儿对教师会产生依赖，幼儿不愿意也无须动脑筋，最终会导致幼儿的问题意识丧失。这就要求教师要正确认识提问的功效和作用。

（2）所提问题层次偏低

教学活动中教师提问的目的是促使幼儿积极思考，但作为教师其自身也应该思考这样的问题，自己提出的问题是否能激发幼儿的思考，在什么程度上激发了幼儿的思考，因为不是所有的问题都能激发幼儿思考。如：“对不对？”“是不是？”“好不好？”等问题，幼儿无须思考就能直接回答。缺乏置疑和认知冲突，以简单集体应答取代幼儿深入的思维活动，形成幼儿思维的虚假活泼，这样的提问存在不平等状态。

教学中的每一个幼儿都是平等的，他们应该享受平等参与活动的权利和机会，教师理应保证和利用好每一个幼儿的这种权利和机会。但是在实际教学过程中，教师习惯请“能干”的幼儿回答，用“能干”幼儿的思维代替全班幼儿的思维，这样会使很多幼儿失去信心，使他们成为教学活动中的“边缘人”。

2. 提问在活动中的意义

让幼儿有话想说、有话敢说、有话会说、有话能说。

（1）猜想式提问

教师可借助一些故事情节或者教具等让幼儿猜想，幼儿的思维会马上被调动起来，会通过观察图片或者实物等，运用已有的知识经验，通过分析、综合，寻求最佳答案。这可以让幼儿积极动脑，增强其参与意识和自信心，充分提高幼儿的创造性思维能力。

（2）开放式提问让幼儿敢说

教学的提问要把握幼儿感兴趣的话题，引导幼儿展开讨论，让幼儿以符合他们思维特点的表达方式为中介去表达自己的感受、意愿、思想，从而体现提问的开放性，也就是变单一问题为多样性的问题。不要总是提问那些只有固定答案的问题，要多问一些答案丰富的问题，不怕孩子答错，让幼儿敢说，不怕说错。

（3）递进式提问让幼儿喜欢说

递进式是一种循序渐进、逐层深入的提问方式，着重培养幼儿思维逻辑性，增强思维活动的密度和深度并形成完整的语言，对幼儿有一定的挑战性。由浅入深的提问，不仅开阔幼儿的思路，还有助于提高幼儿的语言组织能力和连贯表达能力。因此不能设计一些过于简单、琐碎、缺乏思维价值的问题。这样不但激发不了幼儿思维的积极性，反而会使他们产生思维的惰性。要推陈出新，形式多样，不要只要求标准答案式的提问。

3. 提问策略

（1）提问的设计

首先，提问要讲究层次性。如针对图画可以设计三个层次的提问：第一层次——观察画面，描述画面；第二层次——理解画面，进行画面外的想象，引导幼儿发现前后画面的联系；第三层次——不仅对画面进行详细连贯描述，而且注重对其中的因果关系做出判断与分析。其次，根据故事特点设计提问。以故事、人物情节为发展线索的，可以设计一些推理性提问，着重培养幼儿通过观察图画和认识画面中各种事物的变化与联系来推测故事情节的发展。当故事发展到高潮时，可以设计一些假设性、创造性的提问，以发展幼儿的创造力和提高幼儿解决问题的能力。以生活现象为主、图画内容之间是平行性的，可以设计一些综合性的提问来拓展话题。故事中蕴含道德评判标准的，可以在读完故事后设计一些评价性提问，以挖掘图书中的教育价值。

（2）提问的组织

有了精心设计的提问还不够，关键还在于组织阅读活动的过程中，教师应根据幼儿的学习情况进行有效的组织和引导。

提问应面向全体幼儿。教师应在调动全体幼儿集中注意力后紧接着提出问题，以便全体幼儿都能认真思考。应根据幼儿的认知心理特点，指导幼儿抓住画面的整体特征，让幼儿从整体上感知、了解画意，然后再引导幼儿抓住重点特征仔细地观察图画，在此基础上引导幼儿了解每幅图画之间和图画中事物之间的关系，以及图中事物与全图之间、单幅图画与整体画面之间的联系。此外，在引导幼儿观察图画的过程中，要注意激发幼儿的想象，使其思维活跃起来。

不同难易程度的问题要由不同发展水平的幼儿来回答。如，描述性提问一般采用集体回答或是由发展水平居下的幼儿回答。当幼儿回答得较为发散时，教师可以用手势提示幼儿举手一个一个地来表达。分析性的提问一般由发展水平居中的幼儿回答，综合、评价性的问题则由发展水平居上的幼儿回答，教师对幼儿的回答给予积极引导和总结评价。教师提问后，要注意运用恰当的表情“反馈”幼儿的回答，鼓励幼儿大胆说出自己的想法。总结评价时，教师则应注意肯定或否定性评价用语的恰当运用。否定时不应全盘否定，要注意给幼儿以鼓励。肯定和表扬时则要注意启发幼儿进一步思考，调动幼儿继续学习的愿望。

（二）吸引多方参与——家园合力促进幼儿的深度学习

《纲要》中指出：“幼儿园应与家庭、社区密切合作，与小学相互衔接，综合利用各种教育资源，共同为幼儿的发展创造良好的条件。”“家庭是幼儿园重要的合作伙伴。应本着尊重、平等、合作的原则，争取家长的理解、支持和主动参与，并积极支持、帮助家长提高教育能力。”家庭教育和幼儿园教育作为幼儿成长过程中的两支重要力量，各具优势不可替代。扬州大学第一幼儿园作为首批省级示范园、省级示范家长学校，园内家长素质较高，资源优势明显，结合省科研课题“3~6 岁幼儿亲子活动指导策略的研究”，幼儿园在深入挖掘并合理利用家长教育资源的同时，尝试让家长与幼儿园的资源有效整合，收到了良好的效果。

1. 达成共识

家长资源的开发与利用是教育发展的大趋势。教育改革使教育从封闭走向开放，从阶段性教育走向终身学习，形成了社会、家庭、教育机构、社区等各方力量共同支持与配合的大教育观。家长是我们的合作伙伴，是重要的教育资源。儿童的健康成长要求家长必须要积极承担起自己的教育责任，家园合作教育已经成为教育发展的趋势，并发挥着积极的作用。但在实践之初，家园双方对这个问题都存在不少的误解。

第一是对家园共育的认识不清。部分教师认为：平时的工作就够忙了，哪有时间做这个工作，认为家长工作是负担。一些家长认为：我把孩子交给幼儿园，教育就应该是幼儿园的事，可老师让我们极力配合幼儿园做这做那，是在减轻老师负担、推卸责任。

第二是相互了解不够。老师对家长的实际情况了解不够，对家长的资源不能合理利用，也不了解家长真正需要什么样的信息，想得到哪些帮助。而很多家长不清楚幼儿园的教育目的和内容，只是作为“旁观者”听之任之，毫无参与的热情，更有甚者认为“多一事不如少一事”。

第三是沟通方法不当。教师与家长之间缺乏真正意义上的沟通和交流，命令和任务式的口气会令家长不悦甚至产生负面情绪，会使双方都消极对待。教师偶尔碰上“不够配合”的家长，会心生怨气，从而影响工作情绪。解决以上矛盾，首先要从思想认识上入手，帮助家长理清家园共育的重要性和必要性，从而达成共同教育孩子的共识。其次，通过专家讲座、家长会、家园共育栏等多种形式宣传和介绍幼儿园近期、远期的教育内容和目标，让家长在参与活动时做到心中有数并能有效配合。最后，就是发挥家长资源中的优秀典型代表和“积极分子”的作用，以点带面带动全班、全园共同参与到家园共育之中。

2. 理清思路

充分挖掘家长优势教育资源。通过有针对性的家访、接待来访、调查问卷、家长报名等方式，幼儿园逐步建立起家长信息档案，经过数据分析和整理，家长优势资源共分成四类，有效补充了幼儿园教育资源的不足。

第一是职业优势。幼儿园的家长有十分广泛的职业范畴，来自各行各业的家长是幼儿认识社会最直接、最亲密的窗口，家长合理介入能让幼儿的学习兴趣得以激发，收到意想不到的教育效果。

第二是个性优势。幼儿园依据每位家长的兴趣、特长等个性优势，推选出班级“助教员”“宣传员”“联络员”“保障员”“智囊团”等，由他们牵头并组织家长参与到幼儿园的各项活动之中，家长间的沟通会更为直接，互动效果更好。

第三是家庭教育优势。因为家庭构成、家长素养和教养方式的不同，所以形成了风格迥异、各具特色的家教类型。发现幼儿身上不同的优点并将优势家庭教育资源变为共同的教育资源加以推广和利用，可达到教师、家长、孩子共同提高和受益的目的。

第四是祖辈的优势。祖辈的资源优势是一支不容忽视的力量，他们大部分已退休在家，时间充裕，在活动中不计时间和得失，干劲十足，而且表现出更高的热情和执着，同时兼有年轻一代少有的细心和耐心，让活动显得更为温馨和融洽。

正因为有了这样悉心的分类和整合，所以幼儿园在开展各类活动时，可以围绕主题合理分配人员，让活动开展起来更为有序和有效，家长也成了共育中不可或缺的重要成员！

（三）预设与生成相结合，促进幼儿的深度学习

幼儿园课程的预设与生成课程（呼应课程）既不是教育者预先设计好的、在教育过程中不可改变的僵死的计划，也不是儿童无目的、随意的、自发的活动。

1. 幼儿园课程预设与生成的统一是对现代课程观的一种超越

长期以来，由于我国的计划经济体制及与此相应的中央集权的课程管理模式，在课程实施的过程中，教师基本上执行的是一种提前预设好的课程，它有预先制订好的完整的课程计划，安排好了课程的目标、内容、进度，分配好了每一个课时，甚至有的课程计划把每周、每天以至于上下午要做的每一个具体活动都安排好了。课程计划有详尽的、具体的、可操作的目标，课程实施的每一步都做了明确的规定。教师所要做的就是严格地执行计划，根据既定的方案，引导儿童如计划中那样活动一番，以达到预想的目标。当然，教师在执行计划的过程中也会做一些小的变动，但课程计划的基本思路、基本内容、基本程序是不变的。

美国太平洋橡树学院的约翰·尼莫教授认为传统的预设课程把课程的每一步骤和细节都考虑好了，教师所要做的就是打开课程说明，按照计划，一步一步地把课程呈现出来，所以形象地把这种课程称为“罐头课程”。针对罐头课程，尼莫提出了“生成课程”（emergent curriculum）概念。20 世纪 90 年代，来自意大利瑞吉欧的方案课程风靡了世界，其独特的教育哲学与崭新的课程理念曾影响了世界上的幼儿教育，我国的幼儿园课程变革也在融合其合理的、先进的课程理念的基础上进行。接触过瑞吉欧方案课程的人都深深懂得，他们的课程是一种计划性与随机性完美结合的课程。用他们自己的话来说，即课程是“三分之一的确定与三分之二的不确定与新事物”。

所谓三分之一的确定主要是对儿童发展的一般规律、教育基本原理的把握，是老师心目中不变的激发儿童的潜能，发展创造力、促进儿童发展的目标定位。它作为灵魂和宗旨贯彻于课程活动的始终，成为教师选择儿童兴趣点、组织和鼓励儿童学习、准备学习环境等重要决策的依据。而三分之二的不确定与新事物又使教师们时刻在观察、倾听，在思考、探索，在寻找、反思，在回顾与互相讨论，以便及时应对课程的变化，对原有的课程计划进行修改、补充，调整所采用的策略。就像马拉古奇所说的，目标很重要，不会消失在视线中，但更重要的是达成目标的理由与方式。因为瑞吉欧的教师认为，儿童是以螺旋式的方式建构知识，而不是以直线式或阶段式的方式进行的。所以课程的计划不是一成不变的。因此，瑞吉欧的课程计划是“外出旅行时的指南针，而不是有固定路线和时刻表的火车”。也即，课程的预设计划只是课程的指南针，起宏观作用，至于如何实施、如何达到促进儿童的发展在课程上则没有固定的、死板的路径。因此这样的课程是计划性与随机性、确定性与不确定性的有机统一，这样的课程不仅使教师做好了支持、引导儿童学习与发展的准备，而且为儿童的参与，为课程的发展，为那些不期而至的教育契机留下了足够的空间。的确，20 世纪 90 年代以来，后现代课程观所强调的课程的动态性、过程性，师生互动的共同建构性对世界性的幼儿教育都发生了深刻的影响，瑞吉欧的生成课程作为后现代课程的特征与产物，是对现代预设课程的一种反思、继承与超越，它继承了现代课程的规划性、目的性，超越了它的僵化性，并赋予了它灵活性、生成性。90 年代我国的幼儿园课程变革也充分吸收与融合了其合理的课程理念，所以当前在我国幼儿园课程领域，不论是课程的理论工作者，还是幼儿园一线的教师，都在理念层面上认同了课程的预设性与生成性的统一。

2. 当前幼儿园课程实践在预设与生成上存在的问题

当前，在幼儿园课程实践中，教师虽然对课程预设与生成在理念上有了一定的理解与认同，但对生成的课程还存在诸多疑问，在实践中出现了一些亟待解决的问题，课题组由于经常在幼儿园听课做课题，发现最常见的问题主要如下。

（1）指向预设课程的活动不是幼儿当前感兴趣的活动

一些符合幼儿当前需要的、幼儿感兴趣的活动却不是教师预设的活动。如教师预设的活动是关于“瘦西湖”的主题活动，但由于第一天晚上铺天盖地的关于神舟五号宇宙飞船的报道，孩子们谈论多的、感兴趣的却是火箭的发送、宇航员杨利伟……

（2）由于教学时间的限制，孩子们不得不离开感兴趣的活动而去从事另一项活动

如：一次体育活动中，孩子们发明了一种“滚瓶子跑”的比赛，边跑边推动灌了水的可乐瓶，看谁先到达终点。比赛中孩子们发现，有的小朋友的瓶子滚得又快又直，有的则总往一边斜，有的甚至干脆在原地打转。这是为什么？体育活动结束了，可孩子们的问题却一个接一个提出了，并且出现了各种猜测和讨论。可是，接下来的活动却是“认识磁铁”……

（3）在当前的课程活动中，孩子在回答问题时的一些因素导致教学发生了变化

如：一次大班集体教学中，教师出示了一张画着一只老虎在追几只兔子的图画，请小朋友想办法帮助兔子。一个小朋友说：“赶快给猎人打电话，让猎人来打兔子。”一个男孩子马上站起来反对：“不行，老虎是一级保护动物，不能打！兔子还不是一级保护动物呢？连二级也不是！”“对，应该让老虎吃一只兔子，不然，老虎会饿死的。”另一些孩子也附和。这一下班里就像炸开了锅，孩子们的情绪一下子高涨起来，围绕“该不该让老虎吃兔子”的辩论热烈地展开了。这时老师大声喊道：“好了，好了，都别争了，咱们刚才的任务是什么来着，想办法帮助兔子！我看谁的办法好！张伟，你来说。”教室里的声音小了下来，但争论并没有停息。

挑起论战的孩子一直在嘟囔：“老虎是吃肉的，必须吃小动物，什么都不让吃还不饿死了，怎么保护……”

我们在幼儿园的课程教学中经常会看到类似的例子，在这样的情况下，教师通常又是如何处理的呢？尽管教师也看到了孩子们的兴趣，但还是不得不努力进行扭转，使教育活动趋向于预定的计划与目标。因而教师自觉不自觉地扮演了一个十分奇怪而且尴尬的角色：一方面，采取置之不理、转移注意力或空许愿（“这个问题咱们以后……”）的策略，压制幼儿已经表现出来的对某个问题或事物的探究欲望、兴趣；另一方面，又必须想方设法调动幼儿对预设课程的积极性，以实现预定目标。而实际上，被压下去的兴趣所指向的活动同样对幼儿的发展有价值。对于教师来说，他们也知道幼儿的有些想法很有意思、很有价值，但由于担心原有的预设课程计划不能完成，目标不能达到，只好有意无意地忽视或排斥孩子不合乎原定预设计划与目标的问题与想法。还有的教师虽然也愿意给幼儿一些自由探索的时间，但常常怕完不成预定的计划，所以给予幼儿的时间很短，幼儿

在进行活动时只能蜻蜓点水，点到为止。

3. 实现幼儿园课程预设与生成的统一的方法

我们长期以来完全围绕预设课程展开教育活动，教师把课程设计的着眼点放在了预设的计划与目标上，而忽视了丰富、生动的教学情境的变化，忽视了幼儿真正的兴趣。教师心中有了目标，眼中却没有了孩子。在这样的课程中，预设目标、计划成为一切，甚至可以不顾孩子的兴趣与需要，这是不符合我们所倡导的课程理念的。

其实，课程的预设与生成并不是一个需要舍此取彼的问题，而是二者如何整合、统一的问题。预设的课程有它的优势，计划性强，能更明确地指向课程的目标，对教师来说也轻车熟路，便于驾驭。但预设的内容大都建立在成人主观预测的基础上，对幼儿而言不一定是最适合的、最有成效的。而生成的课程是建立在对幼儿的仔细观察上的，因而更符合幼儿的兴趣与发展需要，更能调动幼儿参与课程活动的主动性、积极性，更能有效地创造幼儿的最近发展区。但限于幼儿的认知发展特点和不同幼儿兴趣的多样性，教师生成的课程有时往往带有一些不确定性与零散性，要把这样的偶发性内容有机地融入课程计划中，指向幼儿系统的长远的发展，教师需要具备很高的素质和很强的能力。

而且，在一个班容量相对较大的班集体中，幼儿之间不同的兴趣点会生成不同方向、不同内容的课程，这也给教师的指导与环境创设带来诸多难以解决的问题，如果把握得不好，很有可能会陷入自由混乱的状态。因此，在当前的情况下课程需要预设与生成的统一。那么如何解决在课程实践中所出现的上述问题呢？

（1）对幼儿的兴趣点进行判断并赋予价值

瑞吉欧教育的创始人马拉古奇曾说："孩子是由一百种组成的。孩子有一百种语言，一百双手，一百个想法，一百种思考、游戏、说话的方式……"孩子是由一百种组成的，因而他们感兴趣的事物很多，但仔细分析我们会发现，有一些是对他们的发展有价值的，而有一些是没有价值的。教师不能被幼儿的兴趣牵着鼻子走，但也不能无视幼儿的兴趣，而应首先判断幼儿的兴趣中是否具有能够促进幼儿发展、有利于达成课程目标的价值。有时我们很容易地立即看出其价值所在，但有时幼儿的某种兴趣对他们发展的价值是内隐的，需要教师从中挖掘有价值的目标与内容。如前文谈到的"老虎该不该打"的问题就具有很高的教育价值，它使幼儿更加关心生态保护的问题，其价值甚至比预设的还要高。"关于神舟五号的发射"对于幼儿的发展价值也是很高的，与预设的主题"瘦西湖"并不矛盾，可以穿插进行相关的活动，培养小朋友爱祖国、爱家乡的情感，树立“我是中国人真自豪”的美好情感。如此就可以及时生成。但有些情况下，有些突然出现的事件价值并不高，幼儿的兴趣点持续时间很短暂。如一次活动中，老师与幼儿正在进行关于“秋游”的谈话，这时一位幼儿家长提着一个大的生日蛋糕推门进来，小朋友们高兴地拍起手来，嚷嚷道：“露露过生日……”孩子们很是高兴、兴奋，但并没有太激烈的谈论，也没有引起长长的兴趣链。老师巧妙地把话一转，于是原来的谈话活动有条不紊地继续进行。

（2）随幼儿有价值的兴趣点展开活动

生成新的目标与计划，将其在不同时间予以兑现。首先，随时的生成可以在预设计划已设计好但未展开时兑现。如教师预设本周让幼儿认识“瘦西湖”的景点，但发现孩子们对神舟五号特别感兴趣，教师完全可以改变计划，生成新的活动。其次，教师可以在预设计划实施过程中兑现。如果教师在进行预设课程计划过程中发现了幼儿的兴趣点，则可以通过即时的价值判断决定是否从幼儿的兴趣出发展开活动，若判断有价值，教师完全可以抛弃原来的计划即时生成活动。所以当教师发现孩子真正感兴趣而且有价值的事物或发现原定的活动时间、进度不符合课程实际情况时，要大胆打破原来的计划，调整课程活动内容。最后，教师还可以在预设课程计划完成之后立即兑现。当幼儿提的问题出乎教师的预料而又具有价值，并表达了孩子的兴趣、需要，但主客观条件不允许立即放弃原有的计划时，教师要针对当前幼儿感兴趣的活动做出许诺，等预定课程完成后接着开展活动，以满足幼儿进一步探索的欲望。

（3）随幼儿的需要生成活动

在教师一日的活动中，常常会出现极好的教育契机，而这些契机也许是与近期目标无关的，但它能够体现幼儿的需要，并且给教育活动创造极好的时机与条件。如：一次老师正在户外组织科学活动“春季”，忽然一只蝴蝶飞了过来，孩子们的视线一下子都转移了过去。“快看小蝴蝶，多漂亮，多好看！”孩子们喊着，追着，兴奋地拍着……按照传统教学的思路，这时要不把孩子们的注意力从蝴蝶那儿拽回来，完成既定的预设课程是不可能的了。但是老师抓住了孩子们的兴趣点，及时生成了一个极好的教学活动“蝴蝶”。所以生成性的课程既反映了幼儿的生活、幼儿的经验、幼儿的兴趣，也凝聚了教师对幼儿的充分了解和研究。它是在幼儿与教师的互动中形成的，所以生成性的课程是动态的、不确定的、开放的。它需要教师放下权威，在充分观察幼儿的基础上，依靠对幼儿的了解及以前的经验，对将要发生的事情提出种种假设，依赖这些假设，形成灵活的、适宜幼儿需要和兴趣的目标，从而对活动过程做出决策，不断调整自己的设想和计划，与幼儿共同创造奇迹。

总之，课程的生成性要求教师不能死板地追随计划，而是要追随幼儿，依据自己对幼儿的细致观察，从他们的活动中敏感地捕捉蕴含于其中的价值，给予及时而适当的引导。这就要求教师熟悉课程教学活动，心中时时要有目标，眼中处处要有孩子。在观察幼儿的基础上，多考虑几种假设，为幼儿的参与、为课程的发展、为那些不期而至的教育契机留下足够的空间，使课程寓于过程之中，寓于生成之中，寓于师幼的互动之中，从而达到预设与生成的统一。实际上，生成课程的出现在一定程度上也表明了预设课程的局限性并弥补了其缺陷。

二、基于深度学习向度的课程实施例证

发生在饲养角里的故事

（该案例由扬州市广陵区育才幼儿园文昌园房祥梅老师提供）

作为一种感受、了解和关爱生命的活动，饲养活动是符合幼儿天性的，它既是幼儿获得有关饲养动物经验的重要途径，也是幼儿园课程实施的重要途径，因此，我班在自然角里养了几只小乌龟、小金鱼。

（一）聆听孩子的心声——课程发现

今天轮到第三组的孩子们去自然角照料植物和小动物，几个孩子商量好在餐后散步的时间去。吃完饭他们来到自然角，豆豆和扬扬给植物浇水；涵涵和小米清理掉下来的枯叶子；小毅选择给小乌龟喂食，他一边喂一边对小瑞说：“哎，每天只能看看小金鱼和小乌龟，真没意思，一点儿都不好玩。”一旁正准备给小金鱼换水的小瑞听了，立刻放下手里的水盆，兴奋地说：“是啊，是啊！我也不喜欢每天只看看小乌龟和小金鱼，一点儿都不好玩，要是能养只变色龙就好了，我真想养变色龙，我家里之前就养过，可惜后来死了，我多想再养一只啊！你呢？想养什么？”“我想养蝈蝈，以前我公公家养过，叫声非常好听，像在唱歌。”其他几个孩子听到后也走了过来。欢欢说：“自然角里花和植物多，要是能再多一些小动物就好了，我想养小兔子。”孩子们的对话引起了我的关注，自然角自创设以来，饲养的小动物种类确实很单一，孩子们也只是偶尔去看看，很难培养孩子们的责任心、爱心和观察能力。

针对这一情况，我们开展了课程的第一次集体讨论：要不要单独创设一个班级饲养角？结果很一致，全班幼儿都想设立。

（二）支持孩子的兴趣——课程设置

《指南》中指出幼儿科学学习的核心是激发探究兴趣，体验探究过程，发展初步的探究能力，充分利用自然和实际生活机会，引导幼儿通过观察、比较、操作、实验等方法，提高发现问题、分析问题和解决问题的能力。在这个年龄段，生命科学教育是非常重要的。

在创设的时候，我们应该更加注重其趣味性、观察性及可操作性，争取让饲养角里的活动成为孩子们日常生活中的一种常态、一种习惯。孩子们每天都能自主地进行观察、探究及照料。在这样一个动手的过程中，孩子们能够轻松愉快地学习并积累一定的知识经验，体验劳动中的那份快乐，从而能够乐此不疲，感受生活的丰富多彩。

问题 1：开展饲养活动首先要创设良好的饲养环境，班级饲养角创设在哪里比较合适？

扬扬：布置在图书区那里吧。

然然：不行！不行！那里太挤了。

豆豆：教室门口的玩具柜上可以吗？

小毅：也不行，你想想我们每个人想养的小动物都不一样，这么多肯定放不下啊！

桐桐：教室里不合适，我们可以把饲养角布置在教室走廊里。

这是个好主意，大家都表示同意！

问题 2：地方选好了，我们如何布置饲养角，需要准备哪些材料？

晨晨：需要绿色的人造草坪，记得我们在一楼的时候见保安叔叔用过，我们可以去找找。

小冉：把我们带来的多肉放一些在人造草坪上做装饰，也可以给小动物们欣赏。

然然：对哦，建筑区有好多红酒盒子，我们可以用它来装多肉，我在妈妈的手机上看到过红酒盒子创意盆栽。

兜兜：教室里有两个花架，我觉得可以放一个在走廊上，再在走廊上放一些小的饲养盒子。

说干就干，孩子们一起动手，饲养角布置好了。饲养角改造前后如图 6-2 所示。

(a) 改造前，教室门前的走廊　(b) 孩子们一起动手　(c) 改造后

图 6-2　营造温馨的小动物之家

问题 3：饲养角里养什么小动物合适呢？

饲养活动除了能帮助幼儿了解动物的外形特征、生活习性外，还能丰富幼儿对动物与植物的关系、人与动物的关系、动物与天气的关系等的认识，也能增强幼儿的责任意识、任务意识、合作意识，提高幼儿的服务能力。具体的调查表如图 6-3 所示。

图 6-3　调查表

（三）顺应孩子的需要——课程实施

“一日活动皆课程”，在饲养活动中，我们的课程计划涉及一日活动的各个环节，早晨孩子入园的第一件事就是观察自己的小宠物，对于早上未能完成观察任务的孩子，他们会把计划调整到过渡环节、自主活动、区域活动等。孩子们制作的饲养课课程表如图 6-4 所示。

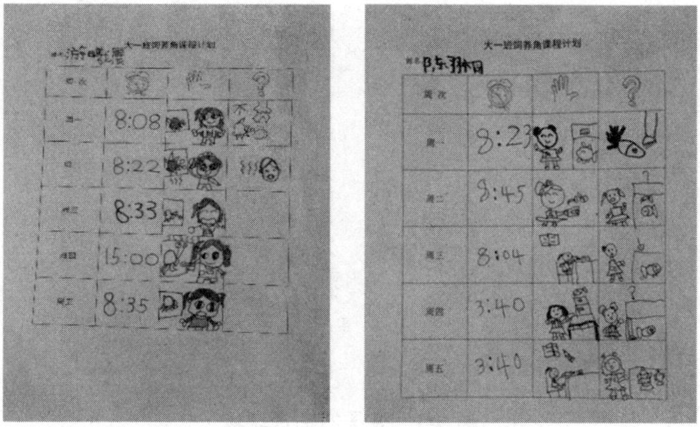

图 6-4　饲养课课程表

（四）随机“生成”中的“生成”——荷兰兔越狱

在这里和大家分享一个案例：“荷兰兔越狱”。因为这个活动是一个偶发性活动，它打破了这一天的活动安排，所以当时老师就在想：今天的活动该怎么办？是本着就安慰、满足孩子的需要带着孩子找一找，找不到只好作罢，还是真正地抓住这次活动契机，在满足幼儿兴趣的基础上，生发一课来调动幼儿的各种感官和经验，支持孩子的深度学习？经过和孩子们的商讨，我们决定把今天的活动目标定为找到荷兰兔，于是我们调整了活动计划。首先是集体讨论交流。

问题 1：荷兰兔为什么走了？它是怎么跑出去的呢？

贝贝：它一定是想妈妈了，去找妈妈了。

欢欢：它可能是饿了，出去找吃的了。

小雨：笼子好好的，也没坏！难道是小偷？

言言：不可能，保安叔叔在门口，不会让小偷进来的。

桐桐：你们看，这个门有些松动，它可能是用爪子提起这个小门，然后跑了。

小侦查员们开始勘查现场，如图 6-5 所示。

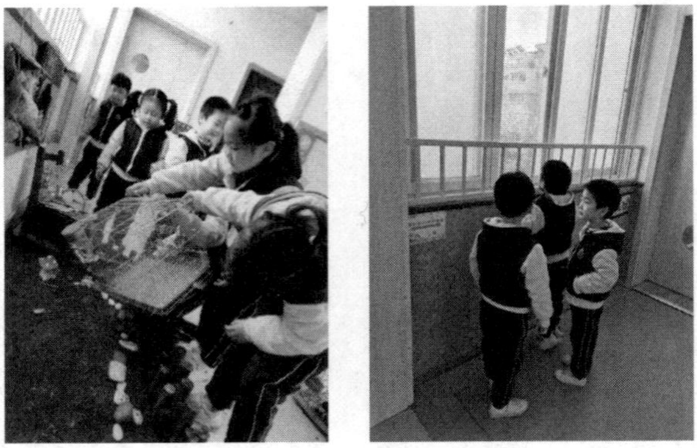

图 6-5　孩子们勘查现场

问题 2：幼儿园这么大，我们去哪里找呢？

集体交流：去哪里寻找荷兰兔？

接下来分组活动，根据孩子画出的寻找图，进行了小组活动，分成六组开始寻找荷兰兔。在分散活动中，我们班级三位老师各带一队，园长妈妈也参与到活动中亲自带队一同寻找。

功夫不负有心人，真的找到了，我们在二楼平台上发现了荷兰兔。就在大家还沉浸在找到荷兰兔的喜悦心情中时，早操的音乐响起了，要做早操了。这时问题又来了，做还是不做？有孩子问："我们要不要做操啊？""不能做，万一我们走了，荷兰兔又跑了，我们就找不到了。"考虑到孩子迫切想营救荷兰兔的心情，我们和孩子商定好今天的早操不做，等把荷兰兔救上来，再利用午睡后的时间做操。

问题 3：小组活动——如何营救荷兰兔？

二楼平台的窗户装有防盗窗，人是无法直接过去的，怎么办？如何营救兔子？

营救方法一：用衣架和绳子绑上兔子爱吃的青菜、胡萝卜（以失败告终）。

营救方法二：保安叔叔架梯子爬上二楼营救兔子。

营救方法三：用网兜加兔粮的诱惑来营救。

10：50 荷兰兔被成功救出，我们的活动目标也在这一刻实现，孩子们的脸上流露出的是满足和喜悦。由此，老师也深深地感悟到：根据孩子的需要弹性安排一日活动是可行的、需要的。教育活动不能拘泥于活动形式，集体活动、小组活动、个别活动等灵活安排，更能激发幼儿主动探索，凸显幼儿的经验，使幼儿在探索发现与合作交流的基础上获得各种经验。

（五）追随幼儿的脚步——课程体验

荷兰兔入住饲养角的第一天，孩子们非常喜欢它，轻轻地抚摸它，跟它说话。这时候汐汐说："这个小兔子叫什么呀？"对呀，还没名字呢！于是取名仪式开始了。我们利用晨间谈话的时间，分成五个小组分别为荷兰兔取名，最后大家进行投票决定荷兰兔的名字。

第一组："叫奥利奥，因为它身上有白有黑，像奥利奥饼干。"（6 票）

第二组："小名叫兔兔，大名叫荷兰兔。爸爸妈妈给我们取小名就是最后一个字。"（5 票）

第三组："叫乐乐，希望它在幼儿园每天都快快乐乐的。"（5 票）

第四组："叫兔乖乖，我们是根据儿歌《小兔子乖乖》取名的。"（7 票）

第五组："叫小爱，我们会好好照顾它，爱护它。"（10 票）

最后"小爱"获得的票数最多，一共 10 票，于是我们的荷兰兔就有了它的专属名字"小爱"。

区域游戏时孩子们会选择进入饲养角进行观察，他们用数字、符号、图画在表格、便笺中记录小动物的喂养情况，如：喂了什么食物，动物的精神状况，大小便次数、形状，等等；他们还用画面直观地记录动物的生长变化情况、运动方式等。这些记录是幼儿经验提升的素材，也是幼儿之间沟通的中介，还是幼儿表征能力不断提高的途径。

教师还将观察记录与交流分享结合起来。在完成观察记录后，孩子们利用过渡环节、自主活动、离园活动分享自己记录的内容，交流自己的记录方法和饲养经验，进一步增强了幼儿语言的表征能力。

刚开始孩子喜欢用制作小海报的形式归纳总结一周的观察发现，在孩子们都学会的基础上，接下来我们将换一种更科学的图表记录方式，以便在实践中看到孩子发展的轨迹。

总之，以一日活动为明线，以幼儿的兴趣为起点，以幼儿的学习发展（经验的横向拓展和纵向拓展）为主线来整体性地组织和实施课程，至于方式方法和载体，我们认为怎么都行！

饲养角里的故事每天都在发生："大田螺有眼睛吗？""宠物虾不动的时候是在睡觉吗？""蜗牛在爬行时会留下透明的黏液，这些黏液是什么呢？有什么作用呢？"我们和动物的故事还在继续，期待着我们的孩子通过观察发现更多，学到更多。

（六）促进孩子的发展——课程价值

关于班级创设饲养角我们有了一个新的方向，那就是在寻找问题、解决问题的过程中，不断地推进自身的专业化成长。如何与课程紧密结合，发挥饲养角的最大教育效能，让孩子在富有生命力的环境中获得认知、发展能力、增加情感体验，也将给我们带来后续的思考。如何让饲养活动成为真正的课程，幼儿在饲养角探究中的主体地位的策略，教师对饲养角的有效指导，指导中又有哪些目标和原则……这些问题都需要我们去探究。我们坚信只要不断深入探究，将内容与课程相结合，创设饲养活动就一定能成为真正的课程。

班本活动“船”

（该活动由扬州大学第一幼儿园胡月老师提供）

（一）活动背景

今天孩子们将周末在家与父母共同完成的手抄报《我和运河》挂在走廊的墙上，其间听到不少孩子在轻声交流。

蒴蒴：“我在东关古渡看运河时遇上了花船表演。”

治瑞：“我也看到花船一艘艘地从我面前开过，扬州号、南京号、淮安号……”

梓伊：“哇，我最喜欢船了，小时候阿公经常抱我在渡江桥旁看船，我一直都害怕它们会沉下去。”

镇维：“哈哈，不会的，船是不会沉下去的。今年暑假我爸爸妈妈带我一起坐游轮去旅游，在海上我看到一艘海轮载着一列好长好长的火车。”

此时，有的小朋友发现了一直站在旁边听的我，就纷纷过来问：“老师，那艘船真的能载火车吗？”“火车是铁造的，那船会沉下去吗？”“船是怎样制造的？”我发现幼儿生成的这一问题十分有价值，船是幼儿生活中十分熟悉、接触频繁，又十分丰富的资源。于是我说：“老师也十分想知道为什么，让我们一起来研讨，你们也可以去问问爸爸妈妈，查查电脑或找找百科全书，好吗？”我十分关注每个幼儿在活动中的提问，让幼儿积极讨论，发表意见，把个别幼儿的兴趣引申为大家的兴趣，让幼儿对进一步探索“船”产生了可能。

（二）预设目标

第一，通过调查、参观、制作、实验等活动，让幼儿认识船并初步了解船的发展历史，知道船的基本结构、功能和用途，激发幼儿对船的探究兴趣。

第二，通过感知、体验、实践与操作活动，让幼儿习得相关的数量概念的知识，学习数的分合、加减运算、分类等技能，发展逻辑思维能力。

第三，初步培养幼儿制订计划、参与活动，以及仔细观察分析问题、探究问题的习惯与能力。促进幼儿与他人合作、交流，提高幼儿解决问题的能力。

第四，通过环境创设，进一步观察、布局，并在用各种材料制作船的活动中，提高幼儿手工制作的技能。

（三）活动实录及具体实施

1. 阶段一

第一，船的发展史。

天成：轮船是由帆船演变来的。

蒴蒴：才不是呢，轮船应该是由羊皮筏子演变来的，我还坐过呢。

镇维：我觉得是由竹筏演变来的。

针对孩子们的问题，让其回家通过发放调查问卷、上网查阅资料的方式，简单了解船的发展历史，了解人造物品是如何随着人的智慧的增长和科技的进步而不断发展的。

活动一：讲述活动——船的演变。

活动二：船的发展史（美术）。

第二，科学小实验——船的沉浮。

根据《指南》，幼儿能通过观察、比较与分析，发现并描述不同种类物体的特征或某个事物的前后变化。

可可：我们可以折纸船，用纸船代替运河上的轮船，看纸船在水里会不会沉。

天成：我不同意，纸船那么轻肯定不会沉啊，真正的船都是用钢铁造的，能一样吗？

可可：我们可以往纸船里放积木、磁铁、木块呀。

天成：那行吧。可是我们用什么纸来折船呢？

针对幼儿对船在水中是否会沉的疑惑，我们与幼儿商讨共同设计了三个科学实验。

实验一：纸船沉浮与纸质材料的关系。

实验二：纸船沉浮与承载力的关系。

实验三：纸船沉浮与水温的关系。

2. 阶段二：不同种类的船

通过收集活动，建立资源中心，开展“船只介绍会”，让幼儿了解船的基本特征和用途，知道各种船的不同之处，并学会分类。

活动一：幼儿自行参观码头。

活动二：介绍调查表（各种各样的船）。

活动三：船只介绍会。

活动四：运河上的船（折纸+线描）。

活动五：各种各样的船（超轻黏土）。

3. 阶段三：船结

梓伊：可可，你看我的这张的照片中的海轮上面有很多绳结。我妈妈说这叫船结，船结有很多种类呢。

可可：真的啊，你能跟我讲讲吗？

婧涵：我打的这个呢，叫半结。

我们通过查阅各种船的相关资料了解到，船上有各种各样的绳结，不同的绳结作用也不相同，这是一个比较复杂的问题，可以适当让孩子去探究。为了解决这些问题，我们跟随孩子的兴趣，逐步加以突破。同时，根据孩子们的兴趣点，我们开展了有关船结的活动，向幼儿介绍船结及其特点，并让其动手打结。

半结——在绳子末端绽开时可防止继续开落。

八字结——即使两端拉得很紧，依旧可以轻松解开。

平结——缠绕方法一旦发生错误会变活结。

（四）活动特点和幼儿学习发展价值所在

1. 活动特点

第一，本班的所有活动都以幼儿的兴趣为导向。

第二，观察与操作贯穿始终。

2. 价值

第一，观察力的培养。根据《指南》，5~6 岁的幼儿能通过观察、比较与分析，发现并描述不同种类物体的特征或某个事物前后的变化。

第二，探索力的培养。《指南》中幼儿的科学学习的核心是激发探究兴趣，体验探究过程，发展初步的探究能力。

（五）活动总结

本次活动开始，孩子们看到运河上的花船，继而对船产生浓厚的兴趣。从孩子们热烈的讨论中可以发现，他们对船有一定的了解，但缺乏系统的认知。兴趣是最好的老师，如果能够在兴趣主导下开展主题活动，效果就会事半功倍。通过对主题价值的分析，以及对资源的开发与利用，我们生成了“船”主题。充分利用现有资源后，在孩子们兴趣的指引下，在浓郁的运河氛围的支撑下，在家长们的大力支持下，我们结合视、听、实践、操作等多种手段，促进了幼儿对船的认知，并使幼儿从中获得了有助于全面发展的各项能力。

（六）活动延伸

在探索船的活动中，孩子们还对“水底行驶的船——潜水艇”表现出浓厚的兴趣。“在水下潜水艇是怎么开的?”“不会漏水吗?”“船员怎么进潜水艇呢?”随着孩子们一系列问题的出现，“潜水艇”可能会是下一个教育契机。

三、基于建立有效互动学习的课程实施

（一）建立多场景的学习情境，在有效互动中实现深度学习

深度学习的过程也是有效互动的过程，是高质量的幼幼互动和师幼互动的过程。合作交流、分享表达是幼儿的学习方式，也是实现深度学习的有效途径。一个孩子对一个问题的敏感，会变成一群孩子对这个问题的关注，体现出不同观点的相互融合和叠升。教师应关注幼儿的自主性，在学习情境中引导幼儿开展合作交流，使幼儿能够在合作中分享和表达，质疑和批判。教师应尽可能在学习活动中给幼儿提供与同伴协作的机会，为幼儿间的对话和探索提供充足的时间和空间，避免用教师的权威干扰学习过程中同伴的交流。教师应鼓励幼儿的说和表达，注意与幼儿进行平等的对话，耐心倾听每个幼儿的表达，引导幼儿在表达和分享中发现问题，而不是直接告诉幼儿答案。教师应在高质量的师幼互动中成为幼儿深度学习的支持者、合作者和引导者。

同时，教师自身也应转变教育观念，具备探究精神，注重对幼儿深度学习行为的潜在影响，不仅关注幼儿认知领域的学习和提升，还要注重其心灵和情感的成长及全面发展，重视深度学习对幼儿整体发展的作用。关注对幼儿终身幸福至关重要的品质和价值，是深度学习应追寻的目标和方向。

（二）从不同互动情境中生成课程

1. 从积极的师幼互动中生成课程

师幼互动是教师和幼儿之间的相互作用，教师和幼儿都是师幼互动的主体。教师要为幼儿创设安全、愉快的宽松氛围，重视和幼儿之间进行积极、充分的情感交流，在充分理解幼儿的基础上，对幼儿瞬间产生的思想予以肯定、支持和诱导，并做出决策，生成课程。例如：零食对小班幼儿来说有着极大的吸引力，于是我们设计了“好吃的东西”这一活动主题。又如：大雨过后，草丛里出现了可爱的小蜗牛，老师和小朋友一起观察彩虹、捉蜗牛，有的小朋友不禁问起来：“小蜗牛为什么藏在壳里面?”“小蜗牛喜欢吃什么?”于是又产生了“蜗牛的故事”“天气”等主题。在这些师

幼共同生成的课程中，幼儿不仅参与了课程的实施，而且积极主动地参与了课程的设计。老师则依据孩子在活动中表现出来的兴趣、产生的问题和疑惑，支持、帮助、引导他们去研究、探索，并和他们一起探究。通过这种有效的师幼互动，幼儿的积极性、主动性都大大提高了，他们的主体性和创造才能都得到了发展。

2. 从平常的同伴互动中生成课程

在幼儿的一日生活中，幼儿与幼儿之间时时都在进行着互动，他们一起学习，一起游戏，一起谈论着他们感兴趣的人、事、物。教师关注着他们的活动及变化，由此也生成了许多活动课程。如：孩子们在老年协会的草地上玩，溢纯发现许多假仙人球的刺掉在地上，她就将这个发现告诉了其他小朋友。于是，小朋友们纷纷跑来捡假仙人球的刺，并展开了关于“假仙人球的刺”的话题：“假仙人球的刺为什么会掉下来？”“为什么假仙人球的刺有的是黄色的，有的是绿色的？”除了研究假仙人球的刺的外形特点及掉落的原因外，小朋友们还将自己捡到的刺与同伴捡到的刺比大小、比多少，还练习给“高个矮个”排队等，将数、形、量等知识都融入“玩刺”活动中。又如：蓝猫是孩子特别喜爱的动画人物，它机智、勇敢的形象扎根在孩子们的心灵深处，小朋友喜欢讲述蓝猫的故事，模仿蓝猫的对话……于是“蓝猫淘气三千问”的主题活动就这样生成了。

幼儿深度学习是合作地学，有交互作用的支撑。幼儿的深度学习需要在同伴互动、讨论交流的“群体情景”中展开。社会性的互动不仅是生活的组成部分，而且非常有助于儿童理论的建构。在讨论中彼此交流和澄清自己的想法与观点，有助于幼儿高阶思维的发展和提升。在合作学习过程中产生的思想碰撞和认知冲突，有助于学习活动走向深入。

3. 从独特的家庭与幼儿互动中生成课程

《纲要》中指出，“家庭是幼儿园重要的合作伙伴，应本着尊重、平等、合作的原则，争取家长的理解、支持和主动参与”。所谓家园合作，是指幼儿园和家庭都把自己当作促进幼儿发展的主体，双方积极主动地相互了解、相互配合、相互支持，通过幼儿园与家庭的双向互动共同促进幼儿的身心发展。幼儿园教育与家庭教育有各自的优势，且都是对方所不能替代的。

“爷爷老师，花盆下面的小洞有什么用呀？”“爷爷老师，第一颗种子是怎么种起来的？”孩子们端着花盆，围着爷爷老师一个劲地问这问那，大有打破砂锅问到底的势头。这是我们开展“客座老师”活动的一个场景。“客座老师”是我们尝试开展的家长参与保教工作的一个主要内容。它的开展不仅丰富了幼儿园的课程活动，同时也为教师和家长、家长和家长之间交流和共享经验提供了机会。教师不仅从家长所拥有的专业知识、生活经验中获得了帮助，而且加深了对教育、对社会的认识；家长也获取了先进的教育观念和技能，更加了解孩子、理解老师了。同时，这个活动诱发了幼儿积极的情感，激发了幼儿说的欲望，提高了幼儿的交往能力，使幼儿在愉快和谐的氛围中，享受到了自主探索的乐趣。

幼儿来自不同的家庭，有着不同的生活环境，他们的兴趣、经验各不相同。每个孩子在与家庭的互动中，都会自发生成许多不同的主题。如我们选择合适的机会让孩子把在家里用废旧物品制作的面具、伞、车等自制玩具带到幼儿园，其他小朋友看见了，也纷纷与爸爸妈妈一起尝试制作简单玩具，一个“爸爸、妈妈、我的小作品”活动就自然生成了。每个家庭有每个家庭的特色，全班小朋友的家庭也融合成一个大大的主题“家”，其中的“学做小主人”“学做小客人”等生成活动都开展得有声有色。

4. 从有益的社区活动与幼儿互动中生成课程

社区教育已作为一种新的课程理念渗透到我们的教育教学中，并给传统的教育模式带来极大的冲击，为现代的教育教学注入了新的“血液”和活力。社区中蕴含的教育资源是十分丰富和宝贵的，它为教师开展社会性教育活动提供了广阔的平台，我们应该深入挖掘社区中的各种教育资源，为幼儿园的教育教学开辟新的领地。一方面，可以就地取材，用现成的材料作为幼儿生活、学习的活教材。比如：幼儿可以在教师的带领下去小区参观及游玩，或者利用小区广场进行体育活动，教师可以结合认知活动教幼儿认识公园里的花、草、树……另一方面，可以把在不同的地区开展的不同活动作为生成活动的源泉，“世界杯”期间，家家户户、老老少少都兴致勃勃地谈论着“世界杯”赛事；奥运年，到处都充满着奥运的欢乐氛围，那结合本地区特色，以“世界杯” “奥运”为主题的生成活动就应运而生了。

社会生活中突发的一些事件深深吸引着孩子的注意力，社会环境中的人们也是幼儿关注的对象。当我们带着孩子与小区内老年协会的爷爷奶奶联欢后，孩子们一直想着老年协会的爷爷奶奶，“爷爷奶奶老了，腰弯不下来怎么办”“我要请爷爷奶奶去我们家玩”“我要画张画送给老爷爷”……于是“我爱爷爷奶奶”的活动就产生了。在活动中，孩子们懂得了尊敬长辈，乐意与人交往，学习互助、合作和分享。另外，教师还可以组织幼儿在成人的陪伴下参观社区内的工厂、医院、学校等，以丰富幼儿的生活经验。

在幼儿与多方面互动生成课程的过程中，生成的课程能否持续性向深度、广度发展，还需要教师具有成熟的教育技巧，寻找刺激幼儿产生新问题的激发点，使幼儿能更积极地学习，产生强烈的参与动力，并在生成课程中迸发自己的潜力。

教育向幼儿的生活回归是现代教育的一个重要趋势。每个幼儿都生活在社会当中，每天都与周围的人、事、物发生着互动，在互动的过程中就隐藏着丰富的教育契机。只要教师能时刻追随幼儿，及时捕捉教育契机，就会发现生活就是一部活教材，取之不尽，用之不竭。

第五节　评价策略

在幼儿课程建设过程中，科学合理的课程评价是课程建设的一个重要组成部分，也是课程建设中的一个薄弱环节。幼儿园课程评价就是在对幼儿园课程的计划活动及结果等有关问题的量或质的记述的基础上做出价值判断的过程。根据幼儿园课程评价的现状和存在的问题，有必要积极探索幼儿课程评价的策略，不断优化课程评价工作。

一、从知识、能力、情感等多角度评价幼儿的学习

《纲要》第三部分是组织与实施，其主要内容中贯穿着热爱幼儿，尊重幼儿权利，尊重幼儿在学习特点、个性特征及发展水平方面的差异等要求；贯穿着尊重教师在教学过程中的创新，尊重教学与教育的客观规律等理念，突出了幼儿教育组织与实施中的灵活、开放、互动与针对性。在课程组织与实施的过程中，师幼互动作为幼儿园教育的基本表现形态，贯穿在幼儿园教育的各个领域，并存在于儿童一日生活之中，对师生的发展都会产生重要影响。师幼互动不是单向的过程，不是表现为师生之间为维护规则、处理不适宜问题而进行的交往，而是表现为师生之间积极、有效地用情感交流，强调的是双向构建的过程。这种双向的构建，不仅促使幼儿主动构建和发展，而且帮助教师从中吸取经验，逐步成长，提高自己。《纲要》充分肯定了教师的作用和地位，同时也对教师素质提出了很高的要求。《纲要》理念与精神的渗透、《纲要》的实施，关键在教师。在课程组织与实施的过程中，《纲要》对教师实施素质教育的要求主要体现在以下几个方面：对儿童与儿童发展做出承诺，要关心、热爱、平等对待儿童，支持儿童学习，促进其身心和谐发展；全面正确地了解幼儿的发展能力，正确认识和掌握幼儿的学习与发展规律；培养自己有效地选择和组织教育内容的能力，要强化目标认识，确保教育内容联系儿童发展与生活经验；培养自己创设

发展支持性环境的能力，为幼儿营造温暖、尊重、支持、健康、丰富的生活与活动环境；培养自己的领导与组织能力，明确自己在领导与组织方面的责任，建立学习共同体，和家长建立合作伙伴关系并合理利用社区资源；不断地进行专业化学习，努力提升自己的专业素质。

著名教育心理学家布鲁纳认为："教一个人某门学科，不是要他把一些结果记下来，而是教他参与把知识建立起来的过程。"这就是说，我们对孩子的评价要注重综合能力的评价，注重对整个教学活动中幼儿参与时各方面素质的评价。因此，我们在幼儿教学活动中应全方位地、多角度地对幼儿的学习进行评价，从幼儿的知识、能力、情感等诸方面对幼儿进行动态的评价，使评价内容由片面转为全面。如在对大班命题画"未来的气候"作品进行评价的过程中，有个幼儿在课前谈话过程中说："我喜欢冬天，可以堆雪人，我喜欢春天的树，我还喜欢夏天，能游泳和吃雪糕。"所以他在画中画出了绿树，画了鸭子，画了雪天和雪人，还画了小朋友手拿雪糕的情景，这些在成人眼中不可能的事情，正是他独特创造力的表现。在评价幼儿作品时，老师用兴奋的话语说："你真有想象力，希望未来每一天都是我们喜欢的气候。"幼儿教学活动内容的全面多角度的评价，使每个幼儿都能在教学活动中找到自己的闪光点，从而树立起足够的自信心，对学习产生更加浓厚的兴趣，更愿意学习。

二、依据适宜的评价指标评价幼儿的学习

课程评价涉及评价主体、评价标准、评价方法、评价工具、评价时机、评价反馈等诸多要素，只有实现了各个要素的科学化和合理化，才能实现评价结果的最优化。因为幼儿课程的内容涉及面较广，它既渗透于其他领域课程，又表现在幼儿生活的方方面面，这很容易导致评价的无意识或随意化。要规避评价的经验化和主观化，其基本前提是要实现评价指标的科学化和标准化，因为评价指标的科学化和标准化可以使课程评价改变以往自由放任的状况，使评价者能够针对课程实施要求设立一系列正规的、标准化的评价指标。

《纲要》和《指南》等我国学前教育发展的规范性文件都对幼儿园课程内容做了相应的规定，为幼儿课程评价提供了方向。在如何使幼儿课程内容标准化方面，有研究者做了一些有益的探索，这些探索使得幼儿课程评价贯穿于整个课程实践过程，能够最大限度发挥评价的课程改进功能。对于如何使课程评价指标标准化，幼儿园可以结合有关规范性文件和国内外最新研究成果，根据课程的特点，从显性与隐性、正式与非正式、必修与

选修、基础与拓展等维度去构建标准化的评价指标。

科学化和标准化的评价指标为幼儿教师进行评价提供了具体的对象，让教师知道评价什么和如何去评价。这种兼顾标准和过程的评价可以提升教师的评价能力和评价意识，为建构结构良好的课程评价体系打下基础。

三、采用多种方法综合评价幼儿的学习

（一）运用学习故事法

捕捉精彩，多方参与，助推课程的深入实施。在生成课程评价过程中，我们借鉴和学习新西兰“学习故事”评价法，找准了“学习故事”的切入点——幼儿学习过程中的“哇时刻”，引导教师运用专业知识尝试识别幼儿学习行为背后的原因，提出支持幼儿进一步学习和发展的有效策略，推动生成课程的深入开展。

1. 聚焦精彩瞬间，树立鼓励欣赏的评价观

学习故事的评价方法侧重于幼儿学习的过程而非结果，重视幼儿在学习中展现的学习品质而非不足，强调幼儿的“所能”而非“不能”。我园借助“学习故事”，聚焦幼儿学习过程中的精彩瞬间，教师以欣赏的眼光观察和评价孩子，促进孩子愉悦成长。在生成课程实施的过程中，我们首先对“学习故事”的本质内涵进行了系统学习，引导教师在真实的情景中捕捉幼儿的闪光点，发现幼儿的积极体验，关注幼儿活动中的兴趣点，记录幼儿学习过程中的魔法时刻。这种建立在观察基础之上的叙事记录，基于教师的日常教学实践，基于幼儿的优势与兴趣，基于幼儿良好的学习品质，帮助教师树立起一种正向的评价观，从而以更加积极的心态去鼓励幼儿、欣赏幼儿、发现幼儿，也弥补了教师在评价幼儿学习与发展方面的不足。如在主题课程“聚宝街探秘”实施过程中，孩子们在聆听了“天后宫故事”后，对“妈祖娘娘智斗海怪”的故事感兴趣，生成了表演区的内容。可是，每到要表演时，孩子们总是会为角色的分配而争吵起来，原因是他们都喜欢扮演“妈祖娘娘”这一富有正义感的角色，而“海怪”这个负面角色总是被嫌弃，因此就有了游戏前角色分配的冲突。在一次观察中，老师发现了阿凯在扮演“螃蟹怪”的时候不仅十分投入，还配上了一个“狰狞”的表情，这个表情配上“快把你们的鱼虾交出来!”这句话，简直再贴切不过了！老师便把阿凯表演过程中的专注和富有创造性的动作表征记录下来同孩子们分享，老师绘声绘色的讲述令孩子们捧腹大笑，老师欣赏肯定的言语令孩子们不由自主地为阿凯的精彩表演鼓起掌来。原本“螃蟹怪”的负面阴影顿时跑得无影无踪，阿凯的表演顿时让“海怪”成为新宠，许多孩

子纷纷表示，他们下回也想当“海怪”。这既是课程发生过程中的寻常时刻，也是孩子们学习过程的魔法时刻，聚焦这一精彩瞬间，教师用鼓励、欣赏的正向评价带给阿凯的是兴趣激发，是积极体验。

2. 聚焦学习过程，树立科学识别的发展观

幼儿的魔法时刻总是伴随着学习的过程，如何识别儿童学习，如何评价这个学习片断给孩子带来的成长价值，如何把握幼儿行为背后的动机，等等，将直接影响到幼儿的自我认识和健康发展。科学识别幼儿行为，需要教师以发展的眼光来审视幼儿的行为。如前所述的主题课程“聚宝街探秘”实施过程中，一向内向胆小的阿凯成功扮演“负面角色——螃蟹怪”这一行为被教师捕捉与识别之后，阿凯和其他孩子都发生了悄然的变化。孩子们对“海怪”的认识逐渐丰富和感性了，从原先只知“大海怪”“小海怪”，到认识“章鱼怪”“鲨鱼怪”“鲸鱼怪”……这些“海怪”形象还引发了他们对于“海怪”特征的讨论，章鱼会喷出黑色的墨汁，鲨鱼直接张开大嘴吃掉小鱼，等等。每次到了表演游戏环节，孩子们都争先恐后，大家首选的角色就是“海怪”。受到了同伴们的追捧，阿凯渐渐自信起来了，他成了孩子们眼中“最厉害”的“海怪”扮演者，许多孩子都愿意和他一起商量“海怪”的表演，孩子们在合作表演、互动交往中有了明显的进步。从刚开始的模仿表演，到乐意表演，再到有创意的表演，整个过程中孩子们的能力在发展，快乐体验在增长。运用学习故事法，教师聚焦于幼儿的学习过程，对幼儿的识别是：阿凯的表现令人诧异，一个平时比较腼腆、胆小的孩子，能够在故事表演中找到自信，角色还是一个不被看好的“负面角色”。投入与专注，自信与淡定，这些品质一定能够让他在今后的学习中向好发展。可见，教师树立的科学识别的发展观，使阿凯在这个过程中渐渐地开朗起来，自信起来。

3. 聚焦家长回应，树立多方参与的主体观

学习故事除了基于教师的发现、记录及与幼儿的分享外，还融入了家长的参与。家长在“学习故事”中能了解到幼儿的一些学习行为，能感受到幼儿的发展进步，从而形成正确的教育理念，共同参与并推进课程的实施。随着“聚宝街探秘”主题课程实施的不断推进，孩子们已经能够创编出丰富的故事情节了，妈祖娘娘“巧妙机智”地战胜了“狡猾贪婪”的各种“海怪”，情节在不断演绎中。此时，教师与孩子一起回顾这些精彩的故事情节，串成了“妈祖智斗海怪”的童话剧。阿凯爷爷在老师分享了“阿凯的创意表演”这个学习故事之后，对于儿童的一些学习行为逐渐理解和支持。对于阿凯的进步，爷爷的回应是：感谢老师对阿凯的关注和鼓励，

这个故事的表演让阿凯获得了自信，也让我们明白了孩子的学习和成长不仅需要老师的慧眼观察，还需要家长的支持参与，我们会陪着阿凯一起演好这个故事。平时，在家里，爷孙俩时不时会来段“妈祖智斗海怪”的故事表演，阿凯也会不断变换着各种“海怪”的角色，兴致盎然。在自发表演的过程中，阿凯的语言表达及动作表现等方面的能力得到了发展，也越发地自信起来。爷爷乐了，为了让童话剧表演更加生动有趣，他和阿凯一起制作了各种“海怪”的头饰和服装。从这个案例中，我们不难看出，家长的积极回应与参与，既是孩子成长的助推剂，也是课程深入推进的催化剂。家长、教师与孩子共同形成了多方参与的课程评价格局。

（二）运用案例分析法

发现问题，及时跟进，助推课程方案的不断优化。案例研究是理论联系实际的一种有效形式，也是课程评价与管理的一个重要手段。和“学习故事”不同的是，它更多的是通过课程实施者对集体教学活动、主题活动、区域活动、生活活动等幼儿一日活动中的某一个片段或者幼儿的某一活动行为进行记录与分析，并提出解决问题的策略，从而不断改善课程方案，促进幼儿发展。运用案例分析法，教师在案例分析过程中“边做边学、边学边研”，在观察、分析、评价中发现问题、及时跟进，提升生成课程的执行力。

1. 蹲下来观察，为科学评价提供支持

课程评价的目的是优化课程，它需要教师在活动中评价幼儿的兴趣、能力等是否能达到预期，分析幼儿的学习与发展是否得到有效的促进，检视课程设置是否科学合理，等等。要收集与这些指标相关的信息，就需要教师展开深度观察，获取有价值的幼儿行为表现，为科学评价提供证据支持，从而推进生成课程的深入实施。教师可在实地观察的基础上辅以拍照、摄像的方式，或用文字速记的方式简要记录，以获取相关的信息。我园生成课程主题馆——“花灯馆”一开张就受到了孩子们的青睐，在区域选择的时候，很多孩子主动选择了这个区域。但是，教师发现孩子们每次都是乘兴而去，失望而归。原因在哪里？教师蹲下来进行观察，发现了问题根源，那就是孩子们对于新开设的“花灯馆”虽有着强烈的好奇心，但缺乏“技术”支撑，他们不熟悉花灯基本制作流程，面对丰富多样的新材料，不知道该从何做起。教师在发现了这个问题之后，便增加了一块活动版面，设置了“花灯的制作流程”“碰到的问题”“解决的方法”“花灯分享”等内容。这些内容的设置，有如一个解决困难的支架，“花灯的制作流程”帮助孩子们了解花灯制作的步骤方法，“碰到的问题”和“解决的方法”为孩子们提供了所碰到问题的解决策略；“花灯分享”则为孩子们提供了一个展示作品的机会。一学期下来，孩子们对花灯制作兴致很高，制作出了许多富有创意的作品。教师的观察，为科学评价“花灯馆”的幼儿活动提供了证据，所采取的跟进策略，推进了生成课程的深入实施。

2. 静下来分析，在反思调整中改进策略

教师既是课程的实施者，也是课程的评价者。当捕捉到有价值的场景后，教师便需要静下心来对场景进行分析，通过解读幼儿行为表现、兴趣需要等，反思自身的教育行为，找到解决的策略，从而实现优化课程的目的。如在“认识小鱼”主题活动中，教师预设了“鱼儿真漂亮”“鱼儿真有趣”“鱼儿真美味”等三大方面的内容，拟通过多样化的活动让孩子们认识小鱼。课程伊始，教师在自然角里投放的几条小鱼引起了孩子们的兴趣：“我喜欢那条红色的……”“小鱼，你好！我想和你交个朋友”“小鱼，你饿了吗？”一群孩子围着自然角进行提问，他们对这些游动的小鱼产生了浓厚的兴趣。“小鱼，你听见我们说话了吗？”“小鱼，你喜欢吃什么呀？”随着观察的深入，孩子们的小脑袋里蹦出的问题越来越多，到底哪些问题才是大多数幼儿感兴趣的呢？教师记录下了幼儿感兴趣的话题之后，最后确定了“鱼儿真漂亮”（外形特征）、“鱼儿真有趣”（生活习性）、“鱼儿真好玩”（游戏体验）等几个话题作为活动的内容。这与教师原先设计的三个话题有出入，教师原本预设了“鱼儿真美味”活动内容，计划让孩子品尝各种鱼肉制品，但是幼儿天生就对小动物有着亲近感，“吃鱼、品鱼”的话题无法引起孩子们的共鸣。因此，在主题内容设置上，教师及时对“鱼儿真美味”这一板块进行了调整。在这个案例中，教师通过对幼儿学习兴趣和需求进行观察与分析，获取了相关的信息，在综合这些信息之后及时调整了主题活动内容，从而使得内容设置更加合理。

（三）运用经验分享法

再现过程，梳理总结，助推课程策略的调整改进。评价贯穿于生成课程建设的全过程。为了让教师少走弯路，我们充分发挥课程教研中同伴互助及专家引领的力量，开展课程方案和课程实施经验的交流分享，让教师通过再现课程实施过程，梳理课程实施经验，实现相互学习与促进。同时，借助专家引领，帮助教师进行必要的课程分析与诊断；运用“经验分享法”展开及时评价，助推课程策略的调整改进。

1. 阶段梳理，分享经验

生成课程的实施过程是一个优化改进的过程，根据课程推进的实际，我们定期举行阶段成果交流分享活动，引导教师借助经验分享，展开多维度的评价活动，从而推进生成课程的深入实施。如在大班的“德化瓷器”主题活动中，教师围绕“如何追随儿童学习与发展需要”“如何整合利用多方资源”“如何开展适时适度的教师指导”等几个方面梳理出了生成课程实施的阶段性成效，通过经验分享，对其他班级主题活动的开展起到了启发和借鉴的作用。同时，教师也就“如何进一步支持幼儿的探究学习”“如何在主题推进的过程中进一步关注幼儿学习品质的培养”等方面提出了自己的困惑和思考。在这个过程中，一方面，教师通过自我研判，梳理总结好经验、好做法，借助学园搭建的交流平台进行展示分享，在与同伴分享过程中互相启发、互相借鉴，实现共同提高；另一方面，通过同伴互助，提出生成课程实施过程中遇到的困惑问题，借助学园教研力量，获得实践策略的支持，在促进自身的专业成长的同时，形成互相协作的教研文化。

2. 专家引领，提升经验

随着生成课程的不断推进，学园充分发挥专家引领的作用，做好生成课程建设的理论指导和课程实施的分析诊断工作。首先，专家引领、帮助教师在了解当地历史文化的基础上选择课程内容。为了推进生成课程的建设，我们邀请了当地的文史专家讲解当地历史并实地考察各处古迹，在专家的指导下从丰富的海上丝绸之路文化素材中选取适宜的资源作为课程内容。其次，专家引领、帮助教师在课程实施的基础上把握课程方向。在课程实施之初，教师对课程的理解往往比较零散、杂乱。经过专家引领，我们逐步梳理出三个年龄段的课程内容，确定了由近及远的课程内容安排原则，小班的主题大多是以“家”“社区”为主线；中班则进一步拓展，从“家”走向了整个城市，引导幼儿开展当地文化内容的探究；大班的视野则从城市走向了对国家的了解。最后，专家引领、帮助教师在课程诊断的基础上提升课程经验。在课程实施的过程中，专家参与对课程内容的选定、课程目标的确定、课程方案的制定，以及课程实施过程中存在的问题的分析和诊断，提高了生成课程评价的客观性和可靠性，彰显了评价促进课程实施的功能，真正实现了我国学者刘志军提出的“评价是一种共同建构的过程”。

（四）运用发展评价法

科学检测，分析调整，助推课程结构的平衡合理。每学期末，我们围绕幼儿发展目标，运用发展评价法，对课程实施及幼儿发展等情况进行评价。如果说，学习故事、案例分析及经验分享都属于过程性评价的话，那么学期末的发展评价则是课程实施的结果性评价。我们通过科学测评幼儿发展，反思课程实施过程中存在的问题，分析问题产生的原因，不断调整课程方案，助推课程结构的平衡合理。

1. 科学检测，查找问题和不足

生成课程开发是幼儿园自主进行的，它的实施成效需要由园所进行自我检测。扬州大学第一幼儿园生成课程评价主要包括“生成课程调查分析表”，其内容包含了主题、区域、游戏等方面的调查和分析，引导教师查找生成课程实施过程中存在的问题，以便今后更好地改进和优化课程方案；同时也包括“生成课程幼儿发展评价表”，引导教师通过日常观察、情景游戏、观察谈话、操作探索等综合测评的方式，在一种比较自然、轻松的状态下展开观察评价，获取具有典型意义的行为表现，并通过对测评数据的汇总和分析找出存在的问题，对课程促进幼儿发展的优势及弱势进行分析，提出建议。比如，在检测中我们发现了以“文化”为主题的公共区游戏有效促进了幼儿语言能力和社会性的发展，科学领域中数学认知能力在环境创设和各类游戏中亦得到有效提升，但是课程设置中关于科学探究方面的内容总体偏少，一定程度上影响了幼儿科学探究能力的发展。

2. 分析反馈，促进调整和优化

通过检测形成的数据分析和意见反馈，对于优化下一阶段课程的实施过程起到了重要的作用。针对生成课程中幼儿科学探究内容偏少的问题，教师在第二轮课题方案制定的过程中，需要适度增加这些内容的渗透。比如，在“木偶”主题活动中，教师把“学做木偶”中的“做做玩玩”调整为“科学小制作”，增加了一些科学探究的成分。这些内容的增加，使得课程实施方案更趋合理、科学，同时也形成了“评价—指导—发展”的良性循环互动模式。

第六节　优化策略

幼儿园生成课程是在特定的情境下通过教师与幼儿的互动过程产生的课程，它不同于国家统一制定的课程，也不是教育专家和管理部门设计的教材，它没有普适性的课程标准，也没有统一化的实施方案。它是实际教学中身处一线的教师根据幼儿的兴趣、需要、个性特点及偶发事件等因素生成的各种活动。它涉及的是教师“为什么教”“什么时候教”“怎样教”的问题，并不是被孩子牵着鼻子走的课程。通过审视 X 幼儿园生成课程的当前境遇，课题组主要从教师的角度来研究生成课程的优化问题，将从课程目标、课程内容、课程实施、课程评价四个维度加以论述，但绝没有分割生成课程之意，无意轻视生成课程的过程性、一贯性和复杂性。

一、生成课程的目标优化

（一）课程目标的预设与生成缺一不可

正如苏霍姆林斯基所言：否定或轻视预设，一切教学大纲、课程标准、教材、计划都将失去意义，学校工作也会变成一种自流现象。预设的课程目标可操作性强，易于实现，便于教师有组织、有计划地安排课程内容，实施课程计划，有利于学生基础知识和基本技能的掌握。根据我国《纲要》中以学习领域为划分依据的目标体系可知，幼儿园课程目标更多考虑的是学科知识与幼儿身心发展的关系问题，关注到幼儿园面对的是3~6岁的教育对象，有其身心发展的特点。幼儿教育阶段是为幼儿一生的发展打好基础的阶段，是为实现幼儿终身可持续发展奠基的阶段，因此课程目标注重的应是学科知识对幼儿的一般发展价值和长远影响。虽然我国幼儿园没有统一的教材，但每一位幼教工作者都应该谨记并领会纲领性的目标，清楚自己的工作应该朝着什么方向进行，课程内容应该促进孩子哪些方面的发展。

预设性的课程目标可以作为我们的风向标，但在实际的教育环境中，教学存在着不确定性、偶发性和生成性的特点。在早期教育中，我们关注的应是儿童而不是课程，不仅仅要考虑可观察到的儿童身上所发生的行为变化，更要考虑在教育过程中儿童的个性成长和能力发展。课程目标不是固定不变的，也不是一概而论的，而是开放性的、过程性的、可生成的。生成性的课程目标更能贴近幼儿的生活，贴近幼儿的兴趣和需要，能够更好地尊重幼儿的意愿，倾听孩子的心声。当然，这对教师提出了更高的要求。教师需要将教学的注意力集中于教育的过程而不是教学的结果，从与幼儿的互动中了解、熟悉幼儿身心发展的特点，判断哪些经验具有价值，哪些知识有学习和深入的必要，以此作为课程目标生成的依据，运用教育机智，抓住教育契机，合理生成与发展适宜的课程目标。没有预设就没有生成，教师要从宏观上把握预设目标，在教育过程中合理生成目标，为课程实施和课程评价明晰方向。

（二）儿童本位与社会本位相统一的课程目标取向

杜威曾说："受教育的个人是社会的个人，而社会便是许多个人的有机组合。如果从儿童身上舍去社会的因素，我们便只剩下一个抽象的东西；如果我们从社会方面舍去个人的因素，我们便只剩下一个死板的、没有生命力的集体。"因此，课程目标应坚持儿童本位与社会本位相统一的价值取向。

生成课程实质是将潜在的有意义和价值的课程资源转化为实际的课程内容的过程，这一过程以儿童的兴趣和需要为生成的原动力，实质上是一种儿童本位的倾向。但是课程的目的不仅包含个人价值的实现，也需要顺应社会的需要，体现教育的社会价值。教师不仅仅要关注儿童当下的需要，更要考虑幼儿未来长远的发展；不仅仅要注意儿童的自我价值，更需要将儿童置于社会大背景下体现儿童的社会性的本质。

幼儿园课程目标来源于对幼儿、社会和学科知识的研究，但是儿童认知发展的阶段性决定了学科本位在早期教育中不可能占有重要地位。幼儿与社会是紧密联系的，一方面，幼儿园课程要关注幼儿的发展（包括认知发展、情感态度、个性形成等方面），引导和促进幼儿的学习和发展；另一方面，要认识到幼儿不仅生活在幼儿园中，也生活在家庭、社区等社会环境之中，幼儿的成长是一个不断社会化的过程，也是一个不断突破时间和空间界限的过程。因此，我们需要将儿童本位与社会本位相统一，优化建构课程目标取向。

二、生成课程的内容优化

（一）儿童的兴趣与教师的兴趣相整合

我们知道生成课程的内容主要来源于儿童的兴趣和需要，儿童的兴趣是生成课程的内在动力。如果儿童的兴趣能够得到认可和支持，那么他们的学习就会转变为积极主动的探索过程。不同的儿童有不同的兴趣，我们该怎么辨别儿童的兴趣是否适宜生成课程？教师作为课程内容的实施者，有责任和义务将各种可能性的资源变为有意义的学习内容。儿童的兴趣是课程开始的起点，教师的兴趣则是课程得以持续的支撑点。如果教师能够对儿童提出的问题保持深究的动机，那么所开展课程的内容既能吸引成人的真实兴趣，又能吸引儿童的真实兴趣。这可以增加儿童与成人之间进行真实的交流的可能性。教师们已经懂得尊重儿童的兴趣，但课程设计和实施是教师而不是儿童的责任。教师已经替幼儿做出了选择，选择反映了教师的价值观。教师需要将计划变成开放式的，以便能对儿童的行为做出正确的反应。儿童与教师都是主动的学习者，都会按照自己的兴趣和问题去构建自己的知识体系。已经具有价值判断能力的教育者需要辨别儿童的兴趣与其本身是否具有意义。生成课程不是被孩子牵着鼻子走的课程，而是教师与幼儿共同建构的课程。当教师的兴趣与幼儿的兴趣相联系时，当教师发现幼儿的兴趣不足以让幼儿学习到教师认为重要的事情时，教师的兴趣就能发挥应有的作用。

教师往往倾向于解答他们能够解答的问题，对于不能解答或未知的领域则总是倾向于采取忽略或回避的态度。“能够”成为课程顺利开展的理由。生成课程的内容不仅来源于儿童的兴趣、教师的兴趣，还要将二者的兴趣进行整合。教师的兴趣使教师保持研究的热情，使教师由领导者转变为学习者、合作者，使教师勇于探索未知领域。教师与儿童在共同感兴趣的事件中相互合作、相互协商，平等地参与具体的活动，教师与儿童在这一过程中共同成长、共同发展，这正是生成课程的意义所在。

（二）加强师幼之间及师师之间的理解与对话

在幼儿与教师的关系中，幼儿处于天然的弱势。尽管教师意识到儿童的兴趣和需要的重要性，但是在实际的互动中教师仍然是权威者和管理者。我们经常听到教师说“不要说话！不要打闹！”，“不许”成为教师口中的高频词汇。儿童要保持安静，根据教师的要求去做。幼儿期是每个人成长的关键期，也是终身教育的奠基期，有其自身发展阶段的特殊性。生成课程强调的师生关系是平等的，教师是“平等中的首席”，儿童是主动的学习者。当教师蹲下身子与幼儿进行对话，试着走进儿童的世界，用儿童的语言与之交谈时，必然能够寻找到充满新奇的课程内容。同时，教师之间应该保持交流。持续的对话可以成为相互学习的重要资源。给别人一个苹果，你会失去一个苹果；但分享一个观念，你们都会拥有这个观念。教师不可能“白手起家”创制一个课程，也不可能在没有同事的环境中进行教学。每个孩子和教师都可以成为课程内容的来源，都具有自己的专长。增进教师之间的理解和对话，使教师相互了解，鼓励个体成为集体中成员学习的资源，这样便可以使个体之间形成互补，从而加强独立个体之间的相互依赖，整体提高教师队伍的专业水平。教师是孩子的榜样，具有权威的影响力。如果教师是一个善于学习、不断增进知识的人，儿童也会养成持续学习的好习惯。教师之间形成的良好沟通的模式，势必也会对儿童产生影响。教师可以通过教研会议、观课、评课、私下交流等多种方式加强理解和对话。加强教师与幼儿之间、教师与教师之间的理解和对话，旨在强调教师的主体性和儿童的主体性。生成课程是教师与幼儿共建的课程，是教师与幼儿相互合作、共同探索的互动过程，是教师的主体性与儿童的主体性相统一的动态过程。

三、生成课程的实施优化

（一）教师与幼儿共同生成主题网络

生成主题有三种方式，可以是幼儿自主生成的，可以是教师主导生成的，也可以是教师与幼儿共同生成的。无论哪一种生成方式，都是以幼儿的兴趣和需要为前提的，教师提供所需材料、场地等，给予时间和空间保证生成。幼儿的兴趣是课程生成的内在动机，体现的是幼儿某一方面的需要，它是课程内容的重要来源。有了课程的生长点，还需要考虑教师的兴趣与价值观。如果教师对课程生长点保持兴趣并能判断是否适宜，那么课程就能顺利进行，并可能进入深层次探究。实施生成课程的难度在于教师何时干预及怎样干预。

首先，要充分了解儿童。幼儿来自于不同的家庭，有着不同的环境背景、不同的个性特点。教师可以通过观察、谈话、记录等方式留意每个儿童。观察的重点在于明确幼儿的学习状况、当前的兴趣和需要，以及哪些刺激会激发儿童的兴趣，符合儿童的成长。谈话是一种温馨的交心方式，教师需要注意语气并营造舒适愉悦的氛围，用儿童的语言和儿童交谈，真正走进儿童的世界，倾听孩子真实的声音。幼儿教师的一个重要工作便是记录，把儿童的活动用照片、视频、图画等多种方式记录下来，这不仅为教师提供了解儿童的资料，也可以成为儿童的成长纪念册，同时也便于向家长展示儿童的园中生活，加强与家长的互动交流。其次，要把握干预的时机和方式。教育时机非常重要，教师却往往很难判断。教师应该相信儿童，应该把儿童视为有独立解决问题能力的学习者、创造者。在生成课程实施中，教师只是“平等中的首席”，应该留出儿童生成的时间和空间。当儿童寻求援助时，教师应该通过各种方式帮助儿童解决问题，使用语言、动作、表情等语言或非言语方式，或直接参与，或提供材料，改变过去“说太多”“做太多”的方式，改变害怕少说少做学生就不理解的心态。课程实施中要突出过程、突出主体、突出个性化学习，让儿童学会探索、学会分析，将课堂交给儿童。这显然对教师的教学能力提出了更高的要求。最后，要构建主题网络。网络可以为探索任何材料或观点的可能性提供机会，以便教师做出决定如何开展课程。它只是暂定的计划，并不能准确地告知课程如何进行。教师可以与幼儿进行对话，通过“头脑风暴法”绘制网络。幼儿学会了将自己的想法表达出来，同时也学会了聆听别人的意见。教师承担着绘图员的工作，不对幼儿进行评价，只是不断地调整和补充网络，以便为开展的主题做到心中有图。这样的方式便于教师分析辨别主题，因为不是每一个结点都适宜生成课程，同时也有利于教师抓住主题，为课程的生成与延伸提供脚本。

（二）运用多种方式扩展主题内容

1. 积极创设适宜的主题环境

生成课程是情境化、即时性的动态课程，课程内容源于幼儿与环境的互动。环境与主题密不可分，幼儿在与环境的互动中发现未知领域，体会新的经验，诱发生成主题。主题的开展离不开环境的创设，只有依靠环境，主题活动才能更深入更具体更生动。环境是静默的力量，也是会说话的教材。因此，积极创设适宜的主题环境显得尤为重要。教师创设的环境要符合幼儿身心发展的特点，满足幼儿的兴趣和需要。一方面，环境应该充满着童心童趣，用儿童的视角创设环境，只有在舒适安全的环境中，幼儿才能真正地表达自己，展现自己；另一方面，环境中的内容应该是丰富的，其中蕴含着大量的信息，能与幼儿产生共鸣，为幼儿提供良性刺激，既可以调动幼儿的好奇心和求知欲，又可以作为深入课程的辅助工具，诱发幼儿积极进行思考和探索。随着生成课程内容的不断变换，环境主题也应该不断变化，与课程内容相呼应，时刻保持新鲜感和吸引力，变静态的环境为动态的环境，为生成课程朝纵深方向发展提供帮助。同时，教师要鼓励幼儿积极参与环境的创设。让幼儿自己动手装饰，使幼儿园变成“我的家”，不仅可以增强幼儿对周围世界的认识，提高动手能力和创造美的能力，也更有利于幼儿融入环境之中，找到归属感和安全感，更加自由自在地发挥想象力和创造力，使幼儿在自由宽松的环境之中得到健康全面的发展。

2. 与家庭、社区紧密联系，共同合作

幼儿的生活环境不只是幼儿园，也包括家庭和社区。教师应充分挖掘教育资源，打破幼儿园与家庭、社区的界限，扩展和延伸主题活动的内容。教师应多与家长沟通，即时了解幼儿的最新动态和当前的兴趣需要，也使家长了解幼儿在幼儿园中的情况。教师与家长互相配合，协同合作，共同促进幼儿的成长。为深入主题，贴近生活，教师可以寻求社区的支持和帮助。教师可以与主题内容相应的单位部门取得联系，将幼儿带到户外，带到真实的环境之中，切实体会主题内容，加深对主题内涵的理解。家庭和社区也可以参与到课程的决策中来，集思广益充实课程内容，应树立家庭和社区的教育责任意识，营造全方位的教育氛围。应让家长与教师一起参与到幼儿的活动中去，使家长看到幼儿的另一面，为课程生成提供便利条件。社区也可以开展社区教育，与幼儿园教育内容相呼应，形成有利于幼儿成长的开放的大环境，使幼儿教育得到全社会的重视。

四、生成课程的评价优化

首先，要强化教师的课程评价意识，提高教师的课程评价能力。生成课程是在师幼互动中动态生成的课程，事先没有精确的计划，具有随机性、偶发性等特点。课程评价产生于活动之中，在活动中评价，在评价中活动。因此，教师应具备基本的课程评价意识，课程评价不能局限于总结性评价，还应有形成性评价和诊断性评价，课程评价取向应是发展性评价取向。生成课程评价是对实际情况做出的具体判断，具有情境性和真实性，因此要求教师要具备课程评价意识，能对具体的情况做出价值判断，采取相应的回应策略。

其次，要强调差异化、多元化的课程评价视角。课程评价的目的不在于对幼儿进行等级划分，而是切实关注幼儿的真实生活，关注幼儿的兴趣和需要，关注幼儿对活动的热情，关注幼儿的所思所想，课程评价最根本的目的在于使每个幼儿更好地成长、生活和学习。因此，教师要真正做到“因材施教”“以学定教”。教育不是要复制克隆，而是要创造更新。生成课程评价没有统一的标准和模式，教师要有差异性评价的意识，对待不同的孩子应采取不同的评价方式。课程评价的主体不再仅仅是教师，幼儿、家长等都应积极地参与到课程评价中来。课程评价的内容更加多元，不仅关注幼儿的发展、幼儿的情感和需要，还应对教师的专业发展、课程的教育价值等进行评价。课程评价的方式应将量化评价和质化评价相结合，形成多元化评价。

第七章　资源利用：开发资源促进幼儿的深度学习

第一节　资源利用的策略

一、资源开发策略

开发利用丰富的课程资源促进幼儿的深度学习。幼儿园课程资源开发与利用是幼儿园课程改革的重要内容。近年来，我们以幼儿发展为本，以因地制宜、就地取材为原则，在实施幼儿园教材的同时，对部分课程内容进行了本土化调整和资源开发。

（一）以幼儿生活体验为基点的动态生成开发

幼儿已有的知识、生活经验、思想认识及幼儿在学习过程中的言行，如幼儿发表的意见、提出的问题甚至错误的回答等，都可以转化为教学资源。贴近幼儿生活的课程资源是幼儿主动学习的基础。教师要善于捕捉这一动态生成的课程资源。下面以小班主题教育活动“过春节”为例，说明以幼儿生活体验为基点的课程资源开发过程。

新学期的第一天，是农历正月初八，下午孩子起床吃完点心后，老师组织幼儿开展 10 分钟自由谈话。有一个小女孩突然问：“老师，我过年穿的新衣服漂亮吗?”老师笑着回答：“真漂亮!”这下孩子们乐开了，他们争先恐后地展示自己过年的新衣服，并眉飞色舞地说着自己过年的高兴事。教师抓住孩子愉快的过年经历和深刻体验，以“过春节”为课程主题，开展了“制作春节饰品—压岁钱—看除夕晚会—拜年—做灯笼—灯谜会—做元宵—愉快的春节经历”等一系教育活动，让孩子们结合自己的经验了解中华民族传统节日春节，体验春节的快乐；同他人交流思想表达心情，描述经历；懂得过春节意味着自己又长大了一岁；提高动手操作能力和自我服务能力。

（二）围绕主题教育的线性开发

对以主题为线索的课程资源开发，我们采用“预设目标—收集素材—确定内容”的步骤来进行。如小班主题“鞋子”，我们的做法是：确定目标——丰富幼儿有关鞋子的知识和经验，萌发探索周围事物的兴趣和愿望；初步感受爸爸妈妈及长辈对自己的关爱，加深与父母和长辈的情感；学会保护自己的脚，学习自己穿鞋、系鞋带，提高自我服务能力。收集素材——各种款式的鞋子、各种材质的鞋垫、鞋带，有关鞋子的图片、各种鞋子的拼图及生产过程的接龙图片，准备各样的纸、剪刀、木质针、纱线、鞋模、布等创作材料，联系好鞋店、鞋厂、补鞋摊点。生发内容——我知道的鞋子、鞋子怎样生产出来的、鞋子有什么用、穿合适的鞋子。

二、资源整合策略

在课程资源开发过程中，面对收集到的丰富素材，教师要充分考虑到素材蕴含的教育价值，并根据幼儿的年龄特点和预期目标，对课程内容进行精心设计，使课程资源开发落实到教育活动中，这一过程我们称之为资源整合过程。对此，我们作了如下尝试。

（一）抓住要点、以点带面的集中性整合

对于一些内容丰富、信息量大的主题，我们不可能在有限的时间内把整个主题全部展现给孩子，这就需要抓住主题中的要点，通过要点的突破，让幼儿“窥一斑以观全貌”，以达到预期的教学目标。如在教育活动“建筑红屋顶”中，如果将扬州市建筑全部素材融入一次教育活动中，信息量太大，幼儿无法理解和掌握。通过集体备课，我们最终把着眼点落实到扬州市建筑中最具亮点的屋顶上。教师先让幼儿欣赏一组“穿西装、戴斗笠”、俊秀挺拔、伟丽堂皇的扬州市建筑，再重点赏析具有民居特征的红屋顶，组织幼儿讨论屋顶的外形特征，引导幼儿欣赏美；然后教师帮助幼儿了解“戴斗笠”的红屋顶的象征意义，从中领会人格精神。同时作为面上的扩充，设置了相应的语言区、建构区、表达表现区、认知联想区等，投放一些建筑的图片、CD 资料和制作、表演等材料，让幼儿在区域活动中自主探究。

（二）以主题教育为主要形式的内容整合

以主题教育为主要形式对教学内容加以整合，就是在一个主题教育目标的统领下，以主题教育活动来落实教育内容，这样可以同时达到教育目标整合、教育内容整合、教学手段整合，极大提高单位时间内的教学效益。如中班主题教育活动“家乡的树”，从健康领域来说，主要是让幼儿知道树

对人的好处；从语言领域来说，要求会创编简短的关于树的故事，会介绍自己的作品，清楚地表达自己关于树的想法和感受；从社会领域来说，要知道3月12日是植树节，积极参与植树活动增强环保意识；从科学领域来说，了解花草树木的作用，知道树木对人类的重大贡献，知道保护树木的方法；从艺术领域来说，乐意学习有关花草树木的歌曲，用树叶、树枝等材料进行创作活动。

（三）以优化学习方式为目的的综合性整合

组织幼儿走出幼儿园收集学习资料、参观、访问、游览、相互交流，这种开放的学习方式有利于丰富幼儿的生活经历，获得对事物的感性认识。我们改变单一传授的传统课堂教学模式，走出封闭的课堂空间，注重优化学习方式，整合课程资源。例如怎样让幼儿既能很好地了解家乡风味小吃的丰富多样，又充分体验家乡风味小吃的可口精美，从而深刻感受到长辈们的聪明才智和辛苦劳累？单纯依靠课堂上教师教幼儿听是不行的，必须让幼儿去实践、去体验。于是，教师组织了幼儿到小吃一条街参观访问，品尝美食，让孩子们在欢声笑语中了解家乡主要风味小吃的名称、味道、外形特征。接着，请家长配合查阅有关资料，帮助孩子了解家乡风味小吃的制作和烹饪过程。这样，孩子们对家乡小吃就有了较全面的了解。在此基础上，教师和孩子们一起策划开展了家乡美食节活动。

（四）连接素材与教材知识点的拓展性整合

幼儿园教材是教师手中必不可少的教学资源，是幼儿获取系统知识的主要材料。但教材不可能考虑到各地的差异，所以，教师要善于利用现实生活中鲜活的素材，将其与教材知识点有机结合。如教师在使用省编幼儿园教材大班主题教育活动“美丽的服装”时，根据幼儿的兴趣，及时增加了手工活动“小小的服饰”；在组织小班健康活动“学着做”时，教师根据幼儿成长的需要开展了主题教育活动“我真能干”等。这样不仅丰富了教材内容，还提高了教材的教育功能。

大自然、大社会和幼儿本身就是幼儿教育的源头活水。只要我们以现代幼儿教育观念辩证地去开发和整合，定能做到课程资源的最优化。

第二节　课程资源的来源

幼儿的经验不是凭空生长出来的，而是在幼儿与周围的事物和环境相互作用的过程中逐渐形成和积累的。幼儿园课程资源开发是教师从课程资源的视角来研究“当代生活”的过程，更是教师深入认识幼儿所处的生活环境和文化、识别幼儿的兴趣和需要、了解幼儿的经验背景的过程。教师系统开发当地课程资源是必要的，这是因为，系统开发幼儿园课程资源能够唤起教师的课程资源意识，使教师有意识地从课程资源的视角去审视周围的各类事物和现象；增强教师的课程意识，使教师对幼儿园课程及其特质有更加深入的理解；帮助教师理清幼儿园课程资源的范围，改变教师认为幼儿园课程资源“剪不断、理还乱”、幼儿园课程资源利用无从下手的现状；增强教师对各类课程资源的了解，为教师有目的、有计划地利用课程资源开展活动奠定基础；为幼儿园课程资源的储备和管理等后续工作创造条件，方便教师调用各类课程资源。利用课程资源开展多样化的活动，在亲近自然、直接感知、实际操作和亲身体验的过程中，使幼儿的经验有所发展，这是幼儿园课程的根本指向，也是幼儿园课程资源开发与利用的最终目的。

第一，盘点园内物质资源。以幼儿园为单位，运用课程资源调查表或课程资源地图盘点园内的物质资源，明确园内自然资源和基本资源的类型和数量，回顾并反思园内现有物质资源的利用状况。园内物质资源盘点能够帮助教师树立基本的课程资源观，使教师明确课程资源的范畴。

第二，开发园外课程资源。通过实地调查和查阅资料等方式，开发园所周边的课程资源；填写园外课程资源调查表，或绘制园外课程资源地图，了解园外课程资源的详细情况。园外课程资源开发能进一步拓展教师对课程资源的认识，为教师的活动设计与实施提供更加丰富的内容、素材和条件。

第三，明确本园的课程资源特点和优势，利用课程资源开展活动。在对课程资源进行初步筛选和判断的基础上，通过区域材料投放、将课程资源融入班级当前活动及生成专门的活动等方式，利用课程资源开展多样化的活动。课程资源的有效利用是幼儿园课程资源开发的最终目的。

一、生活活动中的资源

幼儿园教师已经适应的预设活动，其内容或主题一方面来源于幼儿园教材或参考资料，同时也是教师自己的知识经验和教师对幼儿的兴趣、需要的观察了解。

教师预设的活动一般来说目标比较明确，幼儿集体的兴趣也容易集中于此。只要教师在预设活动时做到弹性设计，考虑周到，给幼儿留有生成空间，教师也就易于理解和把握幼儿生成的内容，捕捉幼儿的兴趣和需要，从而不断调整活动的目标和内容，以使预设和生成都成为促进幼儿更加有效学习的师幼共同建构的课程，从而满足幼儿的兴趣和爱好，满足幼儿自身发展的需要。

例如：在开展“我爱我家”的主题活动中，教师结合幼儿的生活经验，预设“找家”的活动目标，鼓励幼儿尝试运用自己已有的经验解决找自己家时遇到的问题。但在活动开展时，教师发现幼儿对生活环境中的车牌号、站牌、路牌等数字和文字更为熟悉和了解，于是生成了引导幼儿观察生活中的数和文字的活动。

二、把教师作为生成资源

由于每位教师的知识经验、兴趣爱好、教学风格等各不相同，每人都有自己的长处。教师可以在与幼儿相处中把自己的长处自然地展示，与小朋友一起分享。在教给幼儿知识的同时，也帮助教师自己保持工作的热情，并在主动学习的过程中对教学保持兴趣。

三、把为幼儿创造符合其年龄特点的环境作为资源

幼儿发展的阶段性特点表现在幼儿的每一个发展阶段都有一些发展的任务，诸如：绘画、谈话、小肌肉练习、大动作跑跳……幼儿生活的环境应为幼儿提供选择自由练习发展技能的活动、探索的环境的机会，以使他们把所见所闻的事物以独特的方式表现。这些社会情感在幼儿不同的发展阶段表现为能力、友谊、独立性，等等。通过环境的创设和教师对幼儿的预期，为幼儿提供机会，使孩子在熟悉的文化环境中自然地活动，保持学习的热情。

四、从幼儿发生的争执或错误中引发出生成资源

在幼儿园环境里，幼儿在与各种资源的互动中会遇到很多难点和问题，也会产生许多错误。在认知失调中就容易产生矛盾和争执，有些问题反映了幼儿的个别现象，但也有些反映的是共同问题，符合幼儿的教养目标和幼儿的年龄特点，教师就可以把它们演变为“生成”的资源，如前面引子里的“老虎该不该打”的争执，教师就可以乘机生成“保护动物”的主题。

五、把偶发事件作为资源

在教室、社区、自然界，几乎每天都有意料之外的事件发生：如一只小鸟飞进了房间，一个孩子在花园中发现了动物的尸体，天气的突然变化

等。教师不得不选择如何处理这些突发事件。他们可以忽视这些事件，或简单地提一下，或把这件事情设计到课程计划中。计划可能是长期的，也可能是短期的。能够自如地对突发事件进行反应、决策，对一个教师来说是非常重要的。

六、从幼儿共同的生活中生成

幼儿园里的所有日常事务，对幼儿来说都是潜在的课程，如解决生活中发生的冲突，和成人或同伴间的合作，对事物进行判断等。另外，共同生活中的自理活动，如吃、睡、大小便等每天的常规活动，对培养孩子的探究意识和生活能力、促进他们的健康都非常重要。这些常规活动是幼儿生活的基本内容，而不是偶尔想起来才运用一下的课程资源。

第三节　资源的利用过程

课程资源的性质不同，教师开发利用课程资源的方式也会有所不同。行动方案实施过程中，课题组先后深入参与了N园、F园、D园和W园开发利用特定课程资源的过程。下文中，课题组将介绍以上4所幼儿园的探究过程，分析教师在这一过程中遇到的问题，总结教师的反思与收获。

一、园内资源的开发与利用——以N园为例

（一）N园教师开发园内外各类课程资源的过程

N园是一所乡镇的公办幼儿园。自幼儿园课程资源开发与利用的方案实施以来，N园教师通过查阅资料和实地走访等途径，深入调查了园内外的各类课程资源，并以课程资源调查表和课程资源地图的形式将各类课程资源标示出来。

通过填写课程资源调查表和绘制课程资源地图，N园教师对园内自然资源、园内基本资源、园外自然资源和园外社会资源的具体情况有了十分细致的了解。在此基础上，教师还通过梳理部分课程资源所适宜的年龄阶段和可能开展的具体活动，初步分析和判断其教育价值。

经过系统的课程资源调查，教师发现，园内外的自然资源和社会资源都十分丰富。基于本园的实际情况和农村幼儿的已有经验，考虑到课程资源利用的可行性和便捷性，N园园长决定，以园内自然资源为抓手，探究课程资源利用的路径。

（二）N园教师利用园内资源的方式及分析

实地考察发现，N园教师利用园内自然资源的方式有以下两种：一是利用特定的自然资源生成班级活动，例如小班活动“柿子的故事”、中班活动“蚕豆宝宝”和大班活动“麦苗青青”等；二是师幼、家园共同收集自然资源，并将其投放在班级的各个区角。

访谈中，N园园长表示，“老师利用课程资源开展活动的思路基本都是缘起—认识—做事—结束”。以小班活动“柿子的故事”为例，教师和幼儿共同采摘柿子后，教师先后组织了认识柿子（形状、颜色、种类、结构特征及其用途）、比较大小、捂柿子的方法和做柿饼等活动。再以中班活动“蚕豆宝宝”为例，春游途中发现蚕豆后，教师先后开展了认识、采摘、挑拣、清洗和分享等活动，幼儿在班级区角中自发地玩起了点物配对、拓印等游戏。大班活动“麦苗青青”也是如此，教师引导幼儿了解麦种、选地、播种，开展了测量麦苗的高度、榨麦苗汁、做青团、数麦粒、收割麦子等活动。

值得肯定的是，在利用园内自然资源开展活动的过程中，N园教师的活动思路比较清晰，能够引导幼儿运用多种感官，通过直接感知和实际操作，了解和认识身边的多种事物，教师组织的相关活动大致符合幼儿的学习方式。

同时，N园教师利用园内自然资源的思路还有待拓宽。幼儿园的种植活动蕴含着丰富的教育价值，植物的根、茎、叶和果实的结构及其功能都能引发幼儿的持续关注，植物的生长周期和生长条件十分值得深入探究，播种、管理、收获及收获后各类丰富的创造性活动都有必要引入幼儿园课程。目前，N园教师关注的重点多为植物的果实，开展的活动相对集中在收获和表征两个环节，对植物的其他部位、种植活动其他环节的关注还不够。

正是由于教师对种植活动及其教育价值的认识不够充分，没有意识到种植活动是一个综合的学习过程，所以，教师利用园内自然资源的方式较为单一，对其教育价值的挖掘不够深入，各年龄班种植活动的层次性和差异性也不强。具体表现为：教师的关注点仅停留在幼儿运用多种感官进行探究、发现事物的明显特征，以及感知事物量的特点等认知能力的发展上，而对幼儿关爱植物、亲近自然的情感，幼儿间的交流与合作，以及体会劳动的艰辛和收获的喜悦等情感态度方面的发展关注不够；各年龄班的相关活动高度相似，未能充分体现各年龄班幼儿的发展特点和水平，活动的适宜性不强。

（三）N 园教师利用园内资源的问题及研讨

“课程资源很多，应该如何筛选？如何开展出适合小朋友的、有特色的活动？”面对园所周边十分丰富的课程资源，N 园的教师发出这样的疑问。

对于教师而言，为什么课程资源利用难以入手？事实上，这一问题涉及幼儿园课程资源开发利用的多个环节，包括课程资源的筛选、教育价值的分析和生成多样化的活动等。只有在深入了解教师利用课程资源的过程，逐一分析教师的困惑，并进一步思考产生这些困惑的原因的基础上，才能提出解决问题的有效策略。

课题组与 N 园园长和几位带班教师展开研讨，并将研讨内容大致总结如下：

1. 教师对种植园地和自然角的价值定位不准确

种植园地和自然角同为幼儿观察和照顾植物、体验生命生长的场所，二者的作用有何不同？二者分别适合开展什么活动？N 园教师发出了这样的疑问。

师 1：如果都种在自然角，那就乱了，自然角的美观性和统一性体现在哪里？

师 2：上次开会时听到，如果种植园地很大，那还要自然角干什么？

课题组：种植园地和自然角发挥着不同的作用，自然角可以种一些观赏性的植物，也可以作为试验和对比观察的场所，比如，尝试不同的栽培方式，对比植物的生长条件，等等。

师 1：自然角的植物到了冬天不长了，观察记录怎么继续做，是不是必要的？现在的观察记录是从一个种子播种到土里，用绘画的形式记录，不过，好像也没有观察到完整的过程。

师 3：我班种的是荞麦，种植园地比自然角的要长得好很多。

课题组：自然角更多是用来欣赏和装饰的，只需要简单的照顾；种植园地的种植需要体验播种、管理和收获的整个过程，体会生命的多样性，感受植物生长的过程，但想要在自然角实现种植、观察和收获的整个过程，以及实现种植活动的所有价值不太可能。

师 4：说到自然角，我觉得老师真的很辛苦，每学期都有自然角评比，标准是什么？孩子知道长芽了，就是不会画。

课题组：我这里有其他园的小朋友画的花生，画出了很多细节，看到这个作品之后，我们就知道孩子一定挖过花生。只有孩子真的去做事了，有所发现了，孩子的作品才会比较生动。

从上述资料可知，N 园教师对种植园地和自然角的价值定位不够准确，幼儿在自然角的参与度不高，观察记录趋于形式化，存在“为了记录而记录”的倾向，教师需要在明晰种植园地和自然角的教育价值的基础上，合理规划适宜的活动。

2. 园内种植园地的价值未能得到充分发挥

研讨过程中，园长谈到，该园目前以开发利用自然资源为主，在园外开发了一块田地，中大班每周设有农作日，利用农田资源，体验种植与收获，但却对园内一片面积并不小的种植园地甚少提及。于是，课题组与该园教师探讨了以下内容：

师1：种植应该是幼儿的内在需求，刚种下去的一两天，幼儿很感兴趣，有的植物需要3~4个月，怎样延续幼儿的兴趣？总不能每天都去提醒他。

课题组：教师需要对种植园地进行系统规划。选择合适的植物种类，增加种植园地内植物品种的多样性。不同植物的生长周期是什么样的，春天种哪些，夏天种哪些，如果想要让孩子感受植物的生长过程，就可以挑选一些周期短的、容易收获的，便于孩子观察的植物，这样更能引发孩子的兴趣。种下去之后，给孩子观察、照顾和谈论的机会，将种植活动作为幼儿一日生活的重要环节。

师2：什么时间去照顾和管理呢？全天随便什么时候都可以来？什么时间去浇水呢？从种植到收获，时间比较长，需要一直开展相关活动吗？

课题组：入园时间、自由活动的时间、散步时间都可以，可以跟小朋友一起商议出一个规则。完全自主的话，可能会存在一些问题，比如，小朋友们不同时间来浇水，加在一起就过量了，植物就死掉了，可以跟孩子讨论，植物为什么死掉了？我们应该怎么办？

师1：也就是说，不要去阻止孩子错误的行为，可以从错误的行为中总结出一些其他的……错了也没关系，反正就是由着孩子自己的想法来。

课题组：最初可能会出现一些问题，经过尝试，孩子的经验就会丰富起来。

师2：种植活动偏向哪个年级？每个年龄班的种植品类是不是应该有所不同？目前，都是千篇一律的。其实，小、中、大班的种植应该是不一样的，要结合孩子的年龄特点嘛。因为大葱和大蒜比较好观察，大家都去种植大葱和大蒜，这样反倒不好。

课题组：应该是不同的，需要考虑不同植物的形态特征和生长周期，还要考虑幼儿的发展特点，比如观察能力。《指南》中指出，小班幼儿通过观察发现事物的明显特征，中班是比较性观察，大班是注重观察与分类的能力。具体哪个年龄班适合种哪一种，还是需要去尝试。

与一般意义上的种植活动不同，幼儿园的种植活动是综合性的学习，蕴含着丰富的教育价值。幼儿园需要对种植活动做出系统规划，例如植物的种类和数量，种植的时间和场地，种植、管理和收获的整个过程，教师和幼儿的参与方式，等等。

N 园教师对种植园地教育价值的认识不够全面，缺少对种植园地的系统规划，这是造成 N 园种植园地的价值未能充分发挥的主要原因。

3. 教师不知如何判断课程资源的教育价值

谈到利用园内自然资源的困难时，教师纷纷表示，不知如何判断课程资源的教育价值，于是双方展开以下探讨：

师 1：孩子很多，兴趣也很多，有的老师比较有教育智慧，就知道怎么取舍，但有的老师则不会。

课题组：如果孩子们一段时间内对一个东西特别感兴趣，老师一个人判断不了，就可以开展班级、年级组或者全园的课程审议，大家一起讨论，对于特定资源，幼儿可能会有哪些感兴趣的地方？可以做些什么事？会在哪些方面有所发展，抽象地讨论取舍的原则比较难，但是具体到每一个活动，课程审议可能会有作用。

面对幼儿广泛的兴趣和身边丰富的课程资源，教师不知如何筛选，对课程资源的教育价值把握不准，这是制约 N 园教师课程资源利用水平的首要问题。以大班主题活动“山芋”为例，虽然“山芋皮能不能吃”的问题是幼儿关注和讨论山芋的起源，但是这一问题本身的探究价值不大，相比之下，山芋的结构特征和食用部位、与其他植物的相同点和不同点等问题，可能更能引发幼儿的深入探究。

产生这一问题的主要原因在于：教师对幼儿的学习方式和特点了解不够，对《指南》中的幼儿发展目标理解不到位，更难以在活动设计和实施的过程中加以运用。因此，对 N 园教师来说，基于具体活动案例的理论学习和讨论分析是十分必要的。同时，N 园可定期开展年级组和幼儿园层面的课程审议，交流各班的活动开展情况，分析幼儿的行为表现和兴趣特点，讨论教师在活动开展过程中存在的问题，并尝试与《指南》对接，使教师的引导和支持更有针对性。

4. 教师的课程资源意识和开发利用课程资源的能力有待提高

研讨过程中，N 园园长多次表示，教师的观念和能力制约幼儿园课程资源利用的效果与水平，并对此感到十分无助。

师 1：现在老师们为什么觉得累？就是因为应该由小孩子做的事被老师

做了，老师不愿意放手。

师 2：对，最近中班在种蘑菇，老师们刚才说，我不敢让他们浇水，好不容易长出来的菌菇，用手摸一摸，掉了。小朋友很想去，老师说你们别去，我已经帮你们浇过了。

老师无法判断课程资源的教育价值，课程资源收集来了也不知道怎么用，无法敏锐地捕捉孩子的需要，不知道怎样跟主题活动结合。

课题组：能不能先不用教材，想一想，还能做些什么？

师 2：我们商量，在用综合活动教材的同时，将生发出来的一些好的活动替换上去。长此以往就可以生成我们的课程资源。

课题组：如果用我们本地的资源去开展，可能会更精彩。

师 2：本地的资源可能更适合我们当地的小朋友。因为有的活动不好理解，不可能针对每一个地区的孩子。

课题组：老师可以迁移自己的生活经验，想想这些资源在生活中有什么样的用途，留心观察生活中一些有趣的、值得探究和讨论的事物和现象，对活动的开展有一个大致的思路。也可以先创设环境和投放材料，看看小朋友想做些什么事。

师 2：老师们不会分析，活动结束之后问他们，小朋友收获了什么，使用了什么策略，老师们说不出来。

课题组：能不能简要记录幼儿的对话、问题，收集孩子的作品，客观地描述和展示幼儿学习和探究的过程？再试着对照《指南》。

师 2：让后期的反思有一些根据。

教育活动中的许多微小问题能够折射出教师的观念，教师需要检视和反思自身的儿童观和课程观。观念改进后，再谈教师的课程设计能力和观察分析能力才有实际意义，仅靠模仿做事只能“知其然”，却难以弄清“其所以然”。在教师眼里，幼儿是一个独立自主的个体吗？幼儿是否有自身的需要和能力？幼儿是怎样学习的？开展活动的目的是什么？对这些基本问题的思考是十分必要的。

二、园外资源的开发与利用——以 F 园为例

（一）F 园教师开发园内外资源的过程

1. 园内资源调查

F 园位于 E 区西部，是一所街道中心幼儿园，园内外的各类课程资源都十分丰富。2021 年 9—10 月，该园教师通过填写课程资源调查表和绘制园内课程资源地图两种方式，开展了园内自然资源调查。

通过对园内课程资源的系统调查和梳理，教师对园内的自然资源有了初步了解，教师感叹说："原来我们幼儿园有这么多东西，我带孩子们户外活动和散步时都没有关注到。"在初具课程资源意识后，F园教师以年级组为单位，深入了解部分植物的形态特征、结构特点和生命周期等知识，在此基础上分析其教育价值，并尝试设计和开展领域活动。

2. 园外资源开发

2021年11月，F园园长和部分教师一起实地考察园所周边的课程资源，阐明了幼儿园课程资源开发利用的意义和实质，并从开发自然资源、用好社会资源和关注文化资源等方面提出具体建议，为F园课程资源开发利用指明了方向。

此次专业指导后，F园园长决定，将全园教师分为四组，系统调查园所方圆1千米内的自然资源，并以课程资源地图的形式，标明自然资源的种类和数量，分析其教育价值，初步构想可能开展的活动。

（二）F园教师利用园外资源的过程

1. 教师收集资源

怎样开发园外自然资源？谁来开发？通过什么方式开发？F园教师围绕以上三个问题进行研讨，最终确定了自然物收集和社会实践活动两种方式。

首先，教师将目光锁定自然物收集，并决定以年级组为单位开展活动。出发前，园部下发调查表格，启发教师思考以下问题，为收集自然物的活动理清思路：已有哪些秋冬季的自然物？还需收集哪些？这些自然物可以用来做什么？所收集的自然物如何存放？带着以上问题，各年级组收集了狗尾巴草、芦苇、茅草和棕榈叶等自然物，并带回幼儿园。

回园后，教师将这些自然物投放在幼儿园门厅和班级自然角，等待着幼儿的观察、谈论、提问和探究。然而，与教师的预想不同，一段时间后，幼儿很少提及或利用这些自然物，在教师提问有没有见过芦苇时，幼儿十分肯定地回答："没有。"对此，教师感到十分不解，"明明幼儿园的大厅和自然角里有很多，为什么小朋友没有看到？"针对这个问题，F园教师进行了集体研讨：自然物的吸引力不如其他的教玩具和材料吗？幼儿没有亲身参与收集活动，所以自然物没有引起他们的关注吗？教师只把自然物投放在幼儿园门厅和班级自然角，幼儿能直接接触的机会不多？或者，教师在收集和投放材料时没有关注幼儿？据此，教师提出解决办法：开展"社会实践活动"，使幼儿通过亲身体验，与自然物亲密互动。

2. 寻找自然物，幼儿直接感知和实际操作

为了做好前期准备，在初定活动地点后，F园教师先行出发踩点。勘察

活动地点后，教师一致认为“没有东西可捡”，思虑再三后，教师还是决定，应为幼儿提供亲近自然、直接感知和实际操作的机会。

小班幼儿带着收纳袋来到了幼儿园旁边的小公园，看到许多颜色、大小和形状不一的树叶，各种颜色的小果子和长长短短的树枝，他们十分兴奋地与教师和同伴交流自己的发现。有的幼儿说：“你们看，我找到一片好大的树叶，我的袋子都放不下！”有的幼儿说：“老师，我发现一个树枝，很像我奶奶晾衣服用的叉子。”还有幼儿问，“老师，这里怎么有一个大洞？洞里有好多树叶！”

大班组将活动地点定在幼儿园附近的盆景园。出发前，教师就活动内容和所需的材料展开研讨并最终决定，分两组开展活动，一组幼儿利用多种材料自由创作，另一组幼儿自由写生。来到盆景园后，幼儿很快找到许多可用的材料，例如小松果、树皮、树根、树叶、树枝和稻草等，利用收集到的自然材料，以及从幼儿园带来的废旧鞋盒、黏土、油泥和乳胶等基本材料，幼儿开始自由创作。户外写生活动的对象是船亭。活动过程中，幼儿始终十分专注和投入，或独自创作，或合作交流，利用多样化的材料进行创作和表征。

教师也感慨万千，“我之前以为小朋友没有这么好的绘画能力”“我们成人习惯于站在那边，倒不如蹲下来看一看”“我当时就觉得，其实小朋友会有所发现的”。活动后，F 园教师最深切的感受是：教师需要为幼儿提供多样化、有效的材料，让幼儿充分地与环境互动，与材料相互作用。

3. 再次区角投放，丰富游戏材料

考虑到小班幼儿刚入园，一次性开放所有区角的做法可能不利于幼儿的深入探究，小班教师对收集到的自然物进行分类整理后，主要将其投放在美工区。美工区的材料顷刻间变得丰富起来，自然物拼贴、装饰草帽和插花等活动自然而然地在美工区展开，幼儿的作品也呈现出多样化的特点。教师还尝试将树枝和树叶等部分自然物投放在科学区，便于幼儿动用多种感官、运用多种工具进行探究。

中班教师通过家园共育的途径，请幼儿带来芦苇、芝麻秆、稻草和松果等各种各样的自然物，经筛选、分类和整理后，将其分别投放在美工区和科学区。幼儿利用这些自然材料，在美工区插花、装饰、剪贴、添画和自由创作，在科学区观察、吹泡泡和测量。通过自然材料的投放，中班美工区和科学区改变了以往材料单一、开放性不强和幼儿不感兴趣的状况。

社会实践活动后，大班教师及时抓住教育契机，与幼儿一起将收集到的自然物进行分类和整理，并分别投放到美工区、科学区和益智区。在益智区，幼儿利用自然材料开展排序和挑小棒的活动；在科学区，幼儿发现木片上的年轮；在美工区，幼儿利用自然材料插花、编织和拼贴画。

4. 自然资源利用中的反思与调整

怎样才能使幼儿利用自然材料的活动更加生动和有趣？F 园教师在投放材料的同时进行观察与反思，意识到以下几个问题并一一做出调整：一是自然物未经加工，难以利用。教师提到，“芦苇的秆子和花絮、稻草秆子外面的皮，都是需要加工的，加工后，跟小朋友的互动会更多”。园长说，“老师们很忙，有一天我去班里，看到老师在剥稻草秆子外面的皮，我就问，为什么不让小朋友弄呢？老师很用功，但是小朋友的参与在哪里？是不是可以跟小朋友一起加工自然物？”于是，教师提供分类工具和塑料盒，让幼儿参与了自然物加工和分类整理的过程。教师意识到，幼儿加工和分类整理自然物的过程也是与自然物亲密接触、直接感知自然物的形态和特征的过程。

二是材料单一，缺少辅助性材料。教师发现，仅为幼儿提供单一的自然材料似乎不能引发幼儿的兴趣，也难以充分地支持幼儿的操作和探究，还需提供一些辅助材料和工具性材料。访谈中，教师提到，“芦苇秆子直接往那边一放，等着孩子去发现，可是经过一段时间的观察，我们发现幼儿的游戏水平并没有太大提高，他们对投放的材料也不是太感兴趣。光给他芦苇秆子怎么能发生一些有意义的事情呢？于是我们在区域中增加了很多辅助材料，比如吸管、麻绳、毛根和布条，材料一下子就丰富起来了”。

三是自然物投放的目的性不强。教师逐渐意识到，材料投放过多，幼儿应接不暇，材料投放时并未针对幼儿的年龄特点，也没有结合《指南》的幼儿发展目标进行价值分析。访谈中，教师提到，“我们什么都不讲，放一堆东西在那里，人就走了，幼儿也不知道这个东西是什么，从哪儿来。我们就纳闷了，孩子怎么发现不了？孩子可能也觉得我太难了，不知道做些什么”。可见，在没有考虑清楚的情况下，一次性为幼儿提供过多材料的做法需要调整，教师可以在对自然材料的教育价值做出初步判断后逐渐投放，并在每次投放前向幼儿逐一介绍新增材料。意识到这一问题后，教师开始尝试做出调整，例如，小班幼儿近期对插花很感兴趣，教师就在美工区投放了一个花篮。

四是材料的投放没有依托特定主题。如果区角材料的投放没有依托特定主题，就很容易造成教师漫无目的、幼儿无所事事、活动单调空洞的状态，这是因为，教师所投放的材料没有跟幼儿的生活建立直接联系，难以引发幼儿的探究欲望和兴趣。访谈中，教师提到，“我后来才发现，自然物其实只是一种材料，还是要跟主题相关，如果老师一味地投放，而对为什么这样投放没有思考，可能意义不大”。于是，教师开始将所投放的材料与班级当下的活动主题关联起来，不再是“为了投放而投放”。例如，结合“冬爷爷的礼物”这一主题，引导幼儿在美工区中制成围巾、手套和帽子，尝试利用多样化的自然材料进行制作和装饰。

五是投放材料时对幼儿的关注不够。通过对园所周边课程资源的开发和价值分析，教师逐渐意识到课程资源的价值，对利用课程资源的活动很有热情，他们想要通过课程资源的开发利用做很多事情，然而，忙碌的同时，却忽视了幼儿园课程资源开发利用的根本目的，忽视了幼儿的兴趣和需要。教师提到，“将材料投放到区域后，一开始都在想，这个我可以怎么利用，可以插花、可以编织，但没有人关注小朋友想怎么玩，老师挖空心思地想，小朋友也不知所措”。

（三）F 园教师开发利用园外自然资源的收获

在开发利用园外自然资源的过程中，F 园教师与幼儿一起亲近自然、直接感知、实际操作和亲身体验，在实际行动中深入理解幼儿的学习方式和特点。教师说：“我们要让孩子成为学习的主人，为孩子创造适宜的环境，让孩子走进自然，去亲手触摸和观察每棵大树，看看树皮长什么样子，量一量树有多粗、多高，这样的学习才是有趣的、生动的。”

在不断地发现并解决问题的过程中，教师的儿童观和课程观也有所提升。教师开始有意识地关注幼儿的兴趣和需要，理解幼儿的学习方式和特点，注重幼儿的自主性和创造性；教师也逐渐意识到，教材不是幼儿园课程的唯一来源，“大自然、大社会都是活教材”，蕴含着丰富的教育价值。

正如张雪门先生所说：“事怎样做必怎样学，怎样学必怎样教，做学教打成一片，才能完成行为课程。”幼儿园课程资源开发与利用的过程就是共同做事和思考的过程，也是师幼共同探究，与周围环境相互作用的过程，更是幼儿通过操作各种材料和工具，获得有益经验的过程。

三、园外社会资源的开发与利用——以 D 园为例

（一）D 园教师开发利用园外社会资源的背景

D 园是江苏省某省级示范幼儿园的一所分园，D 园教师在园所周边实地调查，举例分析周边课程资源的教育价值，唤起了 D 园园长和教师利用本地课程资源的意识，自此，D 园开始有意识地开发利用本地的自然资源、社会资源和文化资源。

（二）D园教师利用园外社会资源的活动

访谈中，D园大班的一位教师以主题活动“健康的身体”为例，简要介绍了园外社会资源在班级当下主题中的利用情况：

活动来源：因为大班小朋友有身体上的变化，比如，掉牙齿、关节痛，我们结合大班幼儿的特点，开展了“健康的身体”这一主题活动。前期在教学、生活活动中分享相关绘本，小朋友进行了观察牙齿，测量身高、比身高，测体重，量脚长，制作内脏、消化系统图等活动，用从家里带来的洗衣机下水管和毛线球等，制作人体内脏，绘制静脉和动脉。主题活动结束后，我们想让家长也参与进来，因为健康新城是我们的地方特色，而且也有迷你马拉松、自行车赛、夜跑，我们就想带着大家一起参与活动，很多家长都参加过。小朋友说，我也好想参加一次。于是就有了这个融入健康身体的主题的亲子活动。

活动审议：一开始选的是某某山，后来审议的时候，觉得沿途车子比较多，想找一个有步道的地方，于是选择了湿地公园。老师先去踩点，那边的空气很新鲜，环境也很优美，有很多值得挖掘的课程资源。

活动过程：我们去湿地公园开展了一个迷你马拉松活动。活动中有很多事情要做，围绕主题活动，小朋友们要设计号牌、服装、班旗、口号，小朋友们很忙，但是他们很开心，很投入地做事，非常喜欢这个活动。

活动反思：当初想让孩子更深入地融入活动之中，是为了让他们知道有一个健康的身体是非常重要的。单方面从教学活动上开展，还远远不够。如果后期再次开展的话，我们肯定会做得更多。有的活动在区域里不好开展，我们就落实到生活活动中。

（三）D园教师利用园外社会资源的分析

从建园起，D园教师就在课程专家的专业引领下，有意识地利用园所周边的课程资源开展活动，毫不夸张地说，这已成为该园活动的常态。

上述活动是在师幼与环境相互作用的过程中逐渐生发的，教师并未事先构思好所有活动，而是结合班级当前的活动主题，充分了解幼儿的已有经验，关注幼儿的兴趣和需要，调动相关资源开展活动，并在此基础上适时加以调整和改进。因而，活动过程中，没有产生“如何维持幼儿兴趣”的问题。本质上，课程资源开发只是一种手段，其目的在于唤起教师利用课程资源的意识，使教师能够有意识地借助本地资源，提升活动的适宜性。

活动的组织形式上，D园教师能够根据活动的内容和性质灵活地选择集体活动、区域活动、生活活动、项目活动和亲子活动等形式，对活动开展的时间和空间有比较明确的规划，因而，活动过程中，没有产生诸如“不知课程资源如何利用”的问题。

那么，如何保证活动的适宜性？课题组认为，开发利用本地课程资源的最大好处在于，活动内容来源于幼儿的生活和所处环境，基于幼儿的已有经验，从而在一定程度上保证了活动的文化适宜性。另外，活动是否适合幼儿的年龄特点和现有水平，一是需要对照《指南》，二是需要在师幼共同活动中不断尝试，不断发现。幼儿园课程的适宜性要落实到具体的活动和每一个幼儿。撇开具体的活动和幼儿，抽象地谈活动的适宜性，其实际意义不大。另外，教师对《指南》的熟悉和灵活运用其实也是在每个具体的活动中逐步实现的。

四、园外文化资源的开发与利用——以 W 园为例

（一）W 园教师开发利用龙灯资源的背景

W 园所处的乡镇是 D 区较为偏远的乡镇之一，依山傍水，风景秀丽。独特的区位条件造就了颇具特色的民俗文化，剪纸、社戏和庙会等传统民俗活动丰富了当地居民的业余生活，舞龙灯和虎头鞋等物质产品承载着底蕴深厚的地域文化。据此，该园将课程资源开发利用三年行动方案的主题定为“基于经验，传承文化——本地文化资源的开发与利用”。

访谈中，该园教师提到，“舞龙灯的活动中，有动作、音乐和节奏、故事和角色，还有表演，内容十分丰富，我们想把会舞龙灯的老人请进来，教教孩子们，这也是民俗文化的传承”。另外，通过问卷调查，教师发现，很多家长和同事都曾参与舞龙灯表演，部分幼儿也曾观看过舞龙灯表演经验。可以说，舞龙灯及其相关活动植根于当地的民俗文化，来源于幼儿和教师的生活，内容丰富、形式多样，开展相关教育活动符合幼儿的发展特点和学习方式。

（二）W 园教师开发龙灯资源的过程

为了深入了解舞龙灯文化的由来、元素和表演形式，W 园教师开展了一系列的研讨，决定通过社区走访、村民探访和发放问卷等途径展开系列调查。

社区走访中，工作人员十分支持 W 园的调研工作。他们认为，幼儿园开展舞龙灯活动非常有意义，既能促进幼儿各方面的发展，又能传承地方文化，并为教师细细解说了舞龙灯的由来、角色和表演形式等内容，还向教师推荐了扎龙灯和舞龙灯表演的民间艺人。村民探访中，民间艺人带领教师参观了舞龙灯会，一一介绍了道具，还表示，如果需要，可以前往幼儿园现场教授。

社区人员和幼儿家长的鼎力支持为幼儿园利用舞龙灯资源开展活动提供了现实条件，也更加坚定了W园教师研究以舞龙灯为代表的当地民俗文化的信心。在社区人员和幼儿家长的帮助与支持下，W园教师深入了解舞龙灯文化，亲身体验舞龙灯表演，对其中的队形、动作和音乐等元素有了更深刻的感知。教师了解到：当地舞龙灯的特点是“人小、龙小、道具小，讨人喜欢”，表演内容多以历史故事为背景，通过敲锣打鼓、阵法演示等形式，欢庆丰收、庆春节，是当地一种十分重要的民俗活动。

（三）W园教师利用舞龙灯资源的活动审议

在深入了解舞龙灯资源及其文化的前提下，W园教师前后进行了两次舞龙灯资源利用的集体审议，课题组也参与其中，与W园教师共同分析舞龙灯资源的教育价值，探讨如何将舞龙灯资源引入幼儿园课程，如何将其转化成适宜的活动等问题。以下是这两次研讨活动中聚焦的主要问题。

1. *舞龙灯资源蕴含哪些教育价值？能够开展哪些活动？*

在开发舞龙灯资源的过程中，W园教师对其教育价值有了初步认识，但缺乏对其中各个元素的教育价值的准确定位。因此，不太清楚如何利用舞龙灯资源开展活动。因此，课题组与该园教师展开了如下研讨。

师1：我们请了民间艺人来园，老师必须先学会，先带孩子把基本队形走出来，再把具体的跳法教给孩子，还有服装、配饰，编竹龙，这些之后再搞。我们想把舞龙灯活动在我们幼儿园的中大班传承下去，作为幼儿园的文化特色和亮点。

师2：舞龙灯活动之前不是在幼儿园这个年龄层次的，一般是10岁左右的孩子，他们接受能力强，舞龙灯也需要一定的体力，我们从头到尾进行了简化，挑选符合幼儿的形式，太难的、时间太长的都不行。在这一方面，老师还需要坐下来审议，什么样的方式、动作和时长符合大班幼儿的年龄特点。

课题组：舞龙灯活动中有很多元素，编织、音乐节奏、队形，以及服装和配饰，这些过程是不是也可以让孩子参与进来？也可以让孩子走出幼儿园，去做社会调查，这也是一个学习的过程。

师1：民间艺人编织的时候，我们会录制一些视频。

师2：我们做了前期准备，暂时是为舞龙灯活动做一些物质、音乐上的准备，还想到，可以把一些经典故事和歇后语分享给小朋友。竹龙用什么材料，通过什么方式制作，我觉得可以先试着从基础的编织做起。

师3：还有竹龙和竹球，都可以装饰。

师1：可以把这一系列的东西都纳入我们的课程中，这样也可以延伸到小班和中班。

课题组：几年以后，我们也可以建一个龙灯博物馆，一方面，幼儿园所做的事情就是在传承龙灯文化；另一方面，教师和幼儿也可以搜集一些舞龙灯的图片和装饰品，这也是龙灯博物馆的重要组成部分。当地没有龙灯博物馆，那我们就和小朋友一起建一个。

师3：完全可以。比如我之前舞龙灯的衣服，放在家里没地方，扔掉又舍不得。

从上述研讨记录可知，活动前期，W园教师在分析幼儿年龄特点的基础上，将龙灯资源利用的重点放在舞龙灯表演和经典故事两个方面，将相关活动的目标主要设定在幼儿的动作发展、语言发展及激发爱家乡的情感上。

随着集体审议的开展，教师逐渐意识到，舞龙活动中的很多元素，都具有丰富的教育价值，符合幼儿的发展特点和学习方式，幼儿可以逐渐参与活动，如编织和装饰龙灯，欣赏音乐和演练队形，品味经典故事，欣赏和表演龙灯，进行社会调查和记录等。由此可见，参与舞龙灯活动是一个综合性的学习过程。

2. 舞龙灯资源是否符合幼儿的兴趣？如何引起幼儿的关注？

张雪门认为，“一个有价值的课程内容引不起儿童的反应，等于无价值的课程”。诚然，舞龙灯资源具有丰富的教育价值，但是，它是否符合幼儿的兴趣？如何把舞龙灯资源引入幼儿的一日生活？对这一问题进行探讨也是必要的。

课题组：怎样把舞龙灯活动引入幼儿的生活呢？如何引发幼儿的兴趣？

师1：我们还需要一个切入点，让孩子主动地去了解这件事，如果孩子一点兴趣也没有，做这件事的意义可能就不大了。

课题组：能不能通过环境创设？老师先投放相关材料，可以看看孩子们有些什么想法，这样，也可以启发老师找到更多可生发的点。

师1：比如老师舞龙灯的照片，孩子还可以回家问问家长。

师2：我们现有的成品和半成品竹龙，也可投放在班级和幼儿园的公共区域。

课题组：散步时间，老师也可以跟孩子讨论讨论，观察交流。

师3：也可以跟孩子一起看舞龙灯表演的视频，自由讨论。

课题组：还可以让幼儿去做社会调查，访谈家长和民间艺人，拓宽经验。关于龙灯，幼儿想知道些什么呢？能不能请民间艺人来幼儿园编龙灯？或者拍一个视频？我们尽早投放，这样可以引发幼儿的兴趣，教师也可以根据幼儿的兴趣，拓展和生发更多的活动。

正如 W 园教师所说，“如果孩子一点兴趣也没有，做这件事的意义可能就不大”。幼儿是在与周围环境相互作用的过程中学习的，主动性、自主性、投入性和愉悦性是幼儿学习的主要特点。尽管舞龙灯资源来源于幼儿的生活环境，具有丰富的教育价值，但若不能引发幼儿的兴趣，激发幼儿的探究欲望，活动的成效可能会大打折扣。

杜威认为，指导就是“选择对本能和冲动的适当刺激”的问题，“除非当那种教育的媒介物已被提供出来”，“使所选择的有价值的能力与兴趣发生作用”，而能力和兴趣的运用，则“完全依靠周围的刺激和它们所使用的材料来决定”。可见，教师通过环境创设和材料投放等方式来激发幼儿的探究兴趣和欲望是十分关键的。W 园教师最终决定通过观看视频和照片、实物投放和访谈调查三种形式，激发幼儿对舞龙灯及相关活动的兴趣。

3. 舞龙灯资源如何转化成具体的活动？

经过对舞龙灯资源的系统开发和价值判断，W 园教师感到既惊喜又担心。惊喜的是，“原来我们身边有这么丰富、有价值的课程资源”；担心的是，“舞龙灯资源到底应该如何利用？能够开展哪些具体的活动？”

在实地调研中，课题组发现，当教师初具课程资源意识后，影响教师课程资源利用水平的最主要因素是教师的课程设计和实施能力。在利用舞龙灯资源开展活动的过程中，课题组和 W 园教师展开了如下探讨。

（1）活动的内容和组织

面对舞龙灯资源丰富的教育价值，W 园教师感到手足无措，不知从何下手。那么，教师可以开始着手做哪些具体的事情呢？

师 1：老师可以从哪些方面深挖？怎么挖呢？还是不太清楚。

课题组：首先，教师发散思维，想一想，幼儿可以利用舞龙灯资源做些什么事？整理出几个大的方向，比如编织和手工艺、人物角色和故事、音乐和队形等，接下来需要投放材料，比如舞龙灯活动的视频和照片、成品和半成品的竹龙，投放材料之后，教师和幼儿一起讨论，看看孩子会关注舞龙灯的哪个方面，有什么样的问题。

师 1：先看看孩子的兴趣在哪里，比如跳、编织、装饰，还是要从孩子入手。

课题组：关于龙灯，小朋友想知道些什么？通过什么方式去了解呢？

师 3：我们前期发放了调查问卷，都是针对老师和家长的，视频展示后，可以让小朋友访问家长，或者小朋友讨论出几个问题，回去之后问一问，让他们参与调查，自己记录。

师4：切入之后生成社会活动，介绍舞龙灯的由来，让舞龙灯进入幼儿园，进入孩子的生活。

师3：也可以关注装饰和表演。

课题组：老师还需要提供一些多样化的材料，比如，用什么材料装饰龙灯？

师1：完全让孩子装饰会不会太难？是不是可以开展亲子活动？光靠孩子是不行的。

师2：如果孩子对编织感兴趣，也可以从编织入手，孩子编的话，可能是一些简单的造型，比如方形、圆筒形。

课题组：能不能分组？对装饰感兴趣的孩子去装饰，对编织感兴趣的就尝试编织，想要调查的，就去调查，然后再互相分享。

师1：这些（编织、装饰）可以放在美工区，同时进行。

课题组：人物和故事在后面出现会不会好一点？

师1：先引入龙灯，再开展调查和装饰，之后是角色、故事和表演。

师2：人物要不要换成孩子熟悉的？对于有的人物，孩子根本就不懂，换成儿童故事里面的人物，孩子可能更容易理解。

师3：如果换了人物，就不是原始的那种了。

师2：我觉得可以先引入，孩子不需要把这方面的知识全装在心里，感觉还是先实施。

课题组：小朋友动起来之后，老师的想法也会有很多，适宜性可能需要边做边试。

“现代课程理论之父”泰勒在《课程与教学的基本原理》一书的第三章中讨论了“怎样才能有效地组织教育经验”这一问题。他认为，“任何单一的学习经验都不可能对学习者产生非常深远的影响……只有通过教育经验的积累，才会在学习者身上产生深刻的变化。为了使教育经验产生累积效应，必须对它们加以组织，使它们起互相强化的作用”。他进一步提出，可以从纵向和横向两个角度来考察学习经验的关系，有效组织的准则包括连续性、顺序性和整合性。

在明确舞龙灯资源的教育价值、理清所能开展的具体活动的前提下，W园教师仍感到舞龙灯资源利用困难的原因正在于此。即教师并未有意识地考虑组织学习经验的问题，不清楚应该先开展哪个活动，再开展哪个活动，活动与活动之间的关系如何处理，因此，舞龙灯资源丰富的教育价值如同“一团乱麻”，难以入手。

造成这一问题的原因包括：教师没有组织学习经验的意识和经验；教

师在活动设计的过程中，对幼儿兴趣、需要和经验的考虑不够，对舞龙灯资源与幼儿生活的关系考虑不够。集体审议若能关注、讨论并致力于解决以上两个问题，教师利用课程资源的能力就会有所提升。

（2）活动目标的制定和审议

幼儿园课程的根本目标和价值在于促进幼儿的学习与发展。利用龙灯资源的具体活动应确立怎样的幼儿发展目标？教师必须对具体活动的目标做到心中有数。

课题组：还需要考虑的是，通过这些活动，我们对幼儿发展的期望和目标是什么，每一个具体的活动都需要有比较清晰和明确的目标，比如，激发爱家乡的情感。能不能对照《指南》理一理？这样的话，活动会不会更有针对性？

师1：我们一想到这件事，就会先把它干了，预设幼儿发展的目标可能是我们接下来要好好做的事。幼儿能够从活动中获得什么，需要坐下来商讨。

课题组：活动目标怎么定，是否符合孩子的年龄特点，能够促进哪一方面的发展，这些可能需要对照《指南》仔细分析。

师1：对，有了引领，可以跟着走，方向不会错。我们有时候怕老师太高控。

课题组：如果老师没有预先考虑的话，活动可能是自由的，但同时也是混乱的，后期的材料提供和引导也很重要，还需要关注孩子的表达表征。

师4：进入主题之后，主题目标是不是需要先预设一下？

课题组：可以有主题前的预设，实施过程中再对活动的具体内容和走向进行调整和审议。

基于以上研讨，课题组和W园的教师达成以下共识：教师进行活动设计时，需要参考《指南》，制定适宜的幼儿发展目标，为活动的具体实施指引方向。于是，W园教师制定了舞龙灯主题活动的总目标和领域目标，并再次进行活动审议，课题组以教师制定的健康领域和艺术领域的目标为例进行分析。

师1：我们是这么想的，先定总的活动目标，然后是领域目标和各年龄段的目标。

健康领域：

① 跳舞龙灯可以促进幼儿身体正常发育，机能协调发展，增强体质；

② 培养幼儿坚强、勇敢，不怕困难的意志品质，主动、乐观、合作的态度；

③ 增加幼儿参与体育活动的兴趣，身心全面协调发展。

课题组：活动目标需要指引具体活动的开展，目前的活动目标太大了；陈述方式上，句子的主语应该是幼儿；直接从主题目标过渡到领域目标会不会很难？能不能换个思路，先构思能够开展的活动有哪些，这些活动适合在哪个年龄班开展？通过这些活动想要达成什么样的目标？促进幼儿哪方面的发展？

师 1：还是先想想，可以有哪些活动，大家集思广益说活动。

师 4：不是应该先有目标，再有活动吗？

课题组：《指南》已经指出了幼儿发展的领域目标，具体到每一个活动，是否可以对照《指南》，看看能够实现哪些方面的目标？没有活动，直接写目标会不会有点难？

艺术领域：

① 喜欢倾听各种好听的声音，感受舞龙灯音乐的高低、长短、强弱变化；

② 喜欢唱跳，愿意参与民俗活动并大胆表现和大胆创造；

③ 接触多种艺术形式和作品，化妆、队形、音乐，丰富幼儿的艺术感受与体验。

课题组：艺术领域的目标会体现很多。孩子在观察竹龙和欣赏龙灯表演的时候就是“感受与欣赏”，装饰竹龙、参与表演的过程就在“表达与创造”，舞龙灯表演的时候，老师也可以适当放手，让孩子有一定自由创编的空间。

课题组：此外，语言领域的目标可以涉及交流、表达和经典故事讲述等方面，社会领域的目标可以涉及社会调查、激发爱家乡的情感和初步形成归属感等方面，在科学领域，可以重点关注幼儿的问题解决能力，即，活动过程中遇到哪些困难，想到什么办法，利用了什么工具，有什么样的交流和思考。可以先参考教材里的类似活动，去模仿和借鉴。

研讨发现，由于没有和具体的活动内容挂钩，并且没有商定开展主题活动的年龄班，W 园教师所制定的活动目标比较宽泛，缺乏针对性，对于后期活动设计和实施的定向和指导作用不大；教师撰写活动目标的能力有待加强，对《指南》的熟悉和理解程度有待加强。W 园的园长和教师也充分意识到《指南》在活动设计和实施中的重要性，给教师下发了人手一本《指南》的小册子，便于翻阅和参照，还抽出时间，每周进行一次理论学习。

（3）活动的实施途径

通过以上分析，教师意识到，可以利用龙灯资源开展多样化的活动。

那么，这些活动怎样付诸实施？有哪些实施途径？什么时间开展这些活动更加合适？

师5：这个活动最好是多长时间？两学期都延续吗？

师2：舞龙灯活动跟过年有很大关系，这学期就很合适，也可以把舞龙灯活动的祝愿带进去。

课题组：可以半学期，也可以一学期，可以通过集体活动、区域活动等形式开展，先做一些准备工作，比如装饰、编织、队形练习等，前期铺垫好之后，就可以表演了。对孩子来说，队形练习会不会有点枯燥？

师1：有人物和角色，所以可能就像游戏一样。

师2：队形也可以加入到早操中，因为早操每天都跳，融入早操就不那么难。

课题组：还要考虑一个问题：想要开展的活动，安排在一日生活的哪个环节，通过什么途径来开展更合适？通过一次谈话能达成的目标，就不用大费周章。

虞永平教授指出，幼儿园课程实施的基本途径包括教学、日常生活和游戏活动。研讨前期，W园教师首先想到的是生成一节集体教学活动，将区域活动和生活活动等环节纳入幼儿园课程设计和实施的意识有待加强。

实施途径的单一性限制了活动内容和形式的多样性，同时也反映出教师的课程意识有待进一步提升。通过对舞龙灯活动的两次集体审议，教师对幼儿园课程实施的基本途径也有了一定程度的认识。

4. 利用舞龙灯资源开展活动的困惑及分析

研讨中，W园教师们最大的困惑在于：在利用舞龙灯资源开展活动的过程中，如何体现对传统文化的继承？如何处理传统文化和一些现代元素间的关系？

龙灯活动的核心意义是体现劳动人民对生活的热爱和对美好未来的盼望。在中华民族最为隆重的传统节日——春节的来临之际，劳动人民通过角色扮演、敲锣打鼓和阵法演示等活动形式，表达内心的喜悦，传递对他人的美好祝愿，体现对家乡的热爱。幼儿园利用舞龙灯资源开展活动时也应紧扣这一主题，使幼儿通过编织、装饰和表演等活动，感受传统节日的喜庆氛围，萌发对本地文化的自豪感，初步形成对家乡的归属感。另外，由于时代背景的不同，舞龙灯文化中的部分元素可能不再适合当今人们的生活，舞龙灯资源中如何融入当代元素，体现当代的生活方式和审美特点，成为值得深入探究的课题。

教师可以对舞龙灯活动进行适当改编，例如龙灯的装饰，舞龙灯活动中的音乐等元素，在不改变舞龙灯文化的精神内核的前提下，使其更加符合当代的生活方式，更为当代的人们所喜闻乐见。某种程度上，这也是对传统文化的发展。当然，发展传统文化并不只是幼儿园的责任，课题组在此强调的观点是：在不改变传统文化的精神内核的前提下，对其内容和形式进行适当改编是适宜的。

此外，2016 年颁行的《幼儿园工作规程》中规定：幼儿园是对 3 周岁以上学龄前幼儿实施保育和教育的机构。幼儿园的一日活动应符合幼儿的身心特点和学习规律，支持和促进幼儿的身心发展。幼儿园利用龙灯资源开展活动的最终目标也是帮助幼儿获得有益的经验，而龙灯活动本身并非为幼儿量身打造，部分元素必然不适合幼儿，从促进幼儿发展的角度来看，教师对龙灯活动的适当改造也是必要的。

（四）W 园教师利用舞龙灯资源的具体活动

在幼儿园课程资源开发利用的阶段性成果交流会上，W 园园长简要介绍了该园大班利用舞龙灯资源开展的系列活动：

1. 访谈调查

我们发放了幼儿问卷调查，让家长和孩子一起查阅资料，一起收集小龙灯的图片和视频，带着孩子共同了解舞龙灯。大一班的一位家长利用周末的时间带孩子去扎龙灯艺人刘爷爷的家里采访，这位家长还把视频分享到家长群里，让更多孩子了解了小龙灯是怎么编织的，用了什么工具，以及刘爷爷扎龙灯的辛苦；大三班的一位家长特意请艺人给孩子扎了一个小龙。受家长的启发，我们也决定来一场云直播。我们联系了村民，带着部分孩子去附近参观舞龙灯会，出发前和孩子们一起讨论，我想要知道什么，孩子们带着很多的问题到达了城北村，孩子们还带上了小龙灯，随后我们将拍摄的视频，给大班幼儿分享。

2. 区域活动

我们将半成品的小龙灯放置在美工区，区域活动时间，孩子们十分好奇，“这是什么？马？”“我觉得像恐龙，这有点像我看过的龙灯。”孩子们你一言我一语地讨论起来，“我在电脑里看到的小龙灯可漂亮了，有红的，有白的，上面还会发光”“小龙灯上面还有角”“那我们把它打扮一下吧”，孩子们一致同意。于是孩子们开始动手设计、装饰。此外，幼儿还在表演区和阅读区利用了龙灯资源。

3. 集体活动（社会）

初识小龙灯。活动目标是了解小龙灯的由来，积极与同伴交流、讨论，萌发爱家乡的情感。通过欣赏视频、自由讨论、观察实物和亲身体验，孩子们大胆表达了对小龙灯的认识和喜爱，勾起了接触小龙灯的欲望。有家长还悄悄告诉我们，孩子在家里吵着要舞龙灯，我们也很欣喜，因为我们的目标达到了。

（五）W 园教师利用舞龙灯资源的收获

通过利用舞龙灯资源开展活动，W 园教师有以下几方面的收获：

1. 课程资源观的建立

W 园园长提到，“舞龙灯活动只是我园研究周边文化资源的一个切入口，在研究成熟的基础上，我们会继续开展周边其他文化资源融入幼儿园活动的研究”。W 园教师也逐渐关注到园所周边其他课程资源的教育价值。

2. 课程意识的增强

W 园教师逐渐意识到，幼儿园课程的目标是促进幼儿的发展，课程的设计与实施要基于幼儿的发展规律和学习特点。W 园园长说，“从初期的周边课程资源调查到确定主题活动，再到社区调查，最后到主题活动的形成，我们都是站在教师的角度，在后期的实施中，我们将基于儿童特点，站到儿童视角，关注儿童的兴趣，边做、边学，边反思边调整”。

3. 课程设计与实施的能力有所提升

从舞龙灯资源的开发、价值判断和审议，到活动的设计与实施，W 园教师一直处于发现问题、思考问题、集体研讨和尝试解决问题的过程当中，可以说，W 园教师以利用舞龙灯资源为抓手，通过自我反思、同伴互助和专业引领，对幼儿园课程的设计和实施有了深切的体会。

4. 对幼儿园课程资源开发利用的实质有所体会

幼儿园课程资源开发与利用的过程是一个积累活动案例，从而逐渐实现课程的园本化，不断提高幼儿园课程适宜性的过程。访谈中，W 园教师提到，“我们生成一个主题之后，可不可以就放在大班上学期，每年都用？可以参照别人的，把自己的东西放进去。以后可以关注一些其他的点，每一届都有不同的想法，就会越来越丰富”。可见，W 园教师开始有意识地思考课程资源开发利用与幼儿园课程建设的关系，对幼儿园课程资源开发利用的实质有所体会。

第八章　实践样态：形成深度学习的生成课程范式

第一节　生成课程实施个案

一、生成课程四种类型的总体特点及个案研究

（一）生成课程四种类型的总体特点

1. 幼儿园生成课程的四种类型

课题组将生成活动按其发生方式分为以下四种形式并重点分析：

（1）由教师预成到幼儿生成活动；

（2）幼儿自发活动后教师干预的生成活动；

（3）完全由幼儿自发的生成活动；

（4）由生成活动到预成活动。

2. 特点

（1）过程中都有生成的内容。

（2）教师目睹儿童的成长，教师是观察者、提问者、欣赏者与支持者。

（3）幼儿兴趣的产物，能让其获得极大的满足。

（4）幼儿是生成课程的真正执行者。

（5）更注重幼儿情感体验、自我建构。

3. 存在的问题

（1）在生成与预成相结合的课程体系中，由于幼儿园没有硬性要求，所以，教师生成活动占整体教育活动的比例、每月需要完成多少生成活动，完全靠教师的内在动力和教育水平，这导致生成活动的实施情况和水平都不同。

（2）个别教师对于生成课程概念的认识不清，认为生成课程就是成熟教师做的事，与新手教师无关。

（3）由于个别教师教育技能尚需提高，对幼儿兴趣的把握过于保守，

控制过多，导致生成契机流失，幼儿兴趣丧失。

（二）不同类型生成课程的个案研究

1. 由教师预成到幼儿生成活动

（1）基本含义

教师在实施事先预设目标的教育活动过程中，适时把握儿童兴趣和新的问题，及时调整活动目标和方向，生成新的活动，促进儿童有效学习。

在此过程中，可能出现两种情况：一是生成活动是预成活动目标的延续，生成和预成相结合；二是从预成到生成，生成活动与之前的预成活动目标没有联系。

（2）特点

① 生成发起者：幼儿。幼儿在教师预成的活动中，产生新的兴趣，促进新活动生成。

② 教师角色：在生成过程中，教师是倾听者，倾听幼儿兴趣；观察者，观察同伴间的交往和学习；欣赏者，欣赏幼儿兴趣中蕴含的教育契机；支持者，支持生成活动的顺利开展。

③ 教师作用预成活动中倾听、观察、欣赏幼儿，敏锐把握幼儿兴趣，在师幼互动的过程中，支持向生成活动的转化。

④ 指导策略：直接指导与间接指导相结合。

⑤ 活动效果：一是生成活动是预成活动目标的延续，生成和预成相结合，在完成知识技能教育目标的基础上更注重幼儿情感体验、自我建构；二是从预成到生成，预成的教育目标没有完成，生成活动与之前的预成活动没有联系，注重幼儿兴趣的同时，忽略预成的重要作用，需要再设计活动完成预成活动目标的设定。

（3）典型案例 1（节选）

十月，大班进入“多彩的秋天”主题。本次教育活动叫作“梧桐树大道”，教师从什么是梧桐树大道、梧桐树大道的作用等方面与孩子们共同分享，与孩子们讨论梧桐树大道为我们的生活带来的好处，但它们总是需要受着尾气和噪音的污染等。活动最后，教师提问小朋友谁愿意当人行道上的树？为什么？班里有 7 个孩子举手。部分理由：

乐乐：路边的梧桐树，因为它能给人们带来新鲜空气，它既可以看路上，也可以看小区里。

格格：想当香港的行道树，因为那里的马路很干净。

布布：马路边的行道树，因为可以给人们荫凉。

此时，完全被孩子们的观点震撼了，与教师之前预想的完全不一样，在成人眼中，行道树是种悲观主义情怀，而孩子们却从本心出发，积极地面对和思考着。之后，小朋友开始在下面讨论，迫不及待地想和大家分享自己的想法。话题最后竟然讨论到如果要变成一棵树，希望成为什么地方的什么树。

钧钧：小区花园里的柠檬树，可以每天看妈妈回家。

帅帅：去南极当树，因为那里冷，没有树。

小帅：恐龙时代的银杏树，因为我想去看看真的恐龙。

韵儿：胡杨林，因为我不想死。

原原：长在山顶上的迎客松，因为山顶上有太阳又可以看美景。

豆豆：幼儿园里的桑树，因为可以看着小朋友们玩，还可以给他们吃果子。

关于树的讨论仍在继续……

（4）案例分析

教师感受：在我预设的活动目标中没有“最后成为哪里的什么树”这个内容。同时，我对孩子们自发生成的讨论也没有预期。我比较习惯预设的教学活动，可以按照自己的想法和思路进行，但当面对孩子们临时生成的问题和行为时，我选择了观察，等待他们将要呈现的东西。这些往往是成人惯有思维中无法体现的，但也许就是这些孩子自发生成的，才是最最珍贵的。没想到他们之间的讨论会如此打动人心，“可以多活几年”“可以看妈妈回家”“可以帮助别人”……我从孩子们身上看到了最纯真的东西，让我感动。当然，这个活动对生命的探索也达到了事先没有预设的高度，不仅完成了预设目标，还有更深层次的思考，我很惊喜。

此案例从预成活动“梧桐树大道”开始，讨论“行道树”的功能、作用、种类及孩子们希望成为哪里的行道树。讨论过程中，孩子们自发地由“行道树”讨论到如果成为一棵树，想成为哪里的树。讨论内容不局限于“行道树”本身，孩子们凭借自己对树的了解和想象，表达了自己当下的想法。此时，教师没有制止和纠正，允许他们继续表达自己的观点和想法，发现他们有的关注当下的个人感受，有的关注他人、有的关注世界乃至未来……教师惊叹于孩子们主动地建构着自我的状态！

在活动初期，“梧桐树大道”的课程目标是先于活动由教师预成的，但随着活动的深入、幼儿经验的选择，自动生成了新的课程方向，把目标与儿童的活动紧密联系起来，形成了幼儿感兴趣的新的活动方向。在此活动中，教师是倾听者、支持者和欣赏者，一方面教师与儿童是平等的，教师尊重儿童的学习兴趣，使探究活动按照儿童的兴趣继续进行；另一方面教师的作用依然存在，用来保证活动顺利进行，表现出生成活动更多的民主性和人性化。

2. 幼儿自发活动后教师干预的生成活动

（1）基本含义

儿童在自发活动中，教师在观察和倾听后，适时提供支持，使自发活动转化成有价值的生成活动。

（2）特点

① 生成发起者：幼儿与教师。幼儿产生兴趣，教师适时支持，转化成生成活动。

② 教师角色：观察者、欣赏者、支持者和干预者。

③ 教师作用：旁观幼儿自发活动，把握教育契机，适时干预幼儿自发活动，使幼儿自发活动向教师预设目标的教育活动转化。

④ 指导策略：教师采用直接指导方法保证自发活动转化成生成活动。

⑤ 活动效果：由幼儿自发活动向教师预成转化的过程中，在幼儿主动建构的基础上，教师把握幼儿兴趣，找到教育契机衔接预成活动，转化的过程自然、流畅，幼儿兴趣保持良好。反之，如果教师为了预成目标而生硬转化，幼儿容易失去兴趣，无法完成预设目标，无法达到预设效果。

（3）典型案例 2（节选）

已经进入中班下学期，班里已经有小朋友开始换牙了，对于没有换牙的小朋友来说，“换牙”这件事好像有点小恐怖、小担心，有好多小困惑等着解开。周二的下午，中一班举行了新闻发布会，请已经换牙的西西、妞妞、玉玉、等等、二宝几个小朋友做客“换牙新闻发布会”现场，接受中一班小记者们的直击采访，给大家讲讲自己的换牙经历。

提问：换牙疼不疼？

等等：掉牙了吃饭的时候有点疼。

西西：掉牙的时候有点不舒服，主要是心里感觉有点不舒服（本来有牙，没了就不舒服）。

妞妞：牙松动老不掉的时候有点疼，需要拔牙，拔牙比较疼，但是能忍得住。

提问：拔牙的时候用的是什么工具？

西西：在医院里，有像枪一样的东西，有按钮，一按牙就拔下来了。

玉玉：我的牙是自己掉的，不用去医院。

提问：牙齿会掉到肚子里吗？

玉玉：一天当我走到超市门口的时候，听到扑通、扑通的声音，才发现我的牙齿掉到超市门口去了。

等等：有一天晚上我要睡觉的时候，松动的牙齿流了点血就掉下来了。

提问：你们掉的是什么牙？

妞妞：下门牙。

玉玉：上门牙。

提问：掉的牙是什么颜色？

等等：有点红色，那是血。

玉玉：我没有流血，是白色的牙齿。

以下是几位换牙大使根据自己的亲身经历给小朋友的忠告：

西西：吃蛋挞只能吃蛋挞里面的东西不能吃蛋挞外面的东西。

妞妞：医生说拔牙的那天晚上不能刷牙，不能喝烫水。

二宝：不能吃太硬的东西，硬的东西要在嘴里含一会儿才能吃。

等等：换牙不用害怕，我们每个人都要换牙。

（4）案例分析

教师感受：上周的区域活动，我发现豆豆亦和小米在聊天，小米不时地观察豆豆亦的牙齿，两个人都很认真的样子。仔细听，原来豆豆亦的牙掉了，小米在问他关于掉牙的事儿，两个人交流得很顺畅，一问一答，都能讲明白。让我想到，班里有几个小朋友已经开始换牙，能不能尝试让孩子自己解答关于换牙的问题呢？于是发布会就召开了。我提供了会场，主要是观察整个发布会的过程，提供孩子需要的帮助。对于孩子的经验学习，除了成人的教授，孩子们也可以通过同伴交流的方式来完成学习。要完全信任他们。

进入中班下学期，个别孩子开始换牙。没换牙的孩子们对于“换牙”有很多疑问，会围着某个刚刚掉牙的小朋友问个不停，在教师的支持下，召开发布会，用同伴间问答的形式，解答孩子对“换牙”这一生理问题的困惑，帮助他们了解自己的身体，顺利度过“换牙”这个特殊时期。课后，教师还建议孩子的爸爸妈妈们可以在孩子换牙的敏感时期给他们一些心理抚慰，帮助孩子成长。这个活动还得到了家长的广泛关注，他们不仅在幼儿园网站上关注活动的开展，叹服孩子们的同伴学习，而且雨点儿的妈妈（某知名国际牙膏品牌的研发技师）还在一周后给孩子们带来了保护牙齿的讲座，使关于牙齿的活动得以延续。

此案例教师敏锐把握孩子们关注的问题，运用同伴间交流的方式来互相学习，召开新闻发布会。一问一答中将关于幼儿换牙需要了解的问题、注意事项及心理准备等都涵盖。其中，整个过程体现了幼儿自主学习、自我建构的特性，幼儿获得了极大的满足和体验。教师在此过程中既是倾听者，也是支持者和欣赏者。

3. 完全由幼儿自发的生成活动

（1）基本含义

幼儿通过自己的想象和兴趣，在成人没有任何干预的情况下，同伴间主动探索和自我建构、生成的教育活动。

（2）特点

① 生成发起者：幼儿。由幼儿发起，同伴间学习与探索的生成活动。

② 教师角色：教师耐心倾听幼儿的兴趣，并观察幼儿间的同伴学习，欣赏幼儿由自发活动生成的有价值的活动，当幼儿需要帮助时，教师适时支持。

③ 教师作用：倾听、观察、欣赏幼儿，支持幼儿主动探索，生成幼儿感兴趣的生成活动。

④ 指导策略：间接指导。

⑤ 活动效果：幼儿在自发活动中探索自主建构的乐趣。在此过程中，教师作为支持者出现，提供幼儿所需的必要支持，保证自发活动完成，成为有价值的生成活动。反之，如果幼儿在自主探索过程中，无法保持兴趣点或者探索过程失败，教师无法提供必要支持，幼儿的自发活动就无法成为有效的生成活动，也就无法生成有效的学习成果。此活动对教师教育敏感度及教育水平要求较高。

（3）典型案例 3

户外活动时间，孩子们本是在滑梯处玩耍，妞妞和润润却在一旁“窃窃私语”。走近一看，妞妞拿着一根折了的树枝，对润润说：“你看像不像小旗子？”润润点点头。妞妞继续变化树枝：“啊，你看，这不是嘛。”在一旁也认真搜寻树枝的聪聪，摆弄着树枝折一折，变成了两根。妞妞身边的小朋友越聚越多，孩子们就这样开始尝试着树枝游戏。他们开始搜集园子里的树枝，也包括一些大树叶的“叶根”。树枝到底可以怎样玩？

象形玩法：根据树枝本身的形状，想象它可以作为什么呢？聪聪和蹲蹲拿着弯弯的小木棍，嘀嘀嘀——化身为汽车司机。妞妞和润润她们手持“宝剑”，我们开始讨论“击剑”的方法：

① 击剑的部位：不能击中头部；

② 击剑方法：离对方有一定距离，这样保护自己，同时可以有效“进攻”。

③ 这是个游戏，要注意力度，而且游戏结束时，就要停止了。

半成品式玩法：将树枝作为半成品，一根根排列，数数；也可以将其折断变成不同的形状，甚至是各种符号，例如：数字。还有些孩子将树枝折成小棍棍，拼拼摆摆……

就这样，树枝游戏成了今天户外活动的主要活动。

（4）案例分析

教师感受：这个活动我完全是观察者和参与者，从开始妞妞和润润的谈话，到对树枝的探索，以至于后来孩子们的加入和更多的互动。最开始引起我注意的是妞妞和润润，当我看到她们在认真地讨论树枝的玩法时，我选择不干预，安静观察。没想到越来越多的孩子加入其中，有些还开始对战，出于安全的考虑，我也成了游戏的一员并参加讨论，和孩子们一起完成了规则的建立。之后，我继续充当观察者，游戏按照孩子们的兴趣进行着，他们沉浸其中。

此案例完全是幼儿自发的生成活动。户外的自由活动，往往是幼儿游戏自由探索的时间，此时幼儿与同伴自发的、自由游戏，更容易产生生成活动。此活动来源于幼儿的生活，教师充分尊重幼儿的好奇心，完成对自然物的探索，在此基础上儿童产生了更多的想象活动，在幼儿兴趣点上挖掘出具有教育价值的内容——小树枝的更多玩法，支持幼儿的探索行为，使幼儿获得有关经验，并在游戏中自己制定规则，保证活动顺利进行，帮助儿童体验成功，树立信心，发展想象力和创造力。教师在此活动中是观察者、参与者和支持者。

4. 由生成活动到预成活动

（1）基本含义

在生成活动中，教师适时把握教育契机，从生成内容出发，保持幼儿兴趣，过渡到预成目标的活动中。在此过程中把握幼儿兴趣与预成目标之间的关系是关键，这就对教师提出了较高的要求，如何实施把握教育契机，实现生成到预成的自然转化。

（2）特点

① 生成发起者：幼儿与教师。幼儿兴趣是出发点，教师把握教育契机，过渡到预成。

② 教师角色：倾听者、观察者、欣赏者、支持者和干预者。

③ 教师作用：生成活动中倾听、观察、欣赏幼儿，敏锐把握教育契机，在保持幼儿兴趣的基础上，在师幼互动的过程中，实现生成到预成的自然转化。

④ 指导策略：直接指导。

⑤ 活动效果：一是预成活动是生成活动目标的延续或提升，生成和预成相结合，在注重幼儿情感体验、自我建构的基础上，完成预成的知识技能教育目标；二是从生成转化到预成，忽略幼儿兴趣强硬转化成预成活动。幼儿丧失兴趣，无法实现预成目标。

（3）典型案例 4

区域活动时，有小朋友闻到了烤红薯的味儿，于是，孩子们关于红薯的聊天开始了。教师说："我们从买红薯谈起：如何买呢？"小朋友总结出，在买红薯时需要问的两个问题："叔叔（阿姨），有烤红薯吗？""烤红薯多少钱一斤？"

讨论后，教师派出两位代表去买烤红薯。GG 和 KK 在老师的陪同下买烤红薯。"您的烤红薯多少钱一斤啊？""14 块钱一斤"，卖烤红薯的叔叔答道。"我想买一斤烤红薯"，KK 递给了叔叔 20 块钱，卖烤红薯的叔权笑着问："烤红薯 14 块钱一斤你们给了我 20 块钱，我应该找你们多少啊？"GG 想了想说"6 块钱"，卖烤红薯的叔叔点了点头，边说边把称好的烤红薯和找零递给了孩子们。孩子们回到班里，品尝烤红薯。

品尝过烤红薯后，"小朋友们，我们买了一斤烤红薯，花了 14 块钱，给卖烤红薯的叔叔 20 块钱，找回多少钱呢？今天，我们就一起来学习 20 以内的减法，算一算买烤红薯要找回多少钱？"由此，进入 20 以内减法数学活动的学习……

（4）案例分析

教师感受：买烤红薯的活动占据了整个户外活动时间。但我认为，兴趣是最好的老师，既然孩子们产生了兴趣，就要保护。虽然对预设活动实施会有影响，但当你看到孩子从买烤红薯活动中收获的成就感和幸福感时，你就知道，这个决定是正确的。这远比一次教师带领下的户外游戏带给孩子们的要多。从买烤红薯算找零开始，孩子们对数的学习比以往感兴趣，仿佛了解了 20 以内的减法，就可以继续去买烤红薯。虽然，不时还是有人提起烤红薯，但整个活动充满愉快的气氛。

关注儿童感兴趣的任何内容，此案例教师从"烤红薯味儿"开始，以敏锐、开放的心态接受儿童的兴趣，把握生成活动灵感，帮助儿童梳理探索过程中可能遇到的问题（如何买烤红薯），提供可以继续探索的帮助，使儿童真正成为活动的主体。完成生成活动后，教师从生成活动的内容出发，保持幼儿兴趣，过渡到预成数学活动。幼儿在生成活动中主动建构，完成对卖烤红薯的方法的讨论，实地运用讨论出的方法，买回烤红薯后讨论烤红薯的吃法等都是幼儿的有益经验，之后，教师适时过渡完成预成课程目标。教师在此活动中是倾听者、支持者、欣赏者和预成活动的执行者。

5. 总结

(1) 预成活动中生成活动的思路与分析。预成活动是教师广泛采用的教育活动组织方式。教师在了解幼儿的发展水平和心理需要的基础上，把握教材，设定教育目标，创设活动情景，让教育活动得以进行。教师在预成活动的基础上，允许幼儿探究，给予幼儿广泛的心理空间，使生成活动的探索成为可能。教师及时捕捉幼儿兴趣，获得教育灵感，让活动随儿童兴趣发展，并使幼儿获得积极情感体验的过程。

(2) 生成活动、教师干预生成活动的思路及分析。教师首先要冷静分析生成的活动与预成活动的关系。由于幼儿自发活动都是幼儿从兴趣出发生成的，教师必须积极关注，适时介入，激发幼儿的兴趣，与幼儿一起促成生成活动进行。教师还需要运用教育智慧，把握生成活动中值得转化为预成活动的有教育价值的生长点，使生成活动也成为预成活动的来源。

(3) 教师通过关注幼儿的兴趣、需要，将生成活动纳入预成活动的计划；或是为幼儿提供条件，促进生成活动的深入开展；挖掘生成活动的价值所在，使其成为预成活动的来源等策略，真正做到预成与生成和谐共生，共同为促进幼儿的发展服务。

在幼儿园目前的活动中，生成活动与预成活动都被教师重视，也需要教师认清预成活动与生成活动对幼儿发展有重要作用，预成与生成之间蕴含着一种可以相互转化的机制。当然，这需要教师用心去体会其中的意义。

二、生成活动中的教师角色

生成活动是儿童和教师之间相互呼应而生发出来的。它既反映了儿童的生活、儿童的经验、儿童集体环境中的角色，也凝聚了教师对儿童的了解和接纳。生成活动往往是儿童自发的，其出现的时机灵动，内容丰富，形式多样，是教师与幼儿在参与活动的过程中产生新主题的过程，是动态的，丰富的体验。在此过程中，教师只有树立正确适宜的儿童观，用开放的心态接纳幼儿的思考，才能有效地促使活动朝着正确适宜的方向发展，使儿童身心良好发展，拥有一个健康、快乐的童年。

在生成活动中，教师所充当的角色有很多，从以上的活动案例中试分析生成活动中的教师角色，并给出相应的建议：

(一) 倾听者——耐心倾听儿童的想法，及时捕捉活动的主题

幼儿在与教师、同伴、环境的交往互动中激发出想法、愿望、所流露的情感、所产生的行为方式往往是幼儿园生成活动的起点。生成活动最大

的特点是活动的生长点与幼儿的兴趣紧密相连，活动的展开以幼儿内在的需求为动力。教师要善于捕捉信息，激发幼儿的学习兴趣，促成生成和预设的相互转化，在更高层次上满足幼儿发展的需要。因此，教师组织有效活动的一个重要前提，就是能够照见儿童的本然状态。它需要教师拥有正确的儿童观并保持心态的开放性，做幼儿生活中的有心人。如果教师没有敏锐地捕捉到幼儿兴趣的“瞬间”，没有倾听幼儿的想法，那么，兴趣就可能在教师的漠视中慢慢消失，一个好活动可能就因此与幼儿擦肩而过。

（二）发问者——适时追问儿童，将偶发活动转化成生成活动

面对幼儿随时迸发的想法、产生的疑问、激起的兴趣，教师要能及时地做出相应的价值判断，从幼儿关注的众多问题中筛选出适宜幼儿探索的焦点，并由此生发出相应的活动。上述案例中，教师耐心倾听、适时询问，都体现了教师在指导生成活动中的技巧。显然，如果离开教师敏锐的价值判断、离开教师的“等待”和“引导”，那么，这一活动就有可能消失了，同时幼儿也会因教师专业水平的局限而失去一次极好的学习与发展的机会。

（三）欣赏者——表达出对儿童的欣赏，推进生成活动发展

对于幼儿自发的活动，教师应在情感上给予积极的支持。所谓情感支持是指教师通过语言、肢体动作等给幼儿以鼓励、肯定、激励、接纳等积极的支持，以增强幼儿解决问题的勇气和信心。在这样的情绪互动中，幼儿更多体会到安全、宽容、接纳，从而引发师幼的情感共鸣，促使幼儿敢想、敢说、敢做。

教师如果对孩子讨论的内容表示理解和肯定，始终与他们进行自由、积极的情感互动，就会使孩子敢想敢说，敢于表达对未知的好奇。在这个过程中，教师引导幼儿从讨论平时不会涉及的内容，用欣赏的眼光看待幼儿，生成并推进了一系列有价值的活动。

（四）参与者——适时参与活动，保证生成活动的顺利进行

对于生成活动，幼儿一开始往往表现出浓厚的兴趣，但随着活动进程的不断深入，由于知识经验及能力水平有限，幼儿经常受到干扰或遇到困难，就会放弃活动，从而失去值得研究的主题。买烤红薯案例中幼儿遇到困难，教师适时地帮助幼儿解决问题，保证了活动的顺利进行。行为上的支持与引导帮助幼儿获得了克服困难和解决问题的方法，同时幼儿的坚持性和意志力也得到了锻炼。

课题组认为，教师在尊重幼儿主体性的基础上，依据儿童的“兴趣、经验和需要”，在师幼互动中给儿童更宽广的空间，学习用欣赏的眼光去看待儿童、倾听他们的声音，有耐心地等待他们寻找到自己成长的节奏。要让儿童成为教育资源的重要构成和生成者。生成活动产生的信息并不是那么显而易见，大多是隐性的，需要教师去“发现一些有意义的活动”，对信息进行重组，并采取相应的“介入”策略，因势利导，支持和引导儿童的学习。

因此，“耐心倾听、适时追问、表达欣赏、适时参与”应是教师对幼儿园生成活动有效的指导策略。在活动中教师是倾听者、发问者、欣赏者和参与者，这要求教师始终要用敏锐的眼睛，发现孩子的兴趣所在；要耐心倾听、适时地追问幼儿想法，产生兴趣。要用欣赏的眼光去看待幼儿，使幼儿的想法得到肯定；要学会用心关照幼儿的成长，给予幼儿适度的支持，帮助幼儿将自发生成的活动转化为有意义的学习活动。同时，教师适时的参与并给予孩子适度的帮助，以维持幼儿活动的兴趣，才能推动儿童全面和谐地发展，这也是我们一直追求的儿童发展目标。

第二节　生成课程实践的效果

一、在自我建构的过程中幼儿获得发展

（一）幼儿学习的主体地位得以体现

课程实施中，教师敏锐把握幼儿兴趣，促进幼儿主动建构。尤其是在幼儿自主生成的活动中，教师作为观察者、支持者和参与者，保证活动顺利进行的同时，充分体现了幼儿的主体地位。

（二）幼儿乐于参与生成活动，意识和兴趣达到空前高度

教师尊重幼儿的兴趣，活动形式开放、灵活，给幼儿充分的时间、空间，并为幼儿创设条件满足幼儿的需要、支持幼儿自我建构，使得幼儿参与活动的兴趣变得浓厚，积极专注地投入活动中，通过已有经验解决困难，获得成功的体验。

二、在生成课程实施中教师队伍专业性得以提升

（一）对生成课程的理论有了新的认识

教师对生成课程有了新的见解，对生成的含义、特点、与预成的关系及生成的方式等有了全面详细的了解，而且对生成课程的必要性有了更深的认识。首先，教师认识到生成课程来自于幼儿的“兴趣”，适时把握幼儿兴趣，保证幼儿的主体地位，是生成活动得以顺利进行的保证。其次，幼儿体验学习的方法往往来自于同伴，而生成课程恰恰能保证此类学习的进行。由此可见，教师在生成课程的探索中，儿童观、教育观得以提升，随

着在实践中对生成课程探索的加深，教师专业技能、人格开放度也相应提升，更能促进幼儿发展，提升教师队伍专业性。

（二）在实践上，教学行为发生了很大的变化

首先，教师由备课转变为备课与发现课相结合的模式。以往教师只要在课前准备好预设的教育内容即可。而今，教师在备课之余更要关注幼儿兴趣，及时发现教育契机，为生成课程的实践提供支持。其次，教师在课程实施过程中扮演着不同角色，如观察者、倾听者、欣赏者、支持者、参与者，等等。最后，教师由预成的目标转变为思考本班幼儿特点及个体差异下的生成目标的设置，最大限度地满足了每个幼儿发展的需要。

三、有效的生成课程促进家园合作

幼儿在生成课程中表现出来的兴趣、探索的能力令家长欣喜。在网络平台的分享中，家长叹服于幼儿的思考和探索，并认同幼儿园的教学理念，积极加入幼儿园生成课程中来，成为生成课程有力的支持者，进一步促进幼儿园家园合作。

《纲要》中指出："要让家长成为幼儿发展过程中的参与者、合作者和促进者，为了吸引家长主动参与，提高家长的教育能力，我们应该视家长为合作伙伴，让家长参与幼儿发展评价，实施过程中尝试用不同的方式，加强家园互动，促进家长主动参与幼儿发展评价。"

家长的评价包括家长对孩子在幼儿园学习活动的评价及家长对教师的评价。通过家长的高度参与，一是帮助家长客观地看待自己孩子的发展。每星期，依据主题完成情况，将评价结果正面地告诉家长，使家长能更了解幼儿的发展状况，家长在明确孩子的发展目标及孩子自身的发展状况后，能更全面地了解自己孩子的优势与差距，会更主动地与教师进行配合。二是帮助家长增强对课程的理解与认识。家长可以提前了解主题的进程，对教师提出的家长协助内容，如：各种知识的准备、材料收集，有了更深刻的了解，对课程实施起到了良性循环的促进作用。

首先，家长对孩子在幼儿园学习活动中的评价。家长的评价有助于丰富及完善我们的各项主题活动，所以我们在开展每一个主题活动的时候，都会利用家校路路通、家长园地等方式让家长了解我们的主题活动内容。我们在主题活动每个阶段都会利用各种方式让家长了解、参与进来，如，帮助孩子一起收集资料、进行不同的调查活动等，让家长了解我们的主题活动，同时也请家长给我们提出建议，帮助我们改进。

如何了解家长对幼儿在幼儿园学习活动的评价呢？这要靠我们教师主

动与家长沟通，比如，在一个主题活动结束后，我们会发一份主题反馈表给家长，内容是在这个主题中，小朋友们应该在各领域达到的目标，请家长评价一下孩子在这个主题活动中是否达到了这些目标，以及家长对我们主题活动的开展还有哪些建议等。通过这样一份主题反馈表，我们可以了解到家长对孩子在主题中表现的评价、家长对主题活动内容的评价及家长对教师实施活动的评价。

其次，我们也会听取家长对教师的评价，在主题反馈表中我们能得到家长对我们在实施教学活动时的评价。平时在生活中，我们也会利用各种与家长交流的机会互相了解，让家长对我们的工作进行评价，提出建议，力求做得更好。

四、有效促进教师的发展

《纲要》中提出："评价的过程，是教师运用专业知识审视教育实践，发现、分析、研究、解决问题的过程，也是自我成长的重要途径。"这说明教师既是幼儿发展的主导者，也是家长参与教育过程的引导者，更是评价的实施者与评价结果的运用者。

作为教师，应该无私地接纳、关心和尊重每一个孩子，对每一个孩子都要一视同仁、公平对待，教师对孩子的教育评价更应如此。在教育评价中，教师要发挥主导作用，正确客观地评价幼儿。教师要努力为幼儿创设关怀、信任、宽容的和谐气氛，满足幼儿的正当需要：以具体评价为主，在幼儿同伴面前慎重评价幼儿；与家长沟通时应避开幼儿；活动时使幼儿明确自己的特点、本领，掌握评价的方法，并经常给予幼儿正确、积极的评价与鼓励，使幼儿获得动口、动手、动脑的机会，为幼儿创设充分表现自己与体验成功的环境与条件。全面、客观、公正地评价教师的日常工作，并将评价作为考核教师工作成绩的手段，激励教师不断提高教育水平。评价方式包括教师自评、幼儿园综合评价。通过自评不断提高教师评价自身和评价他人的能力；通过对教师的综合评价，更好地反映课程实施的效果。在这样的教育评价中，教师也会转变教育评价理念，促进教师的专业发展。

五、幼儿园办园整体水平提高

通过生成课程的研究，教师把握教育契机，倾听幼儿的声音，激发儿童强烈的探索欲望，幼儿在自我建构中努力提升自己。同时，教师在活动中积累了大量教育素材，并将生成课程构建为园本课程体系。此外，在园本教研活动中，教师积极开展交流与讨论，教师的教学水平、教研水平都有了明显的提升。教师充分利用土星网络平台，展示生成课程活动思路、成果，积极与家长互动，获得家长的充分肯定与支持，为幼儿园赢得了良好的社会声誉。

第三节　生成课程案例分析

一、活动案例实录——蚯蚓

活动一：选择合适的主题

有一次，老师带孩子们到幼儿园山坡上种植的时候，孩子们发现了一些蚯蚓，令他们非常兴奋。保育员王阿姨拿来一个装着土的小鱼缸，让孩子们把蚯蚓放到鱼缸里，带进教室里。

图 8-1　寻找蚯蚓

活动二：画主题网

接下来好几天，老师让孩子们自己到自然角去观察收集回来的这些蚯蚓。他们画了主题网，帮孩子们决定要不要以蚯蚓做主题进行探索。在画主题网的过程中我也看到了许多与生命科学有关的重要概念是值得孩子们去探索的。

图 8-2　收集蚯蚓

活动三：决定要如何通过研究

接下来就看看这个蚯蚓的主题是否可以涵盖幼儿学习的各领域内容。我和孩子们一起用表格的方式记录下来。

表 8-1　关于蚯蚓可以做的研究统计表

领域	活动内容	核心经验
语言	收集学习关于蚯蚓的参考书籍，阅读如《一寸一走》《泥土下的蚯蚓》	学习蚯蚓的相关故事，掌握一定词语，如扭动、黏液、挖隧道、堆肥、歌唱、手指歌等
数学	比较蚯蚓的大小和长度，先猜蚯蚓有多少，然后实际数数看	掌握一定的数学知识与概念
科学	探究蚯蚓喜欢吃什么，用放大镜观看蚯蚓如何移动身体	找不同的蚯蚓进行比较，观察蚯蚓的孵化，制作一个饲养蚯蚓的箱子
社会	找出蚯蚓对我们的好处和可能带来的危险。在箱子里放入吃剩的东西，让蚯蚓制作堆肥	学习如何照顾蚯蚓，观察农场，寻找蚯蚓生活的地方
艺术	用黏土做蚯蚓。在纸上倒入一些有颜色的水，让蚯蚓移动，形成引动线路，进行美术创作	掌握一定的美术技法与绘画技巧，感知蚯蚓运动的神奇
拓展	运用工具（放大镜、电脑显微镜等）对蚯蚓做进一步的探索	掌握一定的生活经验，学习科学地分析问题

活动四：和幼儿讨论这个主题

第二天早上晨间讨论的时候，我把装蚯蚓的箱子带到讨论区，鼓励孩子们观察蚯蚓，还可以把蚯蚓拿出来。让孩子们说说他们看到了什么，或者他们之前自己去看蚯蚓时看到了什么。下面是幼儿说的一些话。

慕言：它们前进的时候，扭来扭去。

华丽：它们没有眼睛。

志明：它们没有手，也没有脚。

嘉言：它们喜欢挖东西。

惠惠：它们喜欢在东西下面爬，就像我们在游戏场玩一样。

君力：它们会肚子朝上地爬行。

达硕：当你抓它时，它会把黑黑、恶心的东西留在你的手上。

安心：蚯蚓喜欢躲起来。

在和孩子们讨论的过程中，确定蚯蚓会是个值得研究的好主题后，老师告诉孩子们可以怎么研究蚯蚓，老师也协助孩子们做出一张蚯蚓问题主题海报，列出大家想要研究的一些问题。

图 8-3　蚯蚓问题主题海报

活动五：让家长知道蚯蚓主题

老师发了一张通知单让孩子们带回家，让家长知道这项新主题，并鼓励家长想一想自己有没有使得上力的地方。嘉言的爸爸在一家运动用品店工作，那儿有钓鱼用的蚯蚓，他说他可以到学校来跟幼儿谈谈蚯蚓；惠惠的婆婆也说她会从她的花园里带些蚯蚓到教室来。

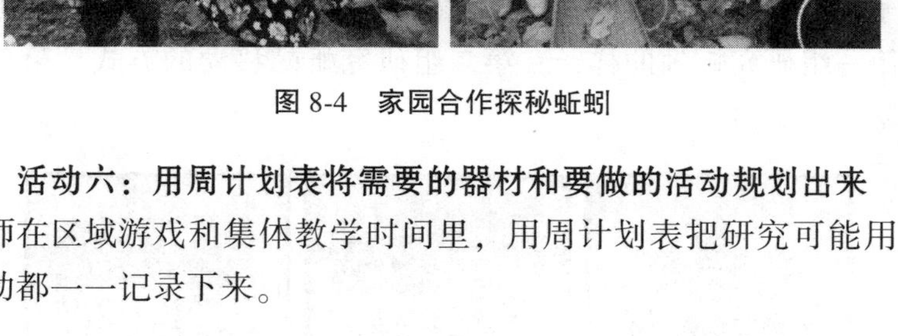

图 8-4　家园合作探秘蚯蚓

活动六：用周计划表将需要的器材和要做的活动规划出来

老师在区域游戏和集体教学时间里，用周计划表把研究可能用到的东西和活动都一一记录下来。

图 8-5　探秘蚯蚓记录

活动七：找齐相关的器材和资源

老师找出一些网址，供孩子们上网找蚯蚓的资料。我准备一些工具，如放大镜、钳子和其他器材等，以方便幼儿及时进行观察。我还请幼儿图书管理员协助我把孩子们可能会查阅的书籍找出来。

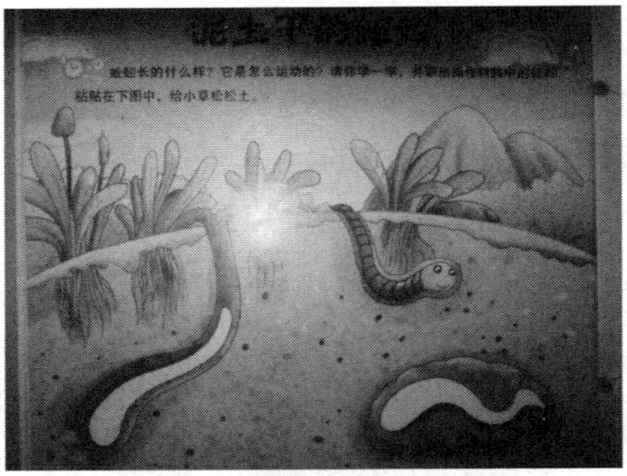

图 8-6　资源收集

活动八：关于蚯蚓的深入研究

孩子们对不同的问题都很想尝试研究一下，所以我们两位老师帮他们分组，第一组研究蚯蚓的样子，第二组研究蚯蚓移动的方式，第三组则探究蚯蚓吃什么东西。

图 8-7　分组探讨

活动九：记录发现

在接下来的一个月里，孩子们都在寻找与蚯蚓有关的答案。他们画蚯蚓、为蚯蚓上色、捏塑蚯蚓；他们向我讲述他们的心得，并把有趣的东西记录下来；全班还一起到附近的农场寻找蚯蚓。他们还见过嘉言的爸爸，比较钓鱼用的蚯蚓和我们自己抓的蚯蚓有什么不同；又比较了惠惠的婆婆带来的蚯蚓和教室里的蚯蚓之间的异同。

研究蚯蚓几个星期下来，幼儿用许多富有创意的方式自制的图画书、戏剧表演和壁画，将他们的发现一一呈现出来。

在整个研究当中，老师也记录下孩子们的进步过程。老师做观察记录，用活页夹存放，并将孩子们的作品和研究成果拍成照片，还将孩子们制作的书籍、绘画、写的东西、拍的记录照片，都复制下来，制作成幼儿的成长资料。

活动十：分享交流

当幼儿找到许多自己想知道的答案之后，研究的动力就开始消失了，而我决定趁机对研究进行总结。帮助孩子们回想所有做过的事，以及他们想要如何和别人分享他们所学到的东西。

孩子们决定要举办一个“蚯蚓 PARTY”，将研究成果展现出来，邀请家长、其他班级幼儿、学校老师来参加。这个研究主题结束之后，孩子们决定将蚯蚓观察箱保留在发现区里，还有把蚯蚓的堆肥也留在资源收集区域的附近，使蚯蚓成为我们班级的新宠物。

二、案例诊断

关于蚯蚓的生成案例研究过程带来了很好的学习气氛。因为蚯蚓是幼儿在幼儿园周围环境里发现的东西，研究是顺应孩子们的兴趣进行的，而老师也把握了幼儿对事物的广泛兴趣并设计出主题，将孩子的学习引导得非常好。

在一个丰富的学习环境中，老师在学习区中促进幼儿的发展和学习，再通过许多研究的进行，将幼儿在各科领域中学习到的重要内容加以整合；师生之间有意义的互动，更进一步支持了幼儿的成长。我们所使用的教学策略，让幼儿成为一个个充满热忱的学习者，热切地想要学习更多的东西。让幼儿投入学习、持续进步的关键，就在于我们所使用的评估系统，教师对搜集到的信息的运用，以及为每位幼儿和不同小组安排的学习计划。

附：课程案例

小小雪花片 大大的创想

（扬州大学第一幼儿园　韩允慈　王晶晶）

一、活动背景

升入中班后，班级里多了雪花片这种拼塑材料，很受孩子们的欢迎。孩子们能将雪花片拼组成简单的线状或他们熟悉的平面图形。

“老师你看，我用雪花片拼的戒指。”

“老师，我会用雪花片拼正方形。”

“这是我拼的小鸟。”

雪花片拼的小鸟

幼儿对雪花片产生了兴趣，在拼插过程中对雪花片有了初步的认知。雪花片的玩法简单，一个雪花片的卡槽对接另一个雪花片的卡槽，一个基本的造型就完成了。通过接插、延伸、叠高等方法雪花片可以变化出各种各样的造型，易于表现物体的主要特征，激发幼儿操作探索的欲望。“老师，雪花片太好玩了。”教师决定跟随孩子的兴趣，和他们一起探索，生发课程。

班上两位老师对引导幼儿深入探索雪花片进行了课程审议，通过对《指南》的学习，我们知道教师要善于发现和保护幼儿的好奇心，引导幼儿通过观察、操作等方法，发现问题、分析问题和解决问题。探索中教师要为幼儿提供实物图片和大量雪花片，引发幼儿在已有经验基础上进一步感知，不断进行探索和体验。我们预设出这样的框架。

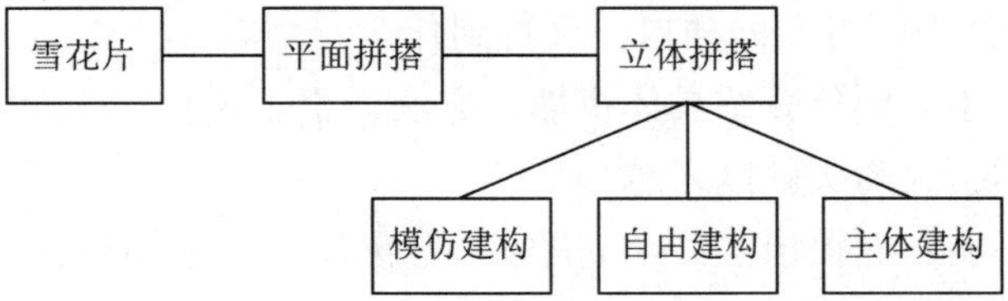

二、活动内容与过程实录

（一）初步阶段

自选游戏时间，很多孩子都选择了玩雪花片。

湉湉说："点点，我们今天拼戒指和皇冠吧。"

点点说："好呀，我们今天多拼一些戒指，女生都非常喜欢。"

丁丁说："你们怎么每次都拼戒指呀，真无聊，我拼的火箭要发射了。为什么我的火箭总是竖不起来？"

乐乐说："我来帮你扶着！"乐乐手一松，火箭又倒在了桌子上。

孩子们在原有经验上所想到的都是借助外力的方法让火箭稳定，于是教师和孩子们一起讨论有什么方法可以让火箭不靠外力自己站起来。

（二）怎么让火箭自己站起来？

老师提供了一些火箭的图片和火箭发射视频给幼儿观察。"你们仔细看看火箭是由哪几个部分组成的？每个部分是什么形状？"

凡凡说："火箭是圆圆的，很粗的，你的火箭太细了。"

大宇说："我们给火箭搭一个架子吧！我看到电视上是有架子的。"

老师问："你们说的这些方法怎么用雪花片拼出来呢？"

孩子们兴致勃勃地进行了尝试，丁丁用雪花片拼了一个圆，他想重新拼一个粗一些的火箭。他用雪花片在圆形上一层层地竖直拼插，拼出了一个圆柱体，确实可以很平稳地站在桌子上了。但是新的问题又出现了："老师，火箭头应该是尖尖的，你看这个怎么办呢？"教师没有直接给出拼插方案，而是引导幼儿观察火箭的图片："你看火箭的圆柱形箭体是怎么连接到尖尖的头部的？"丁丁看了一会儿，然后试着在内部的插口插雪花片，雪花片慢慢聚拢，尖尖的火箭头完成了。丁丁开心地在教室里转着圈儿展示他的新火箭。

丁丁观察过实物图后直接选择从内部的插口开始插，老师可以从幼儿的动作表征分析幼儿的思维；丁丁通过观察理解了火箭箭体和火箭头的构造，是下面大上面小，越到上面口越小，老师要做的是帮助幼儿用语言表达思维。

（三）选择不同方向的插口，会得到什么？

老师请丁丁向同伴介绍具体拼插的方法，丁丁说："我是从雪花片的里面斜过来插的，火箭头就越来越小了。"

老师向小朋友们提出了一个问题："雪花片有8个插口，从不同插口插雪花片，会得到什么？"孩子们进行了尝试，向外插雪花片，拼插出了像花朵的形状。向内插雪花片可以得到一个尖尖的顶。同样是向内插，陶陶发现了不一样的形状："老师你看，这样翻过来像不像一个半圆？"

"你可以拼成一个球吗？"

"可以呀，再拼一个半圆把它们合起来就行啦！"

樱桃模仿陶陶的方法拼出了一个半圆，她们合作拼出了一个球。

半圆

球

（四）立体造型

孩子们尝试着把各种图形变成立体图形，他们先拼插出平面的三角形、长方形、正方形、梯形等，然后在平面图形上进行竖直拼插，教室里摆满了各种各样的立体图形。孩子们又将立体图形进行相互组合，三角形和梯形可以做房子的屋顶，和正方形或是长方形拼插在一起就可以变成房子。半圆形加上把手可以变成花篮。孩子们拼搭的种类越来越丰富多样。

谦荀在独立拼插搭建完一座房顶为三角形的蓝色房子之后，让老师来参观。老师问："这座房子有没有烟囱啊？"他立刻用黄色雪花片拼插了一个细长条插在屋顶上。接下来，身边的小朋友说："你这里还没有大门呢！"谦荀想了一会儿，又拿起黄色雪花片拼了一个长方形的框。可是这个门框怎么跟房子连接在一起呢？他想了想，用两片雪花片将门与蓝色房子卡在一起。

各种各样的造型

（五）国庆 70 周年大阅兵，雪花片搭建武器展

国庆节后自选游戏时间，元元用雪花片拼插了一把长枪："老师你看，这是解放军手上拿的长枪。"睿睿说："我跟我爸爸在家搭过坦克，下次让我爸爸来教教你。"这个话题激发了孩子们的兴趣和热情，拼搭的雪花片作品有很多飞机、坦克的造型。为满足幼儿的兴趣，并结合国庆 70 周年这一重大节日对幼儿进行爱国教育，我们邀请了爸爸们和小朋友一起来拼搭武器。

爸爸为小组长，孩子们和爸爸自由分组，选择拼搭武器的实物图。在正式拼搭前，爸爸们和孩子进行了探讨。

"你们看飞机可以分成几个部分？"

"机身、机尾、机翼""爸爸，我想搭建飞机的机翼""我想拼尾巴"。

"你们看坦克的身体是什么形状的？炮筒是什么形状的？"

和我的拼插玩具合个影

在爸爸的引领下，孩子们分别搭建各部分，然后进行组合。一片片小小的雪花片变成了一件件富有创意、形象生动的作品。吉普车、飞机、坦克、火箭等，令人目不暇接，独具匠心的作品在操场上形成了一道亮丽的风景线。

三、活动总结

（一）活动特点

通过对本班幼儿拼插建构活动的观察及与幼儿的互动，教师发现进入中班以后，幼儿更多的是用雪花片有目的地拼插建构自己喜欢的玩具和生活物品，进行一定程度的表征。所以两位老师据此确立了引导方法。

1. 以兴趣为导向。孩子们在生活中的兴趣往往也会是他们在活动中的兴趣。男生女生的性别差异决定了兴趣也有显著差异。通过对本班孩子的观察和了解，教师发现男孩子对枪、坦克、摩托车、汽车、飞机、变形金刚等痴迷不已，而女生则对鲜花、娃娃、戒指、皇冠等念念不忘。

2. 观察与操作贯穿活动始终。引导幼儿通过观察讨论来分析拼插的物体，并依据分析进行初步拼插建构。《指南》中的科学领域在数学认知方面对中班幼儿提出了这样的要求："能感知物体的形体结构特征，画出或拼搭出该物体的造型。能感知和发现常见几何图形的基本特征，并能进行分类。"幼儿用雪花片建构物体时，也需要感知物体的形体结构和基本形状。这个过程可以帮助幼儿将建构的物体去繁为简，找到最基本的特征。

在活动的过程当中，教师引导幼儿观察火箭的外形特征后进行拼搭，但是由于拼搭技巧的限制，使幼儿不能顺利地完成作品。所以教师以问题作为引导："选择不同方向的插口，会得到什么？"这一环节的探索是不可或缺的。

3. 进一步调整细节，丰富作品。

4. 引导幼儿对拼插建构的作品进行分享和展示，并将幼儿的作品融入生活教育环境，自然进入游戏情境中。

（二）幼儿学习发展的价值

1. 观察力的培养。《指南》中科学领域建议："有意识地引导幼儿观察周围事物，学习观察的基本方法，培养观察与分类能力。"幼儿运用雪花片进行拼插建构的过程，也是反映、再现周围生活事物特征的过程。良好的观察力能帮助幼儿获得丰富的直接经验，为创造性搭建建立基础。

2. 幼儿在拼插的过程中不断地发现问题、解决问题，问题的产生推进了活动的深入探索。

3. 有效的拼插建构活动有利于提高幼儿的动手能力，提升空间想象能力，养成坚持、专注的良好学习品质。

（三）活动反思

活动是由幼儿发起的，幼儿的兴趣和需要是活动的重要来源和依据，要吸引幼儿对活动产生持续的学习兴趣，不仅需要环境和材料的支撑，更重要的是要有能够引发幼儿产生问题或认知冲突的问题情境。教师要充当支持者、合作者与引导者的角色，捕捉那些来自幼儿、来自日常生活中的问题与困惑，让那些有意义的问题成为活动生成的重要来源，并加以扩展，帮助幼儿不断地深入学习。

（四）可能再次生成的教育契机

雪花片拼插作为班级建构区的一个活动内容，可以作为班级其他活动的补充和延伸。班级结合国庆教育，幼儿根据实物图拼搭武器是一种模仿建构。在今后的活动中要不断地关注幼儿的兴趣和需求，引导幼儿达成自由建构和主题建构，我们还在积极的探索中。

口罩的“探秘之旅”

（扬州大学第一幼儿园　黄玲）

一、活动背景

新冠疫情的出现，使口罩成为我们日常生活中必不可少的物品之一，戴口罩也已经成为保护自身和他人健康的重要方式。我们去商场、孩子们上学、去游乐场都要戴口罩。疫情之下，人的生命是至关重要的，小小的口罩为我们的生命筑起了保护的屏障，对每个人来说，都有着重要的意义。

“我们为什么要戴口罩呢？”

“是因为外面有病毒吧！”

“对，戴口罩才能保护我们。”

“老师，我戴的这个是儿童的口罩。”

幼儿对口罩产生了浓厚的兴趣，探索的种子在孩子们的心里慢慢生根发芽。《纲要》指出：“教师要善于发现幼儿感兴趣的事物、游戏和偶发事件中所隐含的教育价值，把握时机，积极引导。”著名教育家陶行知也曾说：“生活即教育。”由此可见，教育契机无处不在。作为教师要善于发现并利用好教育契机，才能更好地体现教育价值。于是，教师决定跟随幼儿的兴趣，鼓励幼儿自发地探索创造，对口罩进行了多角度的探究，生发课程。

二、活动内容与过程实录

（一）为什么要戴口罩

针对孩子提出的疑问，我们一起阅读了有关书籍，希望能从中找到答案。

布丁：哦！原来是因为有新型冠状病毒，所以我们出门要戴口罩。

阳阳：戴了口罩，病毒就被挡在外面啦！

一诺：不戴口罩就会生病，很糟糕呢！

从幼儿的讨论中可以得知，现在疫情还没有结束，口罩能有效预防病毒，保护我们的生命安全。

（二）口罩的种类

一天放学，金豆发现妍妍戴了一个不一样的口罩，跑过来问我：“老师，你看妍妍戴的是什么口罩啊？”锐锐说：“和我的口罩不一样啊！”我告诉孩子们：“妍妍戴的是纱布口罩。”

小朋友说：纱布口罩能预防病毒吗？

“纱布口罩是谁戴的呀？”

1. 口罩大调查

带着疑问，孩子们在爸爸妈妈的帮助下，通过查阅资料、观看视频，找到了答案。

他们用自己的方式，把找到的答案记录了下来。

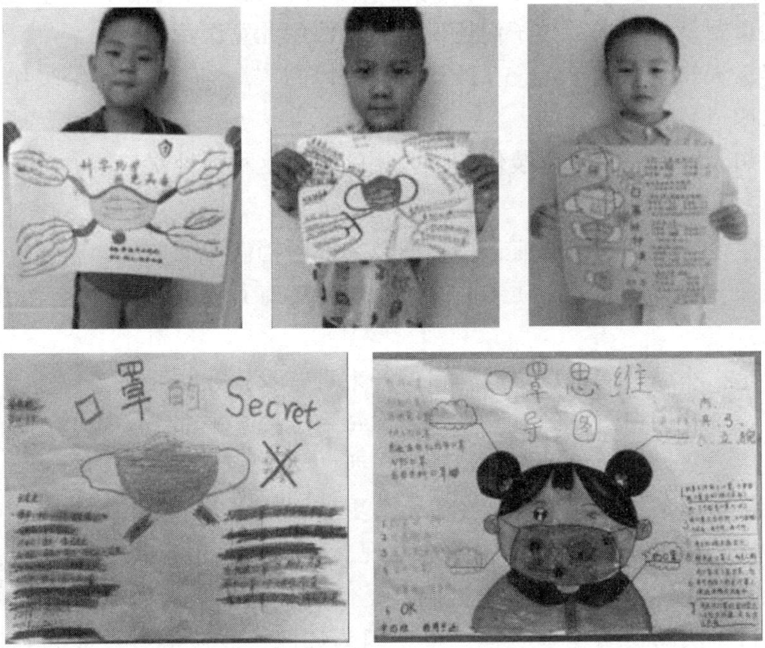

口罩大调查

通过自己的调查了解，知道了口罩有很多种。

2. 各种各样的口罩

赞赞带来了黑色的海绵口罩。徐徐带来了蓝色的硬口罩。

孩子们带来了各自的口罩。

咦！这么多口罩，怎么都不一样呢？它们有什么区别呢？

孩子们进行了探讨。

涵涵戴的口罩上有好看的图案。阳阳戴的口罩是菱形的。

川川摸摸一诺的口罩，说：你这个口罩软软的，随后又摸摸徐徐的口罩说：你这个口罩硬硬的。妍妍：我的口罩很薄呢。

小朋友们相互间交换口罩，仔细地摸一摸，看一看。他们发现大家的口罩颜色、大小、形状、材质都不一样呢。那口罩的颜色不一样，作用和效果也不一样吗？

3. 口罩的用途

孩子们回家和爸爸妈妈一起寻找答案。

乐乐说这是N95口罩，可以预防病毒，在疫情关键期，要留给疫情防控一线的白衣战士用。

这是医用外科口罩，是医护人员常用的；默默说我们平时外出戴一次性医用口罩就可以啦。孩子们还说小朋友要用儿童医用口罩。

雾霾天气可以用PM2.5口罩；这是纱布口罩，有一定的保暖作用，冬天可以用。

川川说：我看见家里装修的工人用的就是这种活性炭口罩。

（三）口罩的结构

花生说：我知道口罩有三层，所以才能阻挡病毒吧。

菠萝：口罩有这么多层吗？这么多层又有什么不一样呢？我们来看看吧！

于是，小朋友们把口罩剪开，拆开来看一看，数一数。

妍妍：哇，口罩真的有三层，好像每一层摸起来都不一样。

川川：我这个上面还有个硬硬的东西。

这是金属条，能让口罩戴在鼻子上更加服帖。

从拆解口罩中，孩子们惊奇地发现，一次性医用口罩共有三层，这三层有什么作用呢？小朋友们通过调查了解到，分别是吸水层、过滤层和阻水层，每一层的材质也不一样。也正因为如此，才使得口罩能起到很好的防护作用。

苗苗又问：三层的口罩就一定是合格的口罩吗？

小朋友们有什么好方法判断它一定是一个合格的、能有效阻止病毒的口罩呢？

小朋友们并不知道答案，于是回家和爸爸妈妈一起寻找方法。

（四）有趣的小实验

金豆说戴着口罩吹不灭蜡烛，这就是合格的口罩。

欣欣戴口罩吸纸屑，纸屑能被吸起来，她说也是合格的口罩。

妍妍用口罩接水口罩不会漏水，也是合格的。

请小朋友们用他们的这三种方法，来验证一下你们的口罩合格吗？

第二天，泡泡兴奋地告诉我：口罩真的像小碗一样可以接水呢！

赞赞也成功地戴着口罩把纸屑吸起来啦！

金豆说爸爸的N95口罩是不漏水的，合格的哟！

一诺：我用棉布口罩接水会漏水，不能防病毒。

小鹿：妈妈说，一次性口罩和N95口罩有阻水层，可以防水，棉布口罩和纱布口罩不可以防水。

阳阳：我已经用了很大力气了，还是吹不灭呢？

涵涵：爸爸说口罩会阻挡我们自己喷出的飞沫，所以戴着口罩是很难吹灭火苗的。

孩子们纷纷交流着他们的验证结果。

(五) 戴口罩的感受

阳阳说口罩可以预防病毒，但是戴得时间久了，耳朵就好疼。

金豆说他看到电视上，医生耳朵红红，像要流血了。

妍妍：是啊，我戴口罩都觉得耳朵要掉。怎么办呢？

1. 生活中的小窍门

原来，戴口罩能预防病毒，但是也给我们带来了烦恼，有什么好的方法在戴口罩的时候耳朵也不那么累呢？孩子们各自回家寻找了戴口罩不让耳朵累的办法。

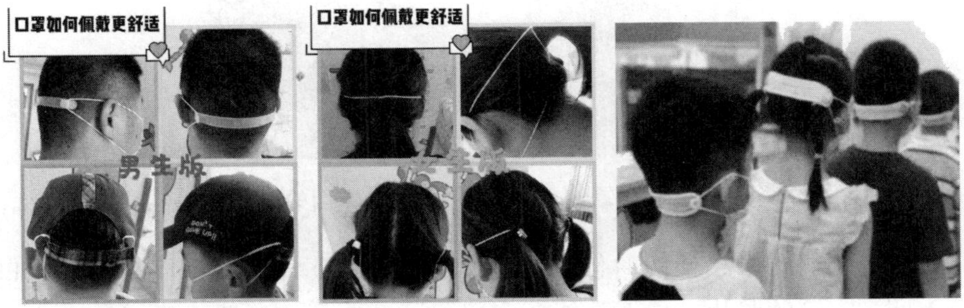

不让耳朵累的戴法

老师：（手指图片）小朋友们可会想办法啦！他们想到利用牛奶手提柄和帽子来固定耳挂，女孩子还可以将口罩戴在可爱的马尾辫子上。瞧，我们的园长妈妈还为小朋友们亲手编织了彩色的扣子，这样戴着耳朵就不疼啦！

2. 设计口罩

最近电视上经常播放医护人员的感人事迹，看到他们在疫情期间日夜奋战，脸上被勒出了深深的印痕，触动了小朋友幼小的心灵，激发了孩子们满满的爱心。于是，聪明有爱心的孩子们为医护人员设计了各种各样舒适而不勒人的口罩。我们一起来看看吧！

这是涵涵设计的云朵口罩，它像棉花糖一样非常柔软，医生戴的时间久了也不会把脸勒疼。阳阳说他用橙子皮做了有清香味的口罩，非常舒服。

云朵口罩

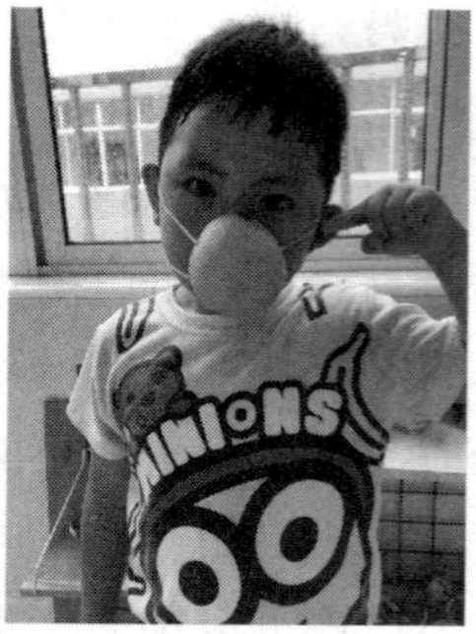

橙子口罩

孩子们还为家人设计了口罩：

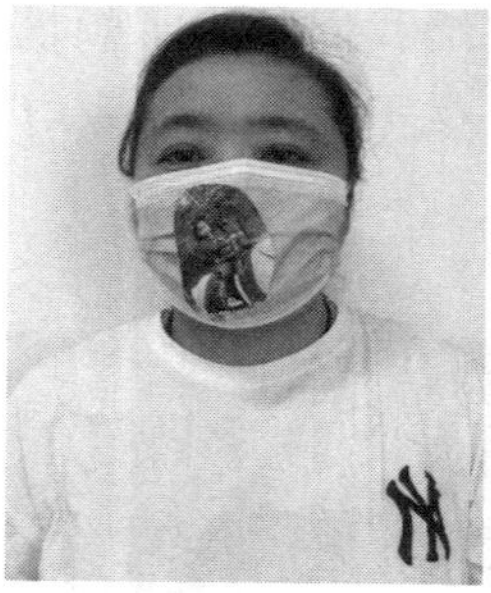

相片口罩

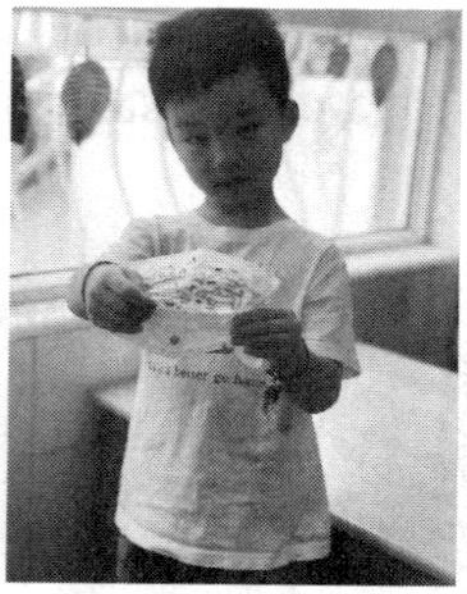

方便吃东西的口罩

源源的奶奶来接他的时候，戴着口罩，他都不认识了，他在奶奶的口罩上印了自己的照片，一下就能认出奶奶了！花生在口罩上开了一个小口子，这样爸爸妈妈忙起来吃东西就方便多啦！

孩子们还发挥奇思妙想，设计了“超级口罩”。

针筒口罩

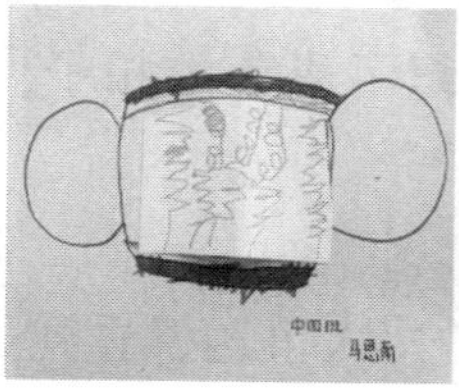

弹簧电流口罩

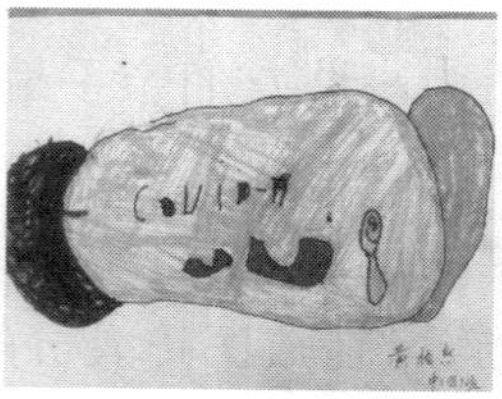

按钮口罩

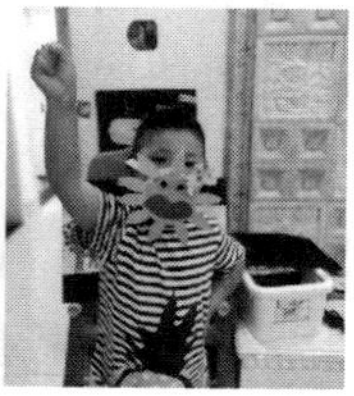

可变大小的口罩

研研设计的是针筒口罩，他说这个口罩可以阻碍病毒的入侵，当遇到病毒的时候，就会自动射击病毒，能够保护人类。

南瓜设计的弹簧电流口罩可有意思啦，病毒到了口罩上就会被弹簧弹飞出去。

然然设计的是按钮口罩，有两个按钮，按第一个按钮是电磁波可将病毒细菌吸在上面，按第二个按钮可把细菌病毒电死。

苗苗设计的是可以随时变大变小的口罩，如果胖胖的人戴，就会变得大大的，瘦瘦的人戴又会变得小小的。

小朋友们创意无限，设计了有趣而带有科幻色彩的口罩。

孩子们的心中充满阳光，他们用稚嫩的画笔画出了自己的美好愿望，天真中传递着满满的正能量。

南瓜：那我们什么时候才可以不戴口罩呢？

孩子们又进行了新的讨论。

一诺：户外没有人的地方就可以不戴。

乐乐：在家里就可以不戴啊。

阳阳：没有病毒了就可以不戴了。

苗苗：那怎么样才能打败病毒呢？

蓁蓁：要勤洗手。

金豆：多锻炼身体。

朵朵：开窗通风。

菠萝：要多喝水。

除了这些方法，还有什么方法呢？我在阅读区投放了相关绘本，让孩子们继续探索。

三、活动总结

（一）活动特点

1. 在探秘过程中，课程遵循本班幼儿的发展规律，一切都从孩子的兴趣出发，尊重了孩子的好奇心和探索欲望，引发了幼儿的深度学习。幼儿在观察操作中发现问题、分析问题和解决问题，他们的经验不断积累并得到提升，促进了幼儿的深度学习。

2. 新型冠状病毒的暴发，引起了一场规模不小的“口罩风波”。在疫情期间，各种各样的口罩出现在人们的生活中。《指南》中指出：“通过提问等方式引导幼儿思考并对事物进行比较观察和连续观察。”教师引导幼儿去观察发现口罩的颜色、大小、形状、材质都是不一样的，因此口罩的作用和效果也是不一样的。

3. 幼儿在亲自动手操作中深切了解了口罩的组成、口罩的种类、口罩的特性等，分析了口罩的相同处和不同处。在活动后，幼儿更加懂得每次出门都要戴口罩，远离病菌，保护自身安全。幼儿能细心地发现生活中的现象，知道了口罩有阻挡病毒的强大作用，也喜欢上了戴口罩。

（二）幼儿学习发展的价值

1. 探究能力的培养。《指南》科学领域目标中指出：幼儿科学学习的核心是激发探究兴趣，体验探究过程，发展初步的探究能力。成人要善于发现和保护幼儿的好奇心，让幼儿通过观察、比较、操作、实验等方法学习发现问题。通过口罩小实验的活动，让幼儿初步探索口罩的奥秘，幼儿能大胆操作、亲身体验，在观察、发现、探索中了解科学现象，感受现象中蕴藏的趣味与快乐。

2. 幼儿在口罩的大调查中能和家长共同完成，并在家长的帮助下使用思维导图的方式进行记录，还能大胆地和其他的同学分享自己搜集的相关资料，充分地锻炼了幼儿的思维逻辑、自信心及资料搜集能力。家长在此过程中能深入了解幼儿的内心，通过课程的探索，能帮助家长更有目的、有系统地陪伴幼儿成长，同时让亲子关系更加和谐亲密。

3. 幼儿期的孩子认为世间的一切都是充满爱、有感情、有活力的。因此他们用心设计了各种各样的口罩，他们大胆创想，用多种工具、材料及不同的表现手法为医护人员设计了口罩、为家人设计了口罩……小小的口罩展示了孩子们独一无二的创意，承载了孩子们心中美好的愿望，他们的小小举动让这段阴郁的时间多了几分爱与温暖。

（三）课程反思

新冠疫情成了教育的契机，但这其中的教育价值远比本次课程涵盖的内容多很多。班本课程的推进者其实应该是孩子，孩子们在每节活动中的思考与反馈是我们所无法料及的，而教师在课程中的角色更多的应该是链接者、引导者。希望通过这次班本课程，孩子们能学识增多，变得更加勇敢，也能学会观察、学会思考、学会应对，正确地认识世界。

（四）可能再次生成的教育契机

“生活即教育，社会即学校。”随着我们对口罩知识的不断深入，孩子们对口罩有了更加丰富的认知，了解了原来小小的口罩藏着这么多秘密，一次关于“口罩”的“探秘之旅”，是生命课程的一次小小缩影，引发了更多的思考和想探究的事物，让孩子们懂得了要自我保护、关爱他人，把最重要的资源留给最需要的人。不仅如此，接下来，他们还在用自己的行动和努力为口罩宣传、为保护自身和他人的健康贡献一份力量。我想这次的“探秘”会给孩子的一生留下深刻的印象，为他们的将来打下坚实的基础，与此同时，他们的探究能力在一次次地发现问题和解决问题中也能得到提升。“探秘”仍在继续。

纸鸢漫天 梦想蔓延

（扬州大学第一幼儿园　黄爱铭　刘流　殷晨艳）

一、活动背景

风筝的主题来源于节假日后丁丁带来的一只风筝。丁丁跟老师说：“老师这是我爸爸给我买的风筝，我带来给你和小朋友看看！”顿时就有几个孩子围了上来，七嘴八舌，摸摸这，摸摸那……

有的说：“我家也有，是小鱼风筝。”

有的说：“我家的是飞机风筝。”

有的说：“我爷爷的风筝可大了，是一条龙，很长很长。”

还有的说：“我家的风筝有灯，晚上还会亮！”

接下来的几天时间，又有孩子带来风筝，不同的形状，不同的款式……

幼儿已有和家长一起玩风筝的经验，对风筝已有一些初步认知，喜欢放风筝的活动。中国是风筝的故乡，风筝已有两千多年的历史，是我国传统文化的一部分。正值阳春三月，是放风筝的好时节，看到孩子们对风筝兴趣之浓烈，虽然并非教学计划中的主题，但教师决定跟随孩子的兴趣，和他们一起尝试探索，生发课程。

通过谈话活动，教师了解幼儿为什么喜欢风筝，想要了解哪些风筝的知识……根据他们的兴趣点进而预设了风筝的基础课程。

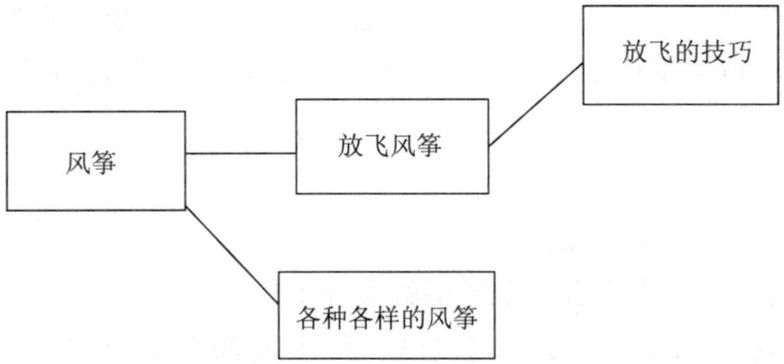

儿童有着与生俱来的好奇心和探究欲望。好奇、好问、好探索是幼儿的年龄特点。风筝游戏案例就是以孩子的兴趣为出发点，从孩子的视角生发的课程。游戏中教师为幼儿提供直接感知的环境、材料，创设直接感知的情境，引发幼儿在已有经验基础上进一步感知、不断探索和体验的学习故事。

二、活动内容与过程实录

（一）风筝飞不起来！

小朋友对风筝很感兴趣，他们都特别想放风筝。

“老师带我们到操场放风筝吧！”于是老师和孩子们带着丁丁的风筝来到操场上一起玩。

丁丁把风筝放在地上，拖着线大步向前跑，他说：“风筝怎么总在地上打转？”

美美跑来抓住风筝说：“让我来帮你举起来吧！”丁丁用力向前拽着线，“为什么风筝还是飞不起来？”

丁丁又尝试着把风筝举着向前奔跑，“它就是飞不起来！”

孩子们疑问重重……

孩子们在已有经验的基础上尝试放风筝都没有成功，于是教师和孩子们一起探讨为什么没有成功？我们可以怎么做？还需要什么？他们讨论着……

（二）怎么让风筝飞起来？

丁丁说：“可能是风太大了！”

美美说：“我们可能方向不对！”

宁宁说：“你要这样抓！”

雯雯说：“我们是不是再跑快一点呀！”

老师问道：“你们说要想把风筝放上天需要哪些条件呢？”

孩子们再次来到户外活动，利用塑料袋、绸带、报纸等模仿放风筝，在自主探索、自主发现中感知风向、速度、姿势，在合作探究中学习放风筝，乐此不疲。

“老师，风筝太少了！”

“我也想要一个风筝呢！”

“如果我们每个人都有一个风筝就太好了！”

孩子们放风筝的热情越来越高涨，每个人都希望能放飞自己的风筝，于是教师也就顺应孩子的愿望，决定支持幼儿自己动手做风筝。

（三）风筝大调查

风筝是怎么做出来的？需要哪些材料呢？做什么样的风筝？风筝都有哪些形状种类？风筝是谁发明的？有哪些风筝的故事传说？哪些地方盛产风筝？……于是老师和孩子共同整理了大家的疑问，制成了一张张调查表，孩子们带着自己的疑问进行调查记录。孩子们通过访问、阅读、查询等多元的方式了解了风筝的发源地与传说，感知了风筝的传统文化魅力。

风筝六大问

调查表

（四）拜访风筝大师

百闻不如一见，幼儿园旁不远处有一个非遗博物馆，风筝是怎么做出来的？风筝是由哪几个部分组成的呢？做风筝需要哪些材料？我们可以从那里得到答案！孩子们带着疑问走进非遗博物馆的风筝馆，拜访风筝大师，参观大师的工作室，与风筝大师零距离接触。看到了不同题材的风筝，还观看了风筝大师现场制作风筝。

1. 欣赏不同种类和题材的风筝，听爷爷讲述风筝的故事。老爷爷说：“风筝分硬翅风筝、软翅风筝、立体风筝、板子风筝、串联风筝等，不同的图案表现不同的故事，有花鸟鱼虫风筝、风景名胜风筝、戏曲人物风筝、神话风筝等。”

2. 向会做风筝的爷爷请教，看老爷爷现场扎制风筝，知道了扎制风筝需要竹篾、扎线、宣纸、画笔等。孩子们还了解到风筝有扎、糊、画、放四个环节。

现场学习扎制风筝

回到幼儿园，老师及时抓住孩子的兴趣点，开展了赏风筝活动。进一步感知风筝不同的种类、不同的题材图案，欣赏不同国家的风筝，在欣赏中引导孩子们感知风筝图案的对称、色彩的艳丽，感受传统风格与艺术特色风筝的艺术美。在欣赏的基础上为孩子做风筝积累了更多的感性经验。

（五）我们自己设计风筝

在了解风筝种类和不同题材的、图案的基础上，孩子们心中有了自己的风筝蓝图，他们迫不及待地设计了自己的风筝。

贝贝说："我设计的是沙燕风筝！"

西西说："我的是蝴蝶风筝！"

龙龙说："我设计的是老爷爷做的板子风筝！"

幼儿设计的风筝

（六）一起做风筝

一天，丫丫在班级区域资源库里发现了扎线、花纸，这都是制作风筝的必要材料，放在区域里也有一段时间了，一直没有用处，于是她找来了好朋友们，说："我们可以一起做一个风筝吗？"

鹏鹏、涵涵、丫丫、彤彤拿出纸笔开始规划自己制作风筝所需的材料及工具，鹏鹏负责记录，其余小朋友出主意，不一会儿整理出了风筝制作的材料统计表。

班级资源库

丫丫发现了材料

孩子们共同商讨，鹏鹏负责记录

班级其他小朋友也加入了他们制作风筝的队伍，他们有的三人一组，有的五人一组，在幼儿园各处资源库中寻找所需材料，进行小组合作制作风筝。他们在制作的过程中发现了扎绳扎不紧、竹篾长短不一、风筝形状难固定等问题。

于是，小朋友向老师求助，在老师的引导下，孩子们运用各种扎绳尝试，最后发现，最好用的扎绳是又轻又软的棉线。而固定风筝的造型时需要共同配合，先将形状在地上放好，一人按住形状帮助固定，其余幼儿负责用扎绳收紧。孩子们在直接尝试和感知中获得了制作的经验。

在同伴的合作下风筝的龙骨制作好了，接下来还需要糊上漂亮的风筝纸。美工区有许多各种各样的纸正好有用，老爷爷说过风筝要飞上天，所以要选最轻的纸（宣纸）。随着探索的深入，孩子们还发现薄膜纸、欧根纱、无纺布等轻便的材料也可以制作风筝面，于是有了塑料纸风筝、无纺布风筝、羽毛风筝等，真是创意无限。糊风筝纸、装饰风筝，孩子们相互合作，认真投入，一个步骤都不少。

家长参与活动

家长在孩子们的感染下也积极地参与着孩子们的活动，体验亲子同乐的乐趣，仿佛回到了童年。活动在孩子们的自主探索、自我建构中不断进展。

（七）再次去放风筝喽！

我们制作的风筝能飞上天吗？在哪儿放飞合适？要注意什么？孩子们又讨论了起来……

这个周末在家委会的倡议下，将组织开展亲子放风筝活动。

放风筝注意事项

放飞活动后，孩子们还总结了放飞的经验，选择有风的天气、空旷的场地、避开有电线的地方；孩子们还提出来在放风筝的过程中我们还要注意保护环境，不能乱扔垃圾，不能踩坏草坪。通过感知和体验，孩子们的经验不断丰富，也不断提升。

（八）风筝节，让快乐飞起来

班上的风筝越来越多，教室里已摆放不下啦！孩子们建议：

“不如我们也办个风筝节吧！”

“办风筝节我们要做什么？”

在举办风筝节之前，我们和小朋友一起了解了中国潍坊、南通、北京等地的风筝节，还延伸到其他国家风筝节的内容，孩子们通过观看视频、图片、查阅资料等了解各地风筝节的特色，为我们举办风筝节积累了前期经验。

“我们要出个海报让其他班的小朋友知道！”

“发个朋友圈！”

“老师，你拍个抖音吧，让他们看到！”

“我们要播放音乐……”

“用风筝打扮幼儿园。”

丰富的风筝环境

“风筝还可以做游戏！”

“我看过那本《风筝》的绘本。”

风筝节里我们开展风筝知识问答，讲述风筝的故事、诗歌，以及阅读风筝的绘本等活动，丰富风筝节的内容。并把与风筝相关的材料投放到游戏区域，供幼儿自主游戏。将活动延续拓展，满足孩子的发展需要。

三、活动总结

（一）活动特点

1. 主题活动将传统文化引进幼儿园，幼儿通过“玩风筝—赏风筝—做风筝—放风筝—举办风筝节”等系列活动逐一展开，有序推进。幼儿近距离感受中国传统文化的博大精深，实现了传统文化资源与课程的有机融合。

2. 活动引发了幼儿的深度学习。在活动中，幼儿通过仔细观察、动手操作、实地探询、体验反馈等方式逐步丰富了对风筝的认识，多方面的经验得到了提升，促进了幼儿深度学习。

3. 活动充分利用了本土资源。教师带领幼儿走进身边的博物馆，拓宽视野，听他们讲述身边的非遗故事，丰富了幼儿的经验，本土资源的教育价值得到了有效提升。

（二）幼儿学习发展的价值

1. 在探究风筝的过程中，幼儿认识了周围事物和现象，感知了形状与空间的关系。

2. 在放风筝活动中，通过探索风筝如何起飞，幼儿能以物代物尝试体验，能主动发起活动并在活动中与同伴讨论，出主意、想办法，相互配合，多元互动，社会性得到充分发展。

3. 在制作风筝活动中，幼儿能够大胆创想，用多种工具、材料，以及不同的表现手法来表达自己对风筝的认识。

4. 中国是风筝的故乡，风筝已有两千多年的历史，是我国传统文化的一部分。通过本主题活动的开展，孩子们了解了风筝的来源、作用的演变与发展，感受和体验了中国传统文化的魅力与价值，为传承和发扬传统文化做奠基。

（三）活动反思

1. 幼儿的发展是幼儿与环境互动的过程，而不是教师教了什么。本次活动中教师引导幼儿与环境中的人和事物进行积极互动，不断丰富和拓展幼儿的经验。本次风筝主题活动改变了以往教师注重预设、重视教授，没有关注幼儿的发展需要的传统做法，使教师的理念发生了改变，是儿童观和教育观上的改变。

2. 活动中教师是课程实施的主要责任者，要基于幼儿的发展不断调整课程计划。生成课程中教师的角色不是简单地顺应幼儿，课程计划也不是施工蓝图，而是作为一个“旅行指南”，教师与幼儿共同协商确定行程，最终指向的是幼儿全面和谐的发展，教师课程实践能力也得到了明显提升。

3. 教师要强化课程意识，追随幼儿兴趣，抓住幼儿随时可能发生的教育契机，进行价值判断，生发课程，从而进一步激发幼儿深度学习。同时需要教师做一个有“心”人，发现幼儿的兴趣所在，才能让幼儿的深度学习趣味化；做一个有“情”人，理解幼儿的情感所需，才能让幼儿的深度学习共情化；做一个有“度”人，巧拨幼儿的不足所在，才能让幼儿的深度学习持续化。

（四）可能再次生成的教育契机

在以后的活动中需要不停地关注幼儿的需求，根据他们的兴趣动向，做好价值判断，实时生发课程，比如创新风筝的造型、主题内容、故事创编……幼儿已提出的“风筝可以带我飞上天吗?”“可以把铃铛装在风筝上吗?”我们正在积极探索中，未完待续……

专家点评：

该活动缘起于幼儿放风筝的兴趣，巧妙地对我国传统文化资源的教育价值进行了挖掘，引导幼儿在“玩风筝—赏风筝—做风筝—放风筝—举办风筝节”等系列活动中进行了深度学习，拓展了幼儿的经验，体现出教师具有较强的教育意识和活动设计与实施能力，是一份较有借鉴意义的案例。

农耕探秘——小麦的故事

（扬州大学第一幼儿园　王晶晶　韩允慈）

一、活动背景

种植活动源于某一次午餐，一位小朋友吃完饭菜，举着盘子对老师说："老师，我吃完了。"老师竖起了大拇指，"你光盘啦！"

糖糖："什么是光盘呀？"

圆圆："光盘就是会发光的盘子吗？"

豆丁："我知道，就是把饭菜都吃完了不能剩下。"

顿时，"光盘"这个新鲜词汇引起了幼儿的兴趣，班级两位教师对这个话题进行了课程审议，通过审议我们认为"光盘"这个话题是有意义、有价值的。第一，和幼儿的生活相关；第二，勤俭节约一直是中华民族的传统美德；第三，习近平总书记对制止餐饮浪费行为作出了重要指示；第四，10 月 16 日是世界粮食日。我们在思考围绕"光盘""粮食"这些事，孩子们可以收获什么？老师可以从哪些方面、以什么形式向幼儿提供支持。活动是可行的，但具体怎么实施呢？想先听听孩子们怎么说。

二、活动内容与过程实录

（一）谈话活动

佳佳：粮食就是我们吃的米饭、包子、面条、蔬菜、水果……

圆圆：都是农民伯伯辛苦种出来的，我们不能浪费。

师：怎么种的呢？

糖糖：在田里撒上种子，每天浇水、施肥、晒太阳。

师：不同的食物撒不同的种子，面条和包子是什么做的呢？

樱桃：是面粉做的。

师：面粉和大米撒一样的种子吗？

通过谈话可知，幼儿对面粉和大米的由来及播种过程缺乏知识经验，但是他们对于种植的基本知识已掌握，知道植物都是需要水、阳光，知道面粉和大米可以做出很多好吃的食物：面条、包子、粽子、寿司等。通过观看视频，了解了播种的过程，在田里撒下稻谷就能长出水稻，收割后变成大米，撒下麦种就能长出小麦，可以变成面粉，幼儿一边感叹农民伯伯的辛苦，同时也对种植产生兴趣，决定一起来种植水稻、小麦。教师和幼儿一起梳理相关知识，以网络图的方式呈现出来，这样的方式能帮助幼儿分享已有经验，也有助于启发幼儿的思考。教师这样提问："关于种植你们还想知道什么？""水稻和小麦如何区分？"

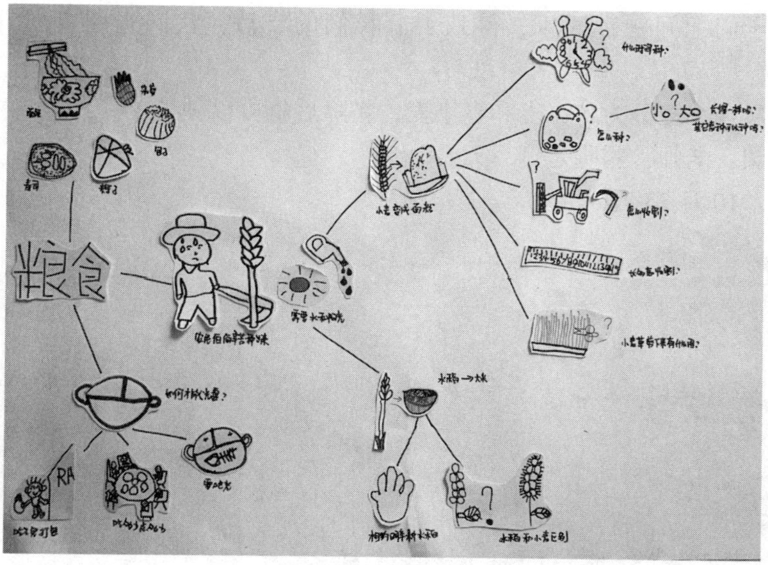

师幼共同完成的网络图

当幼儿的问题呈现之后，接下来要做的就是解答，我们的活动也进入了第二阶段。

（二）收集种植资料，积累经验

教师和幼儿一起收集了有关水稻、小麦，以及《二十四节气·秋》等书籍，网购了经过烘干可以长久保存的麦穗和稻穗，以及麦种和稻谷发芽过程的标本。

糖糖：水稻和小麦成熟后长得好像。

辰辰：是的，一个有长长的刺，一个已经垂下了头。

佳佳：我们去看看书上怎么写的吧。

邀请教师一起走进阅读区，发现原来有麦芒的是小麦，有沉甸甸的稻谷的是水稻。

辰辰：我爷爷奶奶家的水稻已经黄灿灿的了。

借助家长资源，从农田挖了几株水稻种植在小菜园，供孩子更直观地观察颜色、形状等。观察小菜园时，孩子们自发拿起画夹画出了水稻的样子，并在美工区用油泥做出水稻。

辰辰：我爷爷说已经到了水稻收割的季节，只能明年再种植水稻了。

圆圆：那我们就种小麦吧，我还挺喜欢吃面条的。

辰辰：那我回去得问问爷爷奶奶小麦的种植季节。

源源：我让我爸爸上网查一查。

孩子们把问题带回家，得到了家长们的支持，共同查阅资料并记录分享。

辰辰：小麦分为冬小麦和春小麦，霜降后就可以种植了。

圆圆：老师，霜降是哪一天？

师：10 月 23 日。

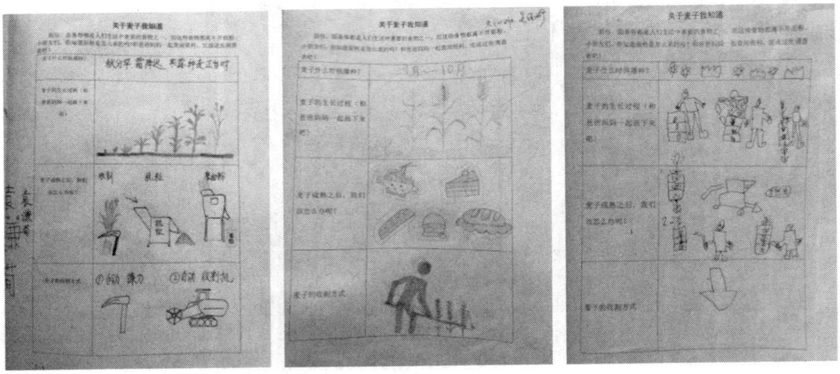

调查表

（三）开始种植

说干就干！10 月 26 日，孩子们从家中找到小麦的种子带来幼儿园，观察发现：

糖糖：小麦的种子好小，好硬呀。

佳佳：快看，种子的中间还有一条缝。

湉湉：种子的一头是尖尖的，另一头是椭圆形。

小鱼：我们有了小麦种子接下来怎么种呢？

师：中一班的王阿姨有多年的种植经验，不懂的可以问问她。

他们来到中一班请教了王阿姨，王阿姨详细给孩子们介绍了小麦的种植方法。

1. 水培

（1）选种、浸泡、催芽

他们先清洗一遍种子，把杂质或者坏种子全部都扔掉，孩子们仔细观察、精心挑选出饱满颗粒大的麦种，将种子泡上 8 个小时。在漫长的浸泡等待中他们记录了时间，10 月 27 日 8 点进行选种、浸泡，到 14 点浸泡结束，把做了什么事情都画了下来。一到休息时间，强强立马跑来观察小麦的浸泡过程。浸泡终于结束，强强发现：麦种变胖了。

圆圆：还有绿绿的小芽冒出来了。

豆丁：我发现绿色的小芽长在麦种屁股后面，像小蝌蚪一样。

辰辰发出疑问：我们可以把浸泡的种子撒进土里吗？

王阿姨：当然可以。孩子们相约再试试土培的方法。

（2）选择各种工具测量

紧接着孩子们小心翼翼地把盆里的水倒掉，换上水，盖上育苗纸，孩子们发现纸干了就来浇一浇水，长到 2~3cm 就可以拿掉育苗纸了。

强强：老师，我们怎么知道麦种有没有长到 2cm？

辰辰：我们找尺子量一下就知道了。

强强：老师，借我把尺子。

师：我只有 2 把尺子，有这么多小朋友都需要，该怎么办呢？

糖糖：我们可以先拿其他东西测量，长了多高就在那里画一条横线，最后再用尺子量一下。

大家都觉得这个办法很不错，在区角里找来了各种测量工具。

10 月 29 日早上，强强：你们快来看，种子把育苗纸顶起来了。

豆丁：我发现麦苗是长在麦种屁股后面的。

陶陶：有的麦种发了两个芽。

2. 土培

土培种植也开始了，他们找来了几个盆，在土里撒上种子，王阿姨告诉他们这个盆太小，需要找一些大的地方。

他们首先想到了小菜园之前种水稻的四个盆，教师又帮他们寻觅了前操场的一片空地，孩子们来到这个场地纷纷说这个地方很宽敞，很适合。孩子们又站上去踩了踩。辰辰发现问题：这两个地方土很硬，还有很多小石子。

糖糖：还有很多小草。

王阿姨：我们需要将这两块地方的土翻一翻，改善土质，这样更利于小麦的生长，不过翻土可是个力气活。

辰辰：那我们男生翻前操场的土吧，地方大，花的力气肯定也大。

男生们异口同声地表示赞同，男生女生分成两组，女生种植小菜园的小麦，男生种植前操场的小麦。

（1）翻土、撒种、浇水

他们在自然角找来铲子、水壶等工具，讨论着使用工具的安全注意事项，然后分成两组进行活动。发现土太硬，还有很多杂草需要处理，需要成人的帮忙，成人娴熟的动作引来了孩子们的认真观察与模仿学习，有了成人的帮助，土质问题得到了解决。孩子们跟着王阿姨有模有样地撒起麦种，在撒上的麦种上又盖上一层薄薄的土，再浇上水，期待着它们快快长大。

10 月 28 日，男生组：

男生组种小麦

种植表征记录

11 月 3 日，女生组：

女生组种小麦

种植表征记录

（四）日常照料、记录

早操结束时间、散步时间、户外游戏时间……孩子们都会去给水培、土培的小麦浇浇水，在教室的区角里找来了吸管、棒冰棍、回形针、木夹子等工具，量一量、记一记，看一看它们长多高。孩子们每人一本记录本，记录着自己每次测量的高度及为小麦做了什么事情等。为了更好地观察小麦生长的高度，还单独为三个区域的小麦做了记录本，孩子们每次观察之后进行记录。

湉湉：真希望水培的小麦草快点长高，就可以榨汁了。

点点：我也很期待，等长到 20cm 左右就可以收割了。

樱桃：我的小麦已经冒出八九个小芽了。

11 月 9 日，男生组：

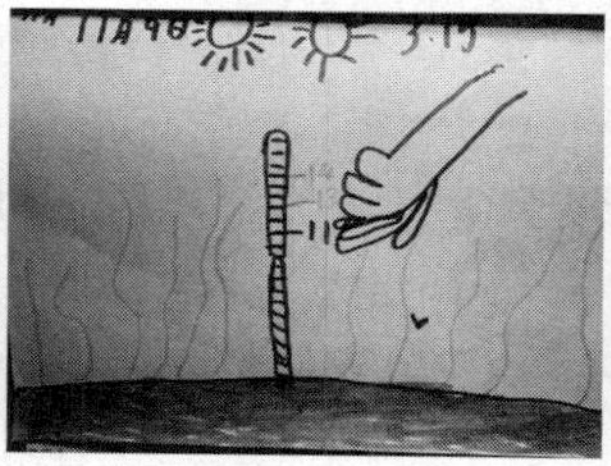
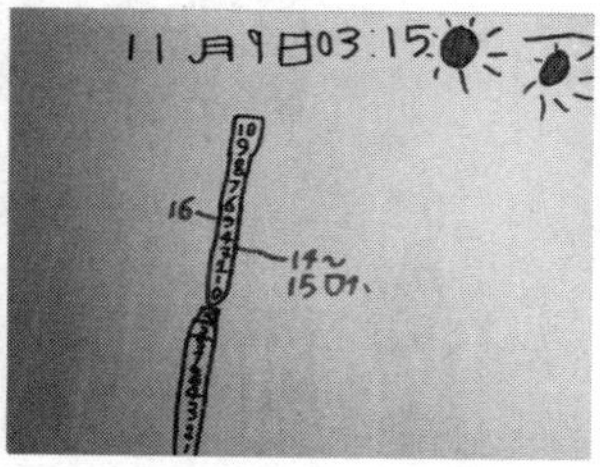

男生组测量　　测量表征记录

11 月 9 日，女生组：

女生组测量　　测量表征记录

11 月 9 日，水培：

水培组测量　　测量表征记录

11 月 19 日，水培和女生组：

水培组记录表征

女生组记录表征

11 月 23 日，男生组：

男生组记录表征

（五）新发现

11 月 17 日，强强发现水培的小麦草其中 2 盆根部发霉了，立马引来了无数小朋友的围观，他们开始七嘴八舌讨论起来：

强强：为什么会发霉呀？

豆丁：肯定是我们平时给它们水浇多了。

圆圆：我们还是去问问王阿姨吧。

王阿姨：是因为这 2 盆种子撒的太密集了，让它透不过来气，再加上是水培，更容易发霉。

湉湉：那这 2 盆就不能榨汁了，还是把它们扔掉吧。

点点：我们还有多余的麦种，我们重新种吧。

陶陶：我看书上还有大麦，长出来跟小麦苗一样吗？

于是，教师按照书上的几种种子，网购了大麦、黑麦、紫麦，约定等这些种子到了后和小麦一起种植。

（六）小麦草收割

11 月 19 日区角时间，辰辰测量小麦时，发现高度已经 21cm，“老师，小麦草可以收割了”。

孩子们围坐一桌，拿出剪刀，将小麦草一点点剪下来。

辰辰：我闻到了一股小草的味道。

湉湉：这个味道好难闻哦。

教师拿来榨汁机和面粉，与幼儿共同榨汁、和面，自制油泥。

陶陶：小麦草颜色是绿色，汁应该也是绿色吧。

圆圆：那和白白的面粉和在一起，就可以做出绿油泥啦。

活动到这里尚未结束，问题还在继续，“其他麦种长出来也是一样的颜色吗?”“麦芽糖是小麦草制作的吗?”“怎么制作麦芽糖?”“水稻也可以水培吗?”热爱大自然是儿童的天性，大自然对儿童身心发展的促进作用是不可忽视的，不仅能促进儿童的健康，还能陶冶情操、丰富知识、增长智慧。随着植物的生长，幼儿不仅掌握了种植方法，感受到了它们的生长变化过程，还提高了动手能力。充分利用班级自然角的种植资源，为儿童创设一个自然、自在的课程环境，使其得以自然、自由的发展，是我们不变的初心。我们预设出这样的框架：

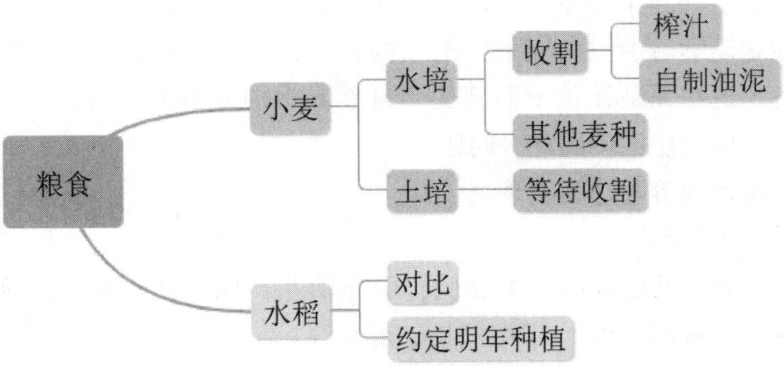

Fast 快递班本课程

（扬州大学第一幼儿园　徐一丹　王思佳）

一、活动背景

在区域游戏时，美工区和角色扮演区是有区域之间的联动的，美工区可以制作美食给角色扮演区的“火锅店”使用，这时，听到美工区的孩子喊“服务员”：你的快递（萝卜）到了。

我们常常在网上购物，网购已成为当今社会非常流行的事，平时从孩子的谈话中都能听到“这是我妈妈在网上给我买的衣服”“这是我爸爸在网上给我买的运动鞋”“妈妈给我在天猫网上买了玩具”，等等。网上的东西很多，而且快递也很快，有时今天买明天就能到了，不用出门很方便，快递已经成为我们日常生活中不可或缺的一部分。随着社会的进步，小朋友都有爸爸妈妈在网上给自己买东西的生活经验，但是快递到底是怎么寄过来的呢？快递从哪里来？很多小朋友可能不知道，以此为契机，我们围绕着小小快递员开展了一系列活动，使幼儿将平时被动的学习变为主动的学习，并在主动学习中积极探索，幼儿的自主性、积极性、创造性等到了充分的发挥。这也无疑让孩子们感受到自然界中的秘密就在自己的身边，掌握知识可以解决生活中的许多问题。

二、活动内容与过程实录

（一）谈话活动

为了了解幼儿已有的相关经验，引导幼儿共同准备材料，以推进快递游戏的开展，我们组织了一次谈话活动。

提问：“你收到过快递吗？在哪里收过快递？”通过谈话，教师发现全班幼儿均有收快递的经验。

提问：“你收到的快递是什么样子的？”幼儿纷纷回忆道：“是用袋子装的。”“是用纸盒装的。”

提问：“谁送快递？他们用什么工具运？”幼儿争先恐后地表达快递员们用三轮车、电动车、大篮筐等运快递。

最后，教师问：“你们想玩快递游戏吗？快递游戏需要什么材料？”幼儿讨论后认为，玩快递游戏除要有快递员外，还需要各种快递盒子和袋子等。

快递游戏区

谈话活动后，幼儿开始收集快递游戏所需的各种材料。

在活动的生成过程中，出现问题，让幼儿自主地解决问题：这么多盒子堆在一起很乱，幼儿想到找个地方放起来，有 3 层货架可以用来存放带来的各种快递纸盒。于是，开辟了一块空间来摆放快递盒，快递游戏区有了雏形。

（二）第一次自主游戏

幼儿自发地玩起了送快递的游戏。他们自行分配角色，在游戏中可以促进幼儿对快递员这一角色的社会认知，打包快递的过程既发展了幼儿的动手能力、空间思维能力、语言表达能力，也增进了同伴间的合作和交往。

（三）出现问题，细化游戏

游戏中，梓瑶多次说：不知道是谁的快递呀？出现了疑问：盒子装好后，不知道是谁的快递怎么办？有孩子说：在盒子外面画一下。那么，快递盒子外面除了有物品的内容，还有什么呢？

为了更详细地了解快递员的工作，请家长陪同幼儿去家附近的快递公司或者代收站进行参观，并向快递员了解工作的内容。

在这个活动中初步明白了快递的简单流程。再来讨论：你还知道有哪些快递公司、运输方式，等等，孩子们各抒己见，我想快递员这个职业在孩子们的心中发芽了。同时，有的家长带孩子寄了快递，亲历寄快递的过程更帮助了幼儿了解快递员的职业和工作内容，体验寄快递的乐趣，可以对后续游戏的开展产生积极的作用。

实地参观和了解寄快递流程，孩子们知道了先要填写快递单，要写清楚收件人的姓名、地址和电话，这样，快递员叔叔才能准确地把东西寄到对方手中……

于是，生成了集体绘画“快递单”的活动。通过观察，孩子们发现快递单上有收件人、地址、电话号码，还有二维码。他们用绘画的形式进行创作。

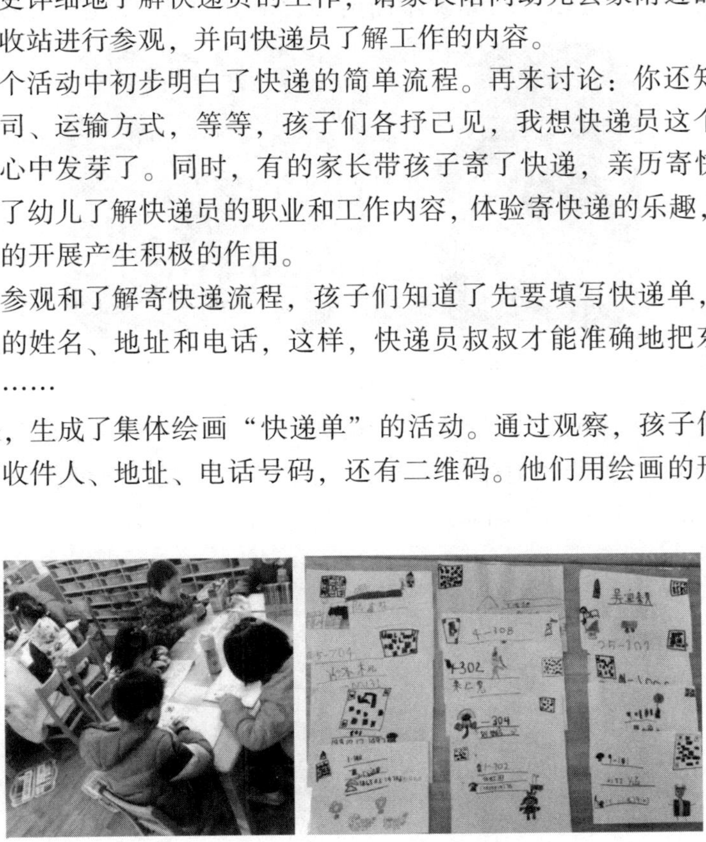

幼儿设计快递单

你去了哪家快递公司？你记得它的名字吗？

小结：每家快递公司都有自己的名字和标志（logo），很快地孩子们一起商量班级快递站的快递名字和 logo。

云霓：彩虹快递，我希望我们班小朋友像彩虹一样漂亮。

意凡：大五顺丰快递，因为顺丰快递快。

嘉许：卡车快递，我觉得卡车很快。

梓瑶：闪亮快递，因为我希望我们班上又干净又闪亮。

俊璋：闪电快递，我希望快递像闪电一样快。

择扬：旋风快递，像旋风一样快。

思齐：好用快递，我希望快递公司非常好用。

最后，小结出来，孩子们觉得快递一定要跑得最快。

泽峰：就叫最快快递。但听起来有点拗口，老师给出了建议：快的英语是 fast，大家达成一致叫：“fast 快递。”

名字想好了，孩子们开始设计 logo：大家画出自己的标志，并解释含义。

设计logo

挑选出 7 个涂色比较好看的进行投票。

想想小朋友画的“地球”标志以 9 票获胜，于是，全班孩子开始大批量生产 logo。设计好名称和 logo，大五班快递员闪亮登场。

投票选出的logo

批量画出logo

大班的孩子已有一定的游戏水平，他们已经不再局限于玩简单而单一的游戏，情节的推动更能引发他们的兴趣、探索和社会性交往，因为具备关于送快递的生活经验，他们能通过搬运模拟送快递的游戏。

孩子善于运用已有资源，他们找来了幼儿园体育器械：自行车，快递小车。

准备就绪！

这些快递送到哪里呢？为了便于快速识别和收放，启发幼儿思考如何用最简单的方式，保证每个孩子有自己收快递的地方。于是，幼儿用自己的储物柜，运用门牌号 101～504 的数字及简单图形设计快递柜。这样既培养了幼儿自主解决问题的能力，也发展了幼儿的绘画和符号表征能力。

（四）完整游戏

快递游戏开始了。孩子们自行分配角色，开始下单，下完单快递员去卖家处取货，取完货进行分装，接下来骑着小车送货——最后收快递。孩子们从填快递、负责打包到包裹派送，穿着统一的服装进行了“逼真”的游戏。快递游戏还可和其他游戏进行联动，既相互联系又相互独立地进行游戏，可以帮助幼儿自主建构并自觉遵守游戏规则，真正让幼儿出于自己的兴趣和愿望来进行游戏。

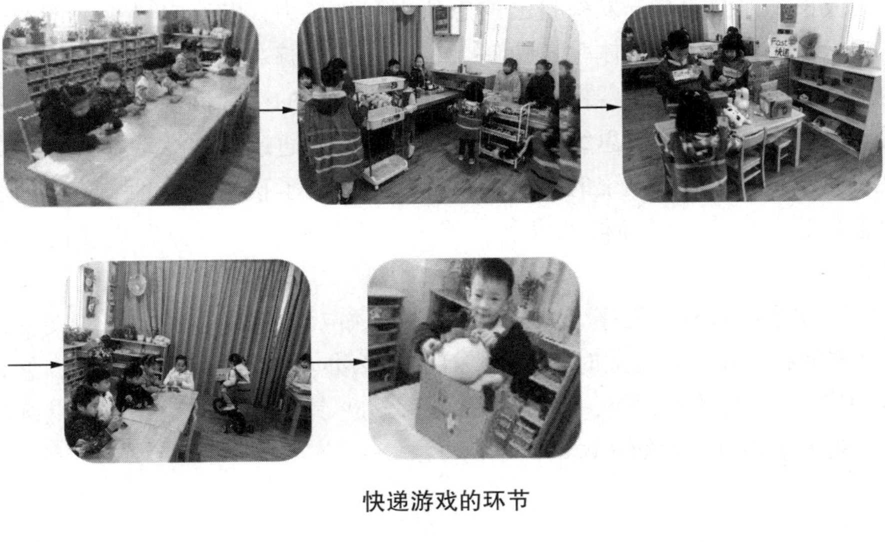

快递游戏的环节

在游戏小结环节，组织幼儿讨论游戏中出现的问题。针对快递很快送完的问题，在教师的启发下，幼儿互相讨论，想出了解决办法，如快递的件数多一点，快递员少一点，自行车也少一点，等等。他们是在运用数学的思维方式解决游戏中遇到的真实问题，于是生成了“快递中的数学”的活动。游戏展开的过程也是不断解决问题的过程，同时也是课程不断丰富的过程。

（五）快递员的一天

通过此次班本活动，孩子们初步了解了快递员的工作流程，并以绘画的方式进行了记录。

快递员工作流程记录

三、活动总结

1.《指南》中指出：游戏有利于幼儿社会认知的发展，有利于幼儿社会行为的形成。在这个每日快递的游戏中，孩子们不仅仅只是玩，更是内心的成长。他们能充分发挥自己的想象力和创造力，结合自己生活的经验和知识，了解快递员，体验送快递。快递员这个游戏活动具有趣味性和活动性，能使幼儿获得游戏性的体验，丰富了幼儿的生活阅历，在集体游戏活动中感受生活，扩展思维，感受愉悦的心情。通过各种活动打开孩子内心的世界，也开阔了孩子的视野，在游戏中发展了孩子的天性，孩子的交际能力得到锻炼，语言得到发展，孩子在日后的生活中拥有更多的发展机会。

2. 快递游戏有点无序怎么办？随着快递游戏的深入发展，幼儿又发现了许多问题，比如：游戏时有人扔快递，怎么办？自行车停放得太乱，怎么办？快递员骑车骑得太快，碰到我了，怎么办？针对这些问题，教师继续利用游戏小结环节组织幼儿讨论，寻找方法。

地图设计师

（扬州大学第一幼儿园　林心雨）

一、活动背景

在近一个月中幼儿园来了很多实习老师，小朋友们细心地发现实习老师们对幼儿园并不熟悉，经常找不到相应的地点，这群 6 岁的娃娃便萌生出设计地图的愿望，这让老师都不得不佩服他们的勇气。

结合“好大一个家”的主题活动，孩子们对地图展开了探索，了解了地图的种类和作用，发现了地图带给我们的信息，体会地图对生活的影响。于是，我们的活动开始了。

二、活动内容与过程实录

（一）确认地点

那设计什么地方的地图呢？孩子们开始了讨论。

伊伊：我想设计一个游乐场的地图。

游乐场是孩子们最向往的地方，所以游乐场的地图是孩子们最有设计欲望的。

天天：我想设计我家附近的地图，我家就在幼儿园的大院子里，有了地图，小朋友就都能找到我家，可以去我家做客。

家是孩子最熟悉的地方，邀请朋友去家里做客是孩子们喜欢的活动，这是从实际需要出发的创意。

个个：设计幼儿园的地图吧，可以给新来的实习老师看。

轩轩：我也想送给下学期新来幼儿园的小班弟弟妹妹，让他们找到幼儿园各个好玩的地方。

作为大哥哥大姐姐，为小班的弟弟妹妹的需要着想，孩子们能将自己所学的本领运用到为他人服务上。

大约是作为哥哥姐姐的自豪感，轩轩的创意得到了大多数孩子的支持，设计地图的地点就这样被确定了。

教师的思考：

孩子们对设计地图热情高涨、跃跃欲试，可是我们知道第一次尝试对孩子们的难度。因为孩子们没有设计经验，对于太大的地区他们是不太容易设计的，而地图中的诸多因素也会让他们很茫然。所以缩小区域，聚焦感受，比较适合孩子们现有的经验下对设计地图这一内容进行探索与思考。幼儿园有很多区域，孩子们讨论后决定从他们最喜欢的幼儿园大型玩具开始尝试设计地图。

在孩子们的探索中，我们可以适当地分析孩子们的需求，结合他们的经验和能力，帮助孩子们明确探索的方向，让探索变得有可能推进。

（二）设计风格的确定（我们到底要设计什么风格的地图呢）

图 1：地图 高德

图 2：地图 手绘

当出示两幅不同风格的地图——电子地图和手绘地图让孩子们选择，孩子们几乎一边倒地表达自己对手绘地图的喜爱。

萌萌：手绘地图上房子不是用方块表示，画了房子的图画，看起来方便。

豆豆：手绘地图上有很多图画，不认识字的小朋友也可以看得懂。

恬恬：手绘地图上有很多绿树和草地，看起来很漂亮。

经过全班表决，大家一致决定将第一次的设计用手绘地图的方式呈现出来。

（三）设计方案的讨论

讨论 1：幼儿园前操场的地图上需要画什么？

宁宁：要画上主要的东西。

讨论 2：什么是操场中主要的东西？

jimmy：当然是所有的大型玩具。

讨论 3：还要注意什么呢？

点点：所有大型玩具都要画上，一个也不能少，要不看地图的人就找不到想去的地方了。

陈陈：还要画得像，要不然还是找不到。

叮当：玩具要按现在的位置画在地图上，不能随便画。真实性是地图的一个重要特征。

（四）设计想法的落实

在一番讨论后，小小设计师们跃跃欲试，信心满满。大家雀跃般来到场地边，用写实的手法描绘起各自的大作。他们时而认真端详，时而细致绘画，时而独自思索困惑，时而几人讨论各自的设计。

（五）设计中的困惑

“失败乃成功之母”，孩子们的第一次尝试结束了，不再像出发时的兴奋，一个个头顶着大大的问号回到了教室。

“刚才在画地图时有什么困难呢？”我的这个问题一出，孩子们立刻找到了宣泄的出口，纷纷说起自己的困惑。

困难 1

泡泡：我有很多玩具不会画。

绘画技能的不足，在此刻成了孩子们的困扰，看来这能激发他们美术活动的学习热情。

萌萌：我想好了全部要画下来的，结果画着画着就画不下了。

地图中的物体大小的比例对于大班的幼儿有一定难度。

球球：我都画下来了，但是小朋友说看不懂，说我画得不像。

画出物体的典型特点，这个方面要给予帮助。

（六）设计困惑的解决

方法总比困难多。全班的孩子发挥了集体的智慧，对于他们遇到的一个个困难积极发表了自己的想法。终于，孩子们有了解决方案。

1. 画的大型玩具的摆放位置怎样才能跟实际一样？

彤彤：可以先画大树滑梯，然后画爬网和滑梯。

先确定中间的定位，方便后面物体位置的摆放，然后一一画下去。

青青：先画旁边的大型玩具，按照先画下面后画上面的顺序画。

当然也有小朋友是确定左边的位置再按照从左往右的顺序画。

叮当：一边画，一边看。

通过不断比对，可以及时纠错呢。

2. 画着画着就画不下了，怎样才能画得全？

天天：画的时候，每个大型玩具都画小一点。

经过多次练习，孩子们迁移了绘画中布局的经验。

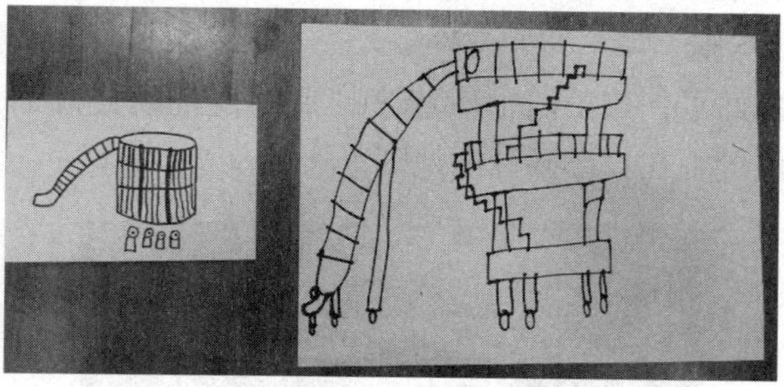

3. 不会画大型玩具怎么办？怎样让看地图的人认出画的是什么？

大衡：要画出每个大型玩具跟其他玩具不一样的地方。

月亮：大树滑梯要画出大树。

莎莎：波浪滑梯要画出一层层波浪。（用特征表现物体）

教师的思考：

有了第一次的尝试，孩子们对地图的绘制有了初步的认识，幼儿园地图的设计到了可以实践的时候了。因为幼儿园的地标太多，距离孩子们的能力有差距，所以这时教师的引导既要对孩子们的探索有积极作用，又要给孩子们留下探索与试错的空间。于是借助于几个核心问题，第二次设计会议开始了。

（七）第二次设计方案的讨论

问：幼儿园地图上除了滑梯还需要有什么？（标志性建筑）

图图：需要画上幼儿园的建筑，我们的教学楼也要画上。

球球：还有紫藤架和沙池。

头头：长廊、大门和保安叔叔的办公室。

朱朱：大型玩具和花草树木也应该画在地图上。

菲菲：要画上大型玩具，弟弟妹妹以后玩的时候就能找到了。

莎莎：还有王大大给我们烧饭的房子和幼儿园的小菜地。

麒麒：还有很多树和花，也是幼儿园的，弟弟妹妹可以去认识的。

（八）设计实施

一切都准备好了，孩子们忙碌起来，他们要把幼儿园的建筑和大型玩具按照实际的位置画在自己设计的地图上。

孩子们绘画地图

地图上的建筑和大型玩具画好了，孩子们又利用每天散步的时间调查幼儿园的植物，在区域活动的时间在自己的地图上添画起来。

点点：早操的场地上要画上点子，可以画小朋友踢足球。

恬恬：进幼儿园那里是长廊，要画出路。

图图：大型玩具场和沙池旁的草地上要画上小草。

一一：长廊的紫藤花不要画，因为现在是秋天。

孩子们一次次去到现场，仔细地一一数清楚，然后在地图上一笔笔画下来，我们的地图画好了。

扬州大学第一幼儿园

（九）活动延伸

伟大的地图设计工程告一段落了，孩子们在设计过程中的困惑与突破，让他们收获的不仅仅是地图设计本身。当然，孩子对地图的兴趣并没有结束，于是我们的延伸活动又开始了。

这是孩子和家长、老师设计的幼儿园周边的地图。

亲子设计的扬州美食地图

孩子和老师共同设计的扬州景点地图

三、活动总结

在设计地图的活动中，我们也深深被孩子们震撼了，对他们在探究中显现的执着、在解决困难时迸发的智慧、对地图细节设计的完美追求，都让我们看到自主学习中孩子们无穷的能量。地图的探索还在继续，孩子们的精彩故事每天都在发生……

我的足球没气了

（扬州大学第三幼儿园　李艳玲）

一、活动背景

早操音乐响起来了，孩子们听到音乐声有序地拿球准备做操。冉冉拿到球后发现他的足球没气了，于是对我说："老师我的球没气了，怎么办啊？"他的话引起了旁边同伴的注意，很多孩子也纷纷迎上来说自己的球也没气了……一杰说："老师，球需要充气了。"于是早操后孩子们先把有气的足球和没气的足球进行了分类。在分类的过程中，小石头说："前两天足球还有气呢，怎么今天就没气了，气会跑吗？我怎么看不到它跑啊？"辰辰说："肯定是小朋友踢得多，把气踢跑了。"我问："球没气了，怎么办？"帅帅说："那就打气呗！"

《指南》中指出：幼儿是学习的主体，作为教师要尽量为幼儿的探究活动创造宽松的环境，培养幼儿一种运用科学的态度、方法去发现问题、解决问题的能力。当孩子对足球没气了这个现象产生兴趣，我就与孩子们开始了一系列探究活动。

二、活动内容与过程实录

（一）工具的秘密

1. 针对孩子们的讨论，我们开展一次谈话活动：怎样为足球打气？

有的说："可以用嘴吹。"

有的说："把气球里的气充进去。"

有的说："把足球放在汽车的尾气处，汽车一开气就充进去了。"

有的说："用吸管插进去吹。"

有的说："老师，我们需要打气筒。"

其中一名孩子说："我家里有打气筒，明天我带来给足球打气。"

于是我们和孩子们约定回家一起收集一下为足球打气的工具吧，明天带来一起试一试。

2. 发现：充气工具的不同

第二天，部分孩子带来了充气工具。他们议论纷纷，开始介绍起自己的打气工具。

壮牛说："我的打气筒是用脚踩的，还有一根长长的管子。"

辰辰说："我的是有尖尖嘴的。"

果果说："我的是带针的。"

帅帅说："我的比你大，气肯定打的也比你的多。"

孩子们激励地争论着，都觉得自己的打气筒是最厉害的。大家都想展示一下自己带来的工具。

3. 自由探索：初次尝试打气，发现问题

于是，孩子们拿着自己的充气工具来到操场上开始尝试给足球打气。在打气的过程中，帅帅说："老师，我的戳不进去，打不起来。你来帮我弄一下。"

壮牛说："老师，怎么打呀？"

星星说："我的头太粗了，打不起来。"旁边几个孩子也大声说："我的也是，太粗了！我的这个打不起来！"

果果他赶紧跑过来说："足球打气是需要用打气针的，不然就戳不进球里面。"气针插到位了，果果又跑到辰辰旁边说："这是打气球的。"

我问："你们带来的都是打气的工具，为什么会打不起来呢？"

孩子们就在讨论观察的过程中，发现了足球的气眼小，是需要很细的气嘴相匹配才能打气。一致认为：针孔打气筒是最适合的打气筒。

4. 自由讨论，解决问题

在认识充气工具的过程中，孩子们从已知的浅显的知识经验到了解充气工具的种类的认识，这一过程，是孩子知识经验的提升。在自由探索后，通过交流分享的形式，孩子们发现了有的气筒可以为足球打气，有的却不能，发现了气筒的出气口不一样。从而得出结论：一定要用气针打气筒才能为足球打气。

结论：找到合适的工具

气针打气筒是最适合给足球打气的。

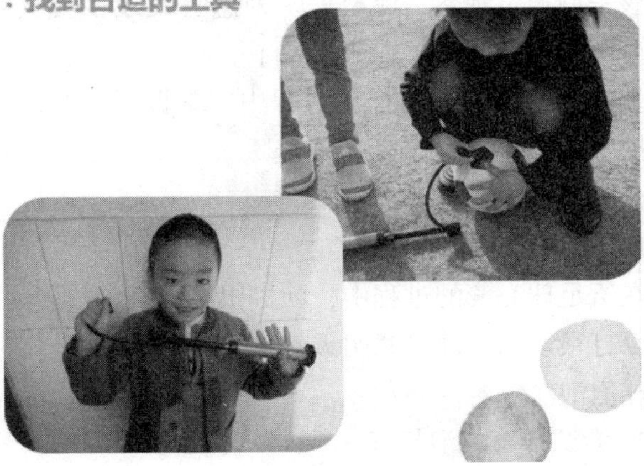

（二）试一试

1. 尝试用气针打气筒打气，发现新的问题

在确定打气工具后，孩子们又再次尝试打气。过程中，孩子们又遇见了新的问题：气打不进去。发现需要将针头对准全部插进去，气就可以充进去了！继续尝试，又发现了问题：一个人充气，球会左右晃动，也容易漏气，不方便，怎么办？

总结：在打气过程中，孩子们学会了两两合作打气：一人打气，一人按住打气口。

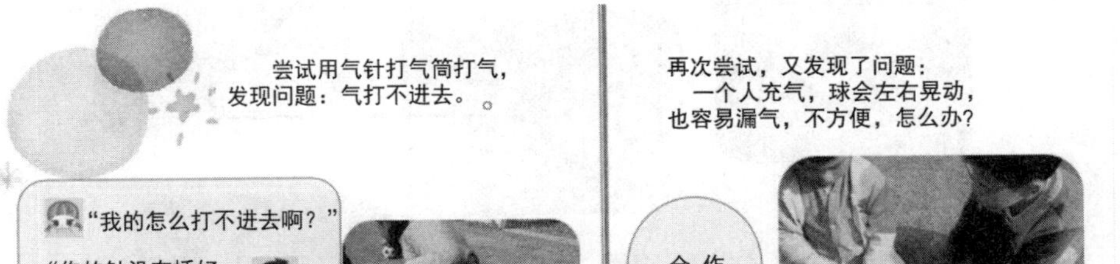

2. 再次尝试打气，发现充气后的变化

孩子们通过观察、触摸等多种感官发现了充气后足球的变化：球变硬了，变圆了，有弹性了，滚得快了。

教师总结：孩子在打气过程中，掌握了给足球充气的正确方法，也在自我探索中学会了合作完成任务。

（三）玩一玩

1. 区域投放，继续探究

在给足球充气的过程中，壮牛很不服气。“谁说我的不能充气，在家时我可以打很多的气球。我明天就带来给你们看看。”第二天，壮牛带来了很多气球泡泡。

2. 尝试给气球泡打气

孩子在区域游戏活动时开始了打气球的尝试。游戏过程中有的孩子会用气针打气筒，发现容易把气球戳破。有的孩子用的是气嘴打气筒，发现气嘴打气筒打气球是最便捷的。

针对气针打气筒和气嘴打气筒的用途，孩子们也进行了一些调查。

操作探索、获得经验：孩子们知道了不同的充气物品需要匹配不同的打气筒。

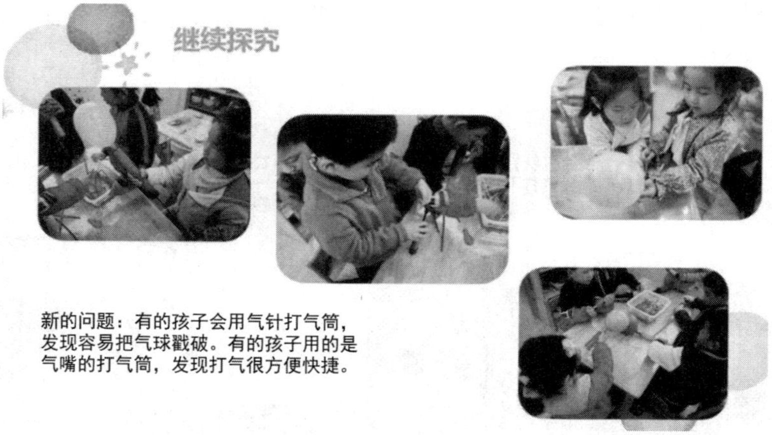

“我看我妈妈的汽车是用电动机器打气，比你们的都厉害。”又引起了小朋友们新的议论。

于是，孩子们与爸爸妈妈一起寻找到了各种各样的打气工具。

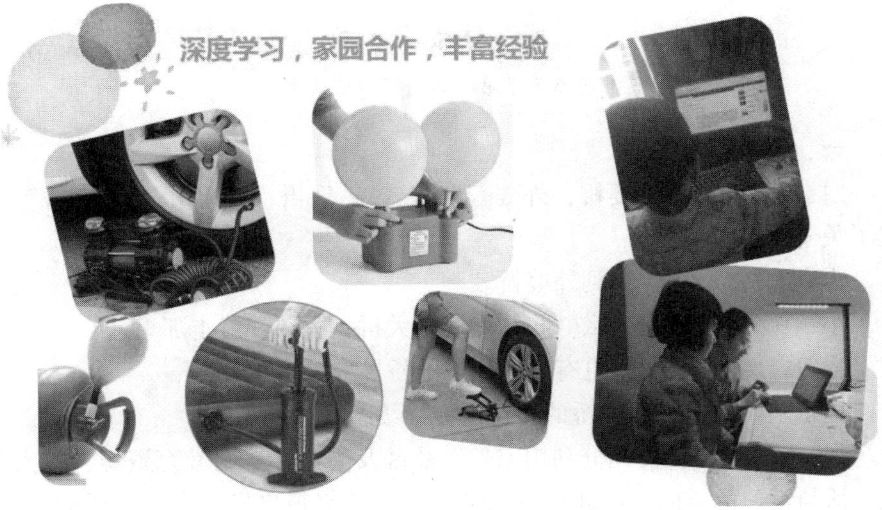

三、活动总结

我们这一微课程是联系幼儿的实际生活进行的，利用身边的事物与现象作为探究的对象。以“足球没气了”为契机，通过这一系列的探究，幼儿认识并知道要用相匹配的打气筒为相应的充气物品充气，并学会与同伴一起合作使用打气筒，享受探究的快乐。在与家园共育的协助下，幼儿发现生活中还有许多高科技的打气工具。在整个探究的过程中充分调动了幼儿的多种感官去发现问题、解决问题，获得经验，使幼儿成为主动的学习者、探索者，从而激发其爱科学、爱探究的情感。

瞧，桥这一家子

（扬州大学第一幼儿园　杨章慧）

一、活动背景

“摇呀摇，摇到外婆桥，外婆夸我好宝宝。”几个孩子由“外婆桥”引起了关于桥的讨论。

为宜：“摇呀摇，摇到外婆桥。”

小顾：“外婆桥是什么？我知道润扬大桥，去镇江就走那里。”

乾毅：“我家小区里也有一座拱形的桥。”

接下来的几天时间，桥的讨论还在继续……

《指南》指出：要充分利用家长、社区及周边环境的教育资源，扩大幼儿生活与学习的空间。由此，我们从孩子们的兴趣出发，带着对桥的好奇，一起走进桥的世界，寻找探索。通过谈话活动，教师了解了幼儿为什么喜欢桥，以及家乡扬州都有哪些桥。根据他们的兴趣预设了桥的基础课程——“瞧，桥这一家子”。

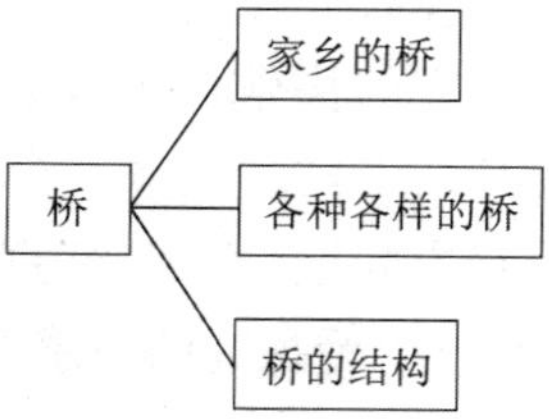

二、活动内容与过程实录

（一）寻找家乡的桥

我们的家乡扬州，地处江苏省中部，长江下游东岸，是一座历史文化古城。坐落在扬州市区的五亭桥、二十四桥、大虹桥、万福大桥……生动而真实地记录了家乡的昨天和今天，是家乡历史文化和民俗风情的记载。

1. 打卡扬州的桥

扬州的桥有哪些呢？我们开展了一次交流讨论活动。

——发放《寻找家乡桥》的调查表，鼓励孩子和家长一起去寻找身边的桥。去触摸，去观察，了解它的外形结构，并与同伴交流分享。

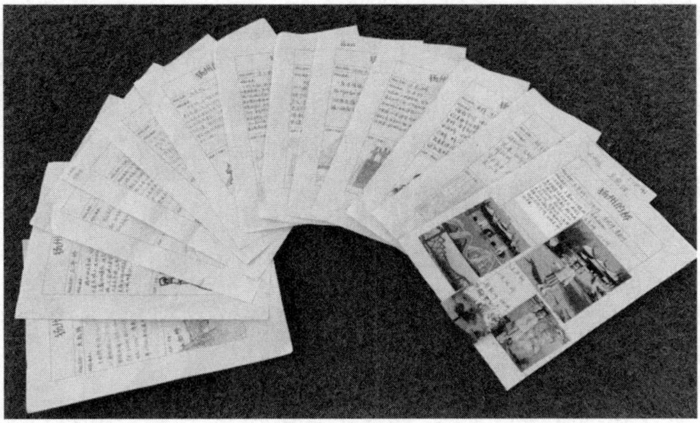

调查表

2. 亲子制作“扬州桥”小画册

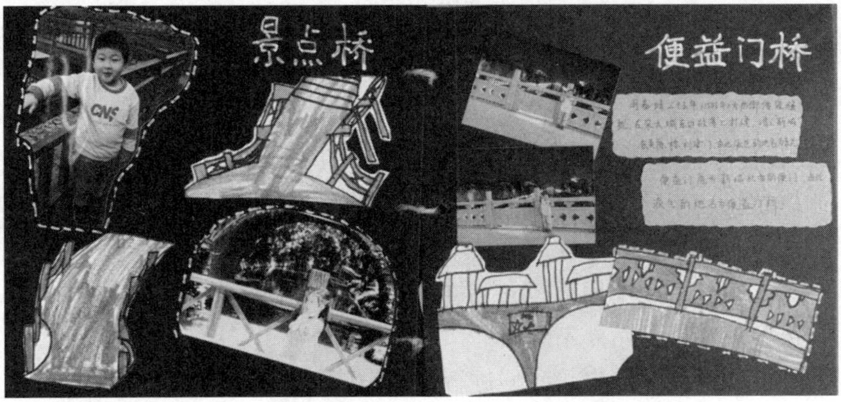

扬州的景点——桥

我们的思考：

孩子们对扬州的五亭桥、二十四桥、大虹桥都有了一定的认识，了解到这些桥见证了扬州的发展与兴盛。我们考虑通过桥这一幼儿喜欢的载体，进行美术、语言、游戏等活动，让幼儿充分体验到快乐，从中获得有益的经验，进行审美情趣的培养。

（二）造桥计划

1. 绘画《我眼中的桥》

扬州的五亭桥、大虹桥、二十四桥、便益门桥……这些桥不仅保证道路畅通，同时也是扬州一道道靓丽的风景。

寻找完扬州的桥，孩子们迫不及待地想要画一画所见的桥，于是我们的绘画活动《我眼中的桥》开始啦。

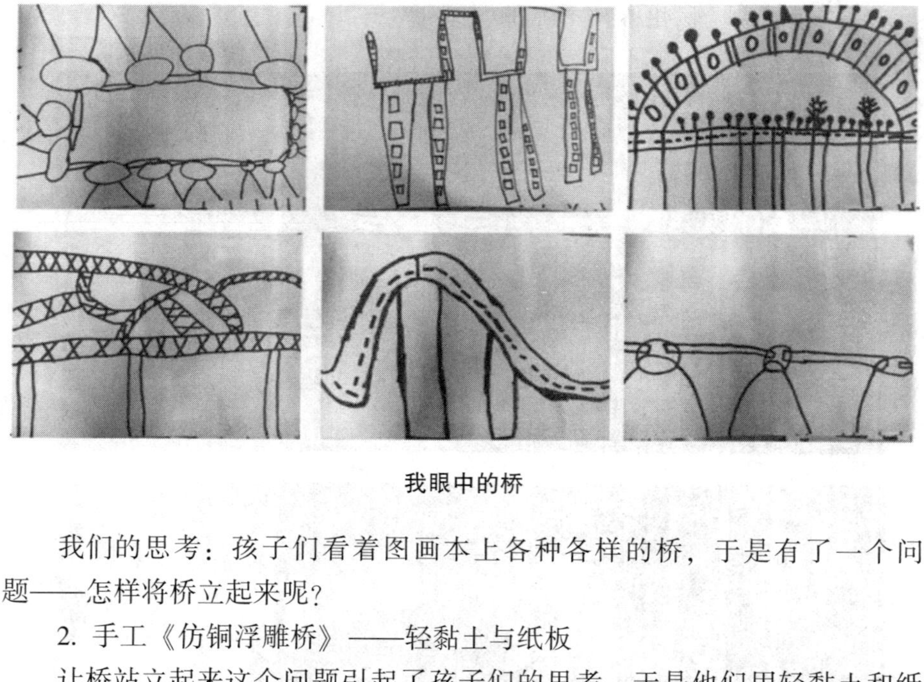

我眼中的桥

我们的思考：孩子们看着图画本上各种各样的桥，于是有了一个问题——怎样将桥立起来呢？

2. 手工《仿铜浮雕桥》——轻黏土与纸板

让桥站立起来这个问题引起了孩子们的思考，于是他们用轻黏土和纸板来制作桥，结果发现这样的桥并不能站立起来。

家和：我们可以不用纸板，直接用轻黏土来制作。

结果发现，还是站立不起来。

就如何将桥站立起来，我们进行了一次谈话活动。

经过探索交流后发现，需要将桥墩制作得粗一点，这样桥就可以站立起来了。

黏土制作的桥

我们的思考：除了轻黏土，我们身边还有哪些东西可以变成桥呢？

3. “身体变成桥”

一次偶然的机会，学舞蹈的嘉怡给小朋友们表演了下腰。孩子们都说：“这样就像一座桥。”原来我们的身体也可以变成桥。

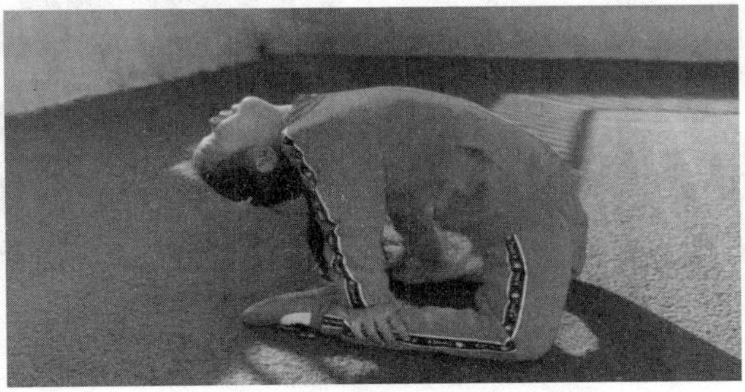

人体造型桥

于是孩子们进行了身体搭建桥的尝试——由一人到多人。

双人石拱桥

双人石桥

双人梁桥

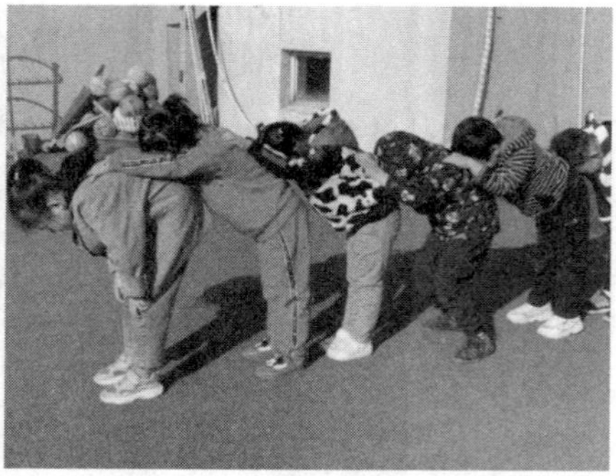

多人五孔桥

4. 建构积木“我设计的桥”

在进行区角活动时，建构区的孩子们发现，可以用积木拼搭一座大桥，就和润扬大桥一样的桥。于是孩子们开始了他们的建桥之旅。

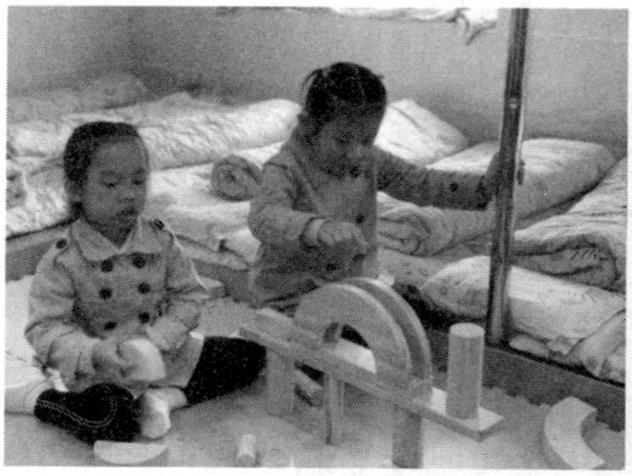

清水积木搭建桥

梁桥

拱桥

孩子们利用常见的积木拼搭了桥，那除了积木还有什么可以变成桥呢？于是我们的谈话活动开始了。

大炫：我觉得我们的玩具可以变成桥。

和韵：书可以变成尖尖的桥。

迟迟：可以用纸折一座桥啊。

小米：椅子不是可以吗？直接在上面走就行。

5. “椅子变成桥”

面对熟悉的椅子，孩子们开始了建桥之旅。

家和将椅子摆放一排，摆好之后，有孩子说，桥上应该有人走，于是其他孩子充当了检测员的角色，纷纷去测试这座直桥。检测员们都说这座桥好稳。

搭建直桥

莹惜将椅子摆放成这种形式，说是分道桥。并规定女生走左边，男生走右边。检测员们走完分道桥后表示桥很稳，而且不会堵车。

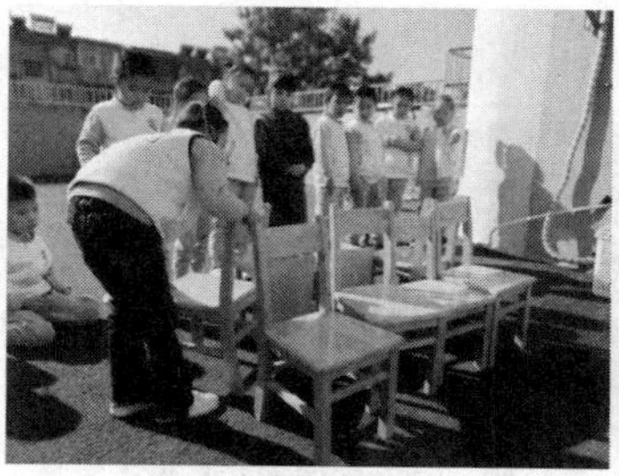

搭建分道桥一

搭建分道桥二

检测桥的稳定性

亦涵将椅子倒下分别左右放两排，说这是隧道桥。检测员表示这座桥有点晃动。

搭建隧道桥

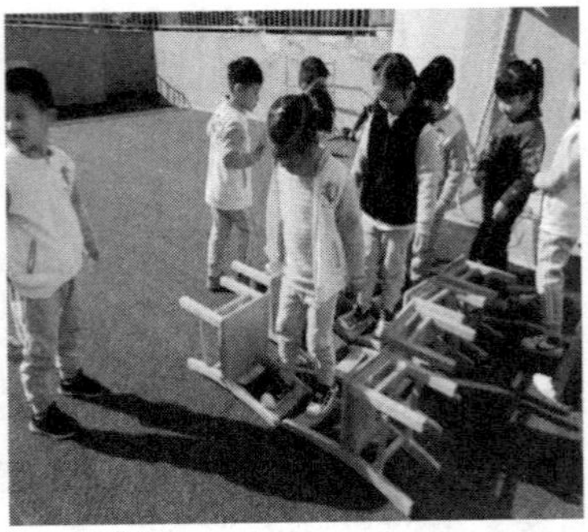

走过隧道桥

熙程则将椅子或倒或立变成了立交桥，在这个造桥过程中，我听见孩子们说："哇，这个桥好难呀，我都不敢走了。"立交桥拼搭好后检测员表示不敢走，于是建筑师熙程开始走立交桥，边走边讲解这座桥应该怎么走才安全。

尝试搭建另一种立交桥

边示范过桥边讲解

最后小米将椅子侧倒在地面上摆放成一排，检测员们走完表示这座桥很晃动，要保持平衡才能安全过桥。

侧倒放椅子建桥

过桥检验桥的稳定性

我们的思考：为什么有的椅子桥走得很稳，有的椅子桥走起来却很晃动？

煜轩：因为椅子桥面不一样，很平很宽的桥面走起来就很平稳，不平又窄的桥面就会晃动。

（三）了解桥的结构

桥是由哪些结构组成的呢？我们开展了关于桥的形状和结构的教学活动。

1. 观察各种各样的桥，了解桥的结构——桥面、桥墩、桥梁和护栏。

2. 画一画桥的结构图。

我们的思考：为什么有的桥上可以行驶很大很重的货车，有的桥上却只能行驶小汽车呢？

（四）桥的承重能力与哪些因素有关

在折纸活动中，旺旺用纸折了一座水槽桥。在给同伴展示时，同伴说："这好像一座小桥哦。"

为了检测这座桥牢不牢固，孩子们在这座小桥上放积木，刚放第三块时，桥塌了。

与此同时另一座折叠式纸桥也成功了，孩子们同样在上面放积木，发现这座折叠纸桥上放的积木更多一点。

我们的思考：这是为什么呢？孩子们开始思考两座桥的不同。

新宇说：第一座纸桥的桥面是光滑的，而第二座的桥面是波浪形的。这两座桥的桥面不一样，波浪形桥面放的积木更多。

引导发现：桥的承重力与桥面有关，桥面越宽，承重力越强。

我们的思考：如果都是波浪形桥面，是不是积木放的就会一样多呢？

为了进一步研究桥的承重力与桥墩的关系，孩子们又折叠了一座波浪形的桥。

通过比较两座桥，孩子们发现红色波浪桥上面放了很多积木都没有倒塌，观察分析发现，红色折叠次数比黄色的多，上面的波浪比较多。

旺旺说：那个波浪就是桥墩，桥墩很多的桥当然就会很坚固啦。

引导发现：桥的承重力与桥墩有关，桥墩越多，承重力越强。

通过活动的开展，进一步的深度学习，最后形成了这样的课程网络图。

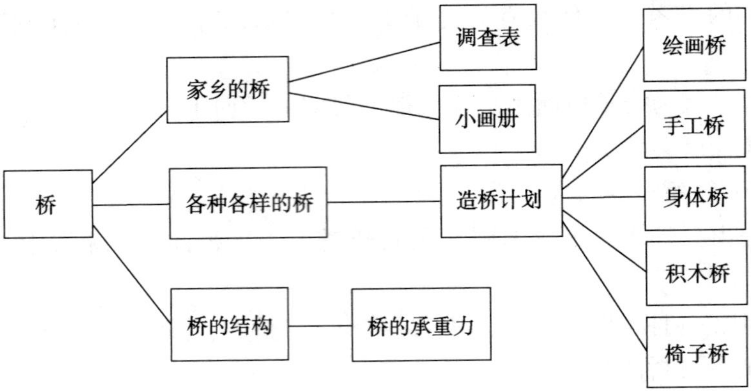

三、活动总结

“瞧，桥这一家子”开展中，我们从孩子的日常生活经验出发，通过多种活动形式，引导孩子自主学习、自由探索、乐于表达。活动中孩子们的积极性与参与性都非常高。虽然本次“瞧，桥这一家子”主题活动已经结束，但孩子们对桥的热情不减。桥的故事仍在继续，而教师在伴随孩子共同探究的过程中也加深了对课程的思考和理解。在梳理孩子们探究行为时，我们惊喜地发现孩子们学会了发现、思考、表达。我们也会继续关注幼儿的发展需要，了解他们的兴趣需求，引导孩子开展更多不同的主题活动。

我会记得你

（扬州大学第一幼儿园　贺悦）

一、活动背景

临近毕业前几天，一天早晨晨间活动的时候，吉米小朋友带来了一封特殊的信。正在旁边休息的图图、泡泡几个小朋友看到了，一起围过来，七嘴八舌开始了讨论。

二、活动内容与过程实录

幼儿园里你最想记得谁？你会记得谁？

头头：我会记得好朋友，因为他们都帮助过我，我想记住他们对我的好。

图图：我会记得门卫叔叔和王大大，因为门卫叔叔每天站在幼儿园门口，保护我们的安全。王大大会给我们做好吃的饭菜。

恬恬：我会记得我们的教室，这里有很多好玩的游戏区角。

泡泡：我会记得贺老师、林老师，因为我的本领都是她们教的。

用什么方法可以记住幼儿园你想记住的人或事？

有的孩子说可以画画、有的说记名字，等等。

宁宁：我们可以像上次“画地图”一样，把答案记在调查表上。

用调查表、绘画等方式与同伴交流自己认为最好的“记得”方式。

带着问题，孩子们完成了调查表。有的孩子询问了自己的家人，有的孩子问了老师，他们将自己的答案记录了下来。

莎莎：每天想一遍老师和同学的方法。

小羽：可以把我们用过的东西收藏起来。

球球：我觉得可以记住发型，就会一直记得我的朋友。

个个：把所有人的声音录下来。

萌萌：记住好朋友的单、双眼皮。

天天：可以用写信的方式。

泡泡：把幼儿园画下来，把全班小朋友和老师也画下来，以后就能记得了。

吉米：用照相机把要记住的事情拍下来，然后藏起来，就记住了。

大衡：把电话号码都记下来，以后可以多联系。

他们想出了这么多记录方式，就有孩子说了：“有这么多记得的方法呀，我觉得方法有点多，选哪个好呢？”孩子们又开始讨论起来，婷婷：“要不我们来投票吧！”于是他们将自己的调查结果制作成投票标识牌，来参加“最特殊的记录方式”投票活动。

选出最特殊的“记得”方式

孩子们想到的记录方式

瞧，孩子们用自己的方法选择出大家都喜欢的，从图上可以看出来，贴花最多的，就是大家觉得最特殊的方法。

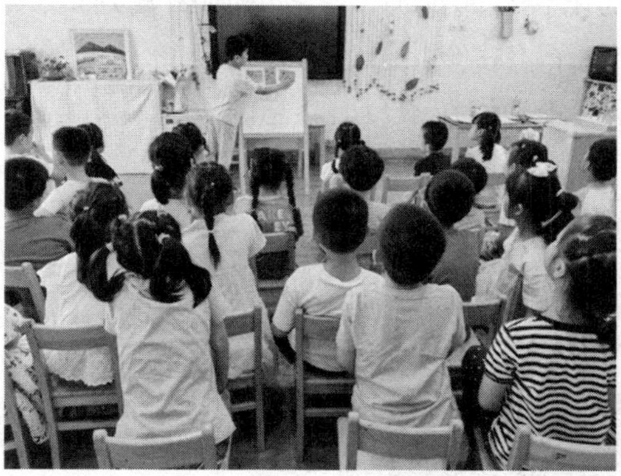

展示“记得”的方式

投票

孩子们说干就干，他们在行动。这五种“记得”的方式分别为：角落里难忘的故事；猜猜我的声音；收藏东，收藏西；友谊的电话号码；特别的毕业照。

瞧，孩子们运用自己选择出的五种方式开始记录幼儿园的生活，他们首先选择了“角落里难忘的故事”这个“记得”的方法，那他们是怎么做的呢？

1. 角落里难忘的故事

孩子们画出了自己的角色、场景，以及自己在做什么。

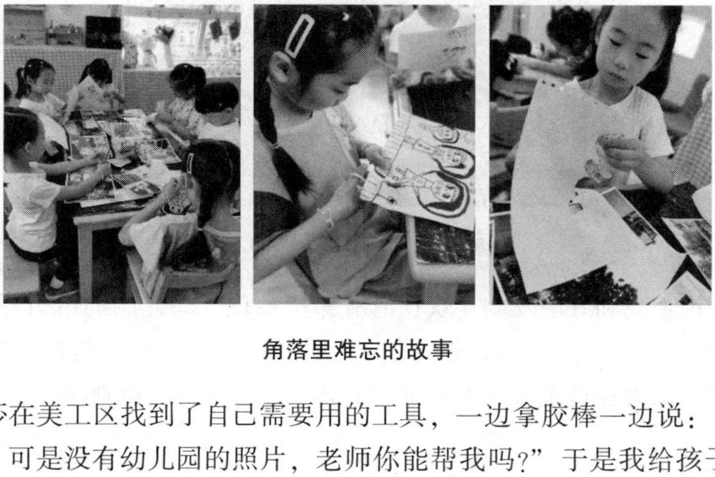

角落里难忘的故事

莎莎在美工区找到了自己需要用的工具，一边拿胶棒一边说：“我想做粘贴画，可是没有幼儿园的照片，老师你能帮我吗？”于是我给孩子们又提供了幼儿园各个角落的实景图，他们以虚实相结合的方式，用线描画和真实场景图组合，设计完成了自己的作品《角落里难忘的故事》，让这份真实的美好记忆定格在虚拟的画面中。

点点说：我喜欢在大一班的阳台玩跳绳游戏，贺老师做裁判员，我和欣伊比赛，我跳了 60 个，欣伊跳了 100 个，不过这是我跳得最多的一次，所以我喜欢我们班的阳台。这是属于她们在阳台上难忘的故事。

阳台是点点难忘的角落

宁宁说：我最难忘的是足球课上，阮老师教我们学踢球，球球和晨熙没有踢进球门，而我一次就踢进了，球球和晨熙都夸我很厉害，让我教他们踢球。这是属于他们足球场里难忘的故事。

足球场是宁宁难忘的角落

菲菲说：我和好朋友们喜欢在滑滑梯树屋玩。幼儿园的滑滑梯有三层，滑道很长，滑下去像风一样快。我的好朋友豆豆和彤彤，她们也特别喜欢站在这里，因为在这里可以看到美丽的幼儿园的景色，特别漂亮。

滑滑梯树屋是菲菲难忘的角落

孩子们难忘的故事发生在幼儿园的每个角落，或在舞蹈房，或在操场，或在教室，或在风雨长廊，或在游戏大厅，点点滴滴都留存在她们的心里。

孩子们难忘幼儿园的角落

2. 猜猜我的声音

又有小朋友提出，我们光以图片的方式，有的时候会忘记自己做过哪些事情，那怎么办呢？我们可以把声音记录下来，我们之前不是还选过用录音来记录吗？

小朋友将他们的介绍录成了音频。通过自我描述，让同伴猜猜记忆中的这个好朋友是谁！

“猜猜我”难忘幼儿园角落的表征

3. 收藏东，收藏西

“我们已经记录好了自己的图画、自己的声音，我还记得有一种方式，我们选了还没做呢？”“把幼儿园的东西收藏起来，等以后长大了再拿出来看看。”“我们可以用什么东西收藏呢？”“可以用纸盒！”“可以用箱子！”“可以用瓶子！”……于是，孩子们去了美工区、益智区，找来了很多很多大大小小的盒子、形状不一样的盒子。最后在一堆盒子中，选择了透明的瓶子。

可以收藏的器具

孩子们收藏了什么呢？我们来看看。

豆豆：我收藏了美工区的水果印章，因为在美工区里我可以画我最爱的印章画。以后长大了，我看见这个印章，就会想起幼儿园画画的快乐时光。

头头：我收藏了草地上的落叶，长大后看到这个树枝我会想念幼儿园的草地，就会想起在草地上玩过的很多游戏，踢足球、跳马、滑滑梯……

培熙：我收藏了美工区的亮片，因为我喜欢在美工区里画画、做手工。以后长大了，看到亮片就会想起幼儿园的美工区。

轩轩：我收藏了幼儿园的乐高和草地上的果子，这两样是我在幼儿园最喜欢的。

小朋友将幼儿园的美好记忆全都悄悄藏到了瓶子里。

4. 友谊的电话号码

小朋友还通过友谊的电话号码来记得对方。

"记得"这件事情一直在继续，孩子们学会了用自己特殊的方式进行"记得"这些事。临近毕业，孩子们最想留住幼儿园时期的小美好。

婷婷："我们这些都做了，但是我觉得在这么多里面，最能记住大家的就是留下我们每个人的身影。"

陈陈："对呀，我们不是也选过拍照片记得嘛！"

玥玥："婷婷，我拍你，你拍我，我们两个一起拍。"

还有的说，"我想跟我这组的小朋友拍""我想跟贺老师拍""我想跟林老师""我想跟全班小朋友一起拍"……

于是孩子们开始了毕业照的策划之旅。

他们一起分工合作、设计造型、设计站位、寻找道具，等等。

他们认真设计着特别的毕业照，按照图纸来摆放造型。

孩子们通过协商设计出了自己的毕业照，虽然简单，但却体验了与同伴合作的快乐。

5. 特别的毕业照

特别的毕业照

三、活动总结

大班毕业是孩子们对自己幼儿园生涯的告别，也是开启新生活的起点。在《我会记得你》的故事里，孩子们用自己的行动，珍惜和收藏了这份情感。同时也体验到了毕业分别可以像一场游戏，有时不必过分难过，微笑着说再见，毕业后还是可以通过很多方式记得对方。

我会记得你，这是属于扬州大学第一幼儿园大一班2020年毕业季的独家记忆，这份懂得珍惜和感恩小美好，将伴随他们的成长延续下去……

遇“建”美好，“构”筑童心

（扬州大学第三幼儿园　陈静）

一、活动背景

医学院主楼是小朋友们每天上学放学的必经之路，他们走过红帐篷时都会去看看、说说主楼的造型，等等。

沐沐：“我发现这栋楼的形状和我平时见到的不一样，它的两边是斜过来的。”

阳阳：“我发现塔就像一个梯形。”

熙熙：“它两边越往上越少，像楼梯一样。”

糊糊：“它有很多窗户，而且还不一样，有大的窗户也有小的窗户。”

于是我抓住孩子们的这个兴趣点，在建构区的展示墙上投放了医学院主楼正面、侧面和背面的图片。

正面

侧面

背面

二、活动内容与过程实录

（一）初建医学院主楼

在分组游戏中，我发现孩子们在观察墙上的主楼图片，时不时地还会数一数有多少层楼、每一层的窗户，等等。在观察完后，孩子们开始在设计表征区画起了设计图，图纸很快就画好了。

在观察不同方向的大楼照片

幼儿观察后的表征

由于孩子们对于搭建楼房还是很有经验的，游戏时，在不停地搭建中，主楼呈现的形态一次比一次好，孩子们对于搭建医学院主楼的兴趣越来越浓厚。

第一次搭建

第二次搭建

第三次搭建

但是孩子们也同样遇到了一个问题：主楼两侧的房子怎样搭建才能和主楼连接起来？于是在游戏分享时，我跟孩子们一起分享了航拍医学院的俯瞰图，同时我们还看了医学院主楼的三维立体图和平面设计图。

医院三维立体图

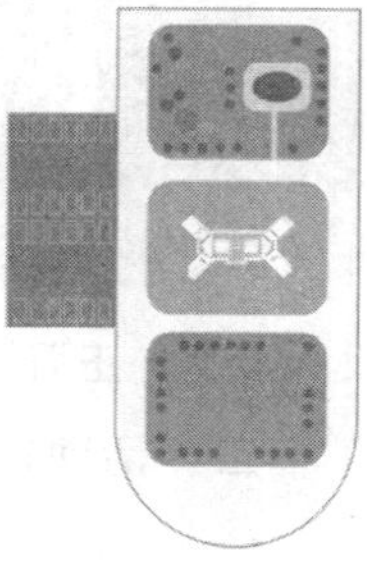

医院平面图

阳阳说："这个楼就像一个长方体，他的左右两边都有个三角形，是对称的。"君君说："前面展开的就像两个小翅膀呢。"糊糊说："那有了这两个三角形，我们就可以将翅膀和教学主楼连接起来了。"接下来，我又及时地将这三张图片放在了建构区的平板里面。孩子们对平板里三维立体图特别感兴趣，都围在一起反复观看三维的立体图，并拿出纸笔开始设计图纸，大家通过共同观察，图纸设计好了。

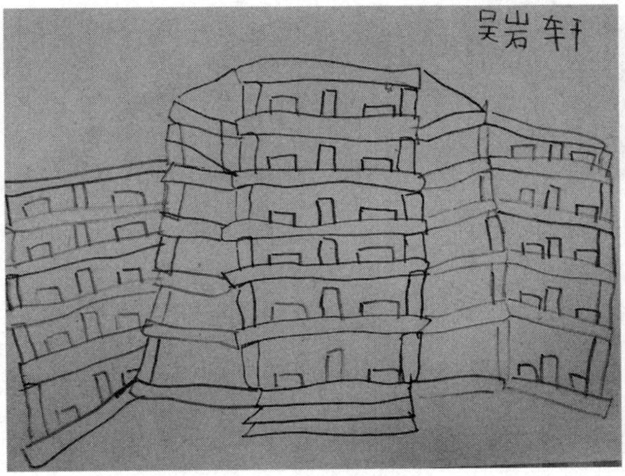

观察后的表征记录

幼儿在观察医学院的三维立体图

在搭建的过程中，君君说：“我们看看用什么样的积木，才能将中间的楼和翅膀连接起来呢？”熙熙说：“我们可以用四倍块搭出三角，试试看。”在不断的尝试中，连接成功了，但随之而来却出现了新的问题。

搭建出的医学院

糊糊发现：“后面还有两个小翅膀，小翅膀里面还有教室和窗户呢，那我们怎样才能搭出来呢？”这时现场的考察就很有必要了，于是我和孩子们一起走进校园，实地考察，丰富幼儿经验。孩子们在现场一边观察一边画图，还有的小朋友用相机拍了照片。从幼儿的表征中可以看出，孩子们已经初步有了从平面到立体的转换能力。在实地考察结束后，孩子们回到教室再次搭建。这一次，我发现孩子们搭建的小翅膀渐渐地成形了，有了教学楼的感觉，渐渐的四维立体的感觉慢慢出来了。

搭建小组实地观察

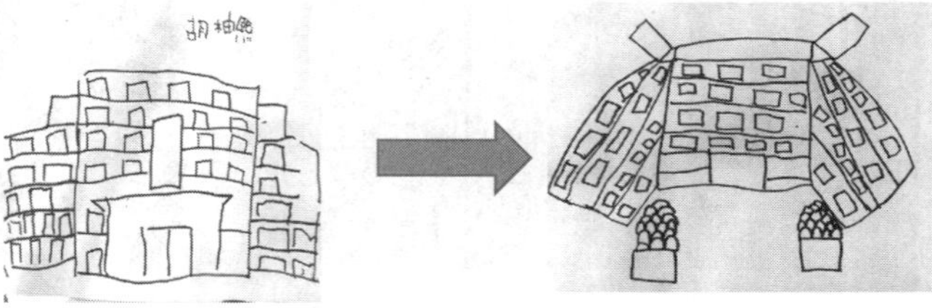

观察后的表征调整

教师的思考：

以前在建构区都是以提供平面的照片为主，由于医学院主楼的特殊性，我第一次尝试了将俯瞰图和三维立体图投放在 iPad 里面，让幼儿可以通过可寻、可视、易感知、易体会的方式去感知医学院主楼的比例、结构、空间、位置等方面，助推幼儿对实物的感知和理解。

（二）搭建医学院

搭完主楼之后，孩子们还在旁边搭起了长长的篷子。这时孩子们又提出："医学院的后面还有个喷泉，旁边还有停车场呢。"熙熙说："我今天看到进门的地方多了两个娃娃。"君君说："我还看到 120 周年几个字呢。"当我听到孩子们的讨论时，我抓住孩子们的兴趣点，结合热点话题："扬州大学 120 周年校庆"进行圈谈。

扬州大学 120 周年环创

孩子们通过圈谈了解了“扬州大学 120 周年校庆”的吉祥物“扬扬”和“立立”，也知道了两个吉祥物的名字的含义。当孩子们知道扬州大学建校至今已经有 120 周年了，都惊叹于扬州大学的岁数，同时也为自己身为扬州大学的一分子而自豪。

于是我在建构区里投放了“扬扬”和“立立”，还提供了医学院周边的环境照片、俯瞰图和三维立体图供孩子们参考。帮助他们以教学主楼为中心，去明确和记忆各教学楼的特征，有逻辑地引导他们回忆经过的路线。再次设计图纸，通过图纸，孩子们开始了分工合作。自主选择辅助材料结合积木进行搭建，有的搭长帐篷，有的搭喷泉，有的搭停车场，有的搭教学主楼前的花园，还搭出了 120 周年的牌子，最后还不忘把“扬扬”和“立立”放上去。因为这些都来自于我们生活周围的环境。在这次的搭建中，孩子们告诉我：“老师我们成功了。”在搭完医学院之后，孩子们非常开心，非常有成就感。

幼儿在建构区搭建

教师的思考：

学前期儿童的空间认知相对较低。孩子们在老师的带领下，兴致勃勃地参观了医学院，并通过拍照、记录的形式，丰富自己的经验。在搭建过程中，他们面对问题，能够共同商量、讨论，进而反思、调整，孩子们分工明确，显示出了高度的合作精神。这充分说明，游戏中幼儿的学习是能够相互启发、相互促进的。

三、活动总结

幼儿都喜欢搭积木，给予适宜的空间、多样化的材料，他们就能根据自己的生活经验，丰富地再现和生动地塑造现实生活中的各种建筑物。在建构区里，我一直在观察与捕捉幼儿的兴趣点，以幼儿的意图为核心，追随他们的兴趣点走向，引导他们在游戏中团结协作，发现问题、探索问题、解决问题，逐步深入，直至搭建出整个医学院的建筑和环境。在整个过程中，我是一名观察者，用欣赏的眼光去发现幼儿的奇思妙想；我又是一名支持者，通过各种手段来鼓励、支持他们探究下去。在游戏过程中，我根据幼儿的需求适时地投入了电子产品，为孩子掌握建筑物的结构提供了有效的路径。

在这次孩子们生活周围产生的建构游戏中，我看到了孩子们对学校建筑的兴趣和经验储备，同时也在他们一次次的游戏中，看到了他们的自主学习与发展。

从一开始的初建医学院到最后搭建医学院周边环境，整个过程中，幼儿除了建构领域的发展学习外，更有数学领域和生活的渗透与融合。

在幼儿的世界里，建构游戏能带给他们无穷的乐趣。快乐和学习同样重要，儿童最爱的莫过于“经过努力获得的快乐”。让孩子们真正成为游戏的主人，自主创造属于他们的精彩童年。

参考文献

1. 学术著作

[1] 迈克尔·普洛瑟，基思·特里格维尔. 理解教与学：高校教学策略［M］. 潘红，陈锵明，译. 北京：北京大学出版社，2007.

[2] 曹中平，邓祎. 学前儿童发展心理学［M］. 长沙：湖南大学出版社，2015.

[3] 陈鹤琴. 家庭教育：怎样教小孩［M］. 北京：教育科学出版社，1994.

[4] 陈琦，刘儒德. 教育心理学［M］. 北京：高等教育出版社，2005.

[5] 高申春. 人性辉煌之路：班杜拉的社会学习理论［M］. 武汉：湖北教育出版社，2000.

[6] 教育部基础教育司. 幼儿园教育指导纲要（试行）解读［M］. 南京：江苏教育出版社，2017.

[7] 李季湄，冯晓霞.《3~6 岁儿童学习与发展指南》解读［M］. 北京：人民教育出版社，2013.

[8] 李生兰. 幼儿园与家庭、社区合作共育的研究［M］. 上海：华东师范大学出版社，2003.

[9] 刘晶波. 师幼互动行为研究：我在幼儿园里看到了什么［M］. 南京：南京师范大学出版社，2006.

[10] 刘月霞，郭华. 深度学习：走向核心素养［M］. 北京：教育科学出版社，2018.

[11] 李燕. 学前儿童发展心理学［M］. 上海：华东师范大学出版社，2008.

[12] 阿尔伯特·班杜拉. 社会学习理论［M］. 陈欣银，李伯黍，译. 北京：中国人民大学出版社，2015.

[13] 缪建新. 学习和学习品质研究［M］. 南京：河海大学出版

社，2002.

［14］莫雷. 教育心理学［M］. 北京：教育科学出版社，2007.

［15］倪牟双. 家长开放日的活动设计与组织［M］. 北京：中国轻工业出版社，2012.

［16］彭聃龄. 普通心理学［M］. 北京：北京师范大学出版社，2019.

［17］让·皮亚杰. 教育科学与儿童心理学［M］. 傅统先，译. 北京：文化教育出版社，1982.

［18］施良方. 学习论［M］. 北京：人民教育出版社，2001.

［19］孙云晓. 教育就是培养好习惯［M］. 南京：江苏教育出版社，2009.

［20］姚梅林. 学习规律［M］. 武汉：湖北教育出版社，2000.

［21］姚伟. 学前教育学［M］. 北京：中国人民大学出版社，2018.

［22］郑金洲，蔡楠荣. 生成教学［M］. 福州：福建教育出版社，2005.

［23］王忠民. 幼儿教育辞典［M］. 北京：中国大百科全书出版社，2004.

［24］江苏省陶行知教育思想研究会，南京晓庄师范陶行知研究室. 陶行知文集［M］. 南京：江苏人民出版社，1981.

［25］戴自俺. 张雪门幼儿教育文集：L卷［M］. 北京：北京少年儿童出版社，1994.

［26］伊丽莎白·琼斯，约翰·尼莫. 生成课程［M］. 周欣，等译. 上海：华东师范大学出版社，2004.

［27］约翰·杜威. 学校与社会·明日之学校［M］. 赵祥麟，等译. 北京：人民教育出版社，2005.

［28］卡尔·雅斯贝尔斯. 什么是教育［M］. 邹进，译. 北京：生活·读书·新知三联书店，1991.

［29］王春燕，王秀萍，秦元东. 幼儿园课程论［M］. 杭州：浙江工商大学出版社，2019.

［30］让·雅克·卢梭. 爱弥儿：上卷［M］. 李平沤，译. 北京：商务印书馆，1978.

［31］叶澜，郑金洲，卜玉华. 教育理论与学校实践［M］. 北京：高等教育出版社，2001.

2. 学位论文

［1］白文杰. 小学生学习习惯的现状、问题及对策研究［D］. 呼和浩特：内蒙古师范大学，2012.

［2］蔡欣欣. 大班幼儿学习品质评估工具的编制与初步试用［D］. 西安：陕西师范大学，2015.

［3］陈冬娟. 高中生地理深度学习影响因素研究［D］. 延吉：延边大学，2018.

［4］陈芬. 幼儿园绘画教学活动中教师支持行为的研究［D］. 长沙：湖南师范大学，2015.

［5］程清清. 教师支持行为对幼儿学习品质影响的实验研究［D］. 沈阳：沈阳师范大学，2017.

［6］陈增娟. 中学生学习倦怠与学习压力、心理弹性的关系研究［D］. 长春：东北师范大学，2012.

［7］董超众. 在高中生物教学中促进学生深度学习的研究［D］. 哈尔滨：哈尔滨师范大学，2017.

［8］费甜. 促进幼儿学习品质发展的教师支持性策略研究［D］. 温州：温州大学，2015.

［9］冯琳. 深度学习影响因素及影响机制研究：基于大学生学习性投入视角［D］. 兰州：兰州大学，2017.

［10］傅竹伟. 在高中物理教学中促进学生深度学习的研究［D］. 苏州：苏州大学，2013.

［11］高春辉. 小学生学业拖延与学业情绪的关系［D］. 天津：天津师范大学，2017.

［12］龚丽雅. 智慧教室中大学生深度学习影响因素研究［D］. 武汉：华中师范大学，2019.

［13］管小雯. 促进初中物理深度学习的教学模式初步研究［D］. 苏州：苏州大学，2015.

［14］韩江敏. 教师引导幼儿反思性学习的现状研究［D］. 南京：南京师范大学，2014.

［15］黄静. 小学生学习拖延城乡差异比较研究［D］. 武汉：华中师范大学，2019.

［16］黄舒涵. 城市幼儿园家园合作的家长满意度研究［D］. 武汉：华中师范大学，2018.

［17］胡玥. 幼儿园美术区域活动中教师支持的研究［D］. 南京：南京师范大学，2013.

［18］蒋娇姣. 信息化背景下初中生英语学科深度学习的现状及培养策略［D］. 苏州：苏州大学，2015.

［19］景红娜. 网络教学环境下深层学习研究［D］. 徐州：徐州师范大学，2011.

［20］鞠路宁. 幼儿游戏中同伴冲突解决策略的研究［D］. 济南：山东师范大学，2014.

［21］冷少华. 小学数学问题解决能力培养的研究［D］. 扬州：扬州大学，2013.

［22］梁欣洁. 幼儿合作行为的发展与培养研究［D］. 武汉：华中师范大学，2013.

［23］李洁. 大班科学区域活动中幼儿深度学习的研究［D］. 济南：山东师范大学，2020.

［24］李明德. 小学生学习拖延问题研究［D］. 北京：中央民族大学，2012.

［25］刘国丽. 幼儿园利用家庭资源优化物质环境的研究［D］. 上海：华东师范大学，2011.

［26］刘金梁. 3~6 岁儿童气质对合作行为的影响［D］. 呼和浩特：内蒙古师范大学，2008.

［27］刘丽丽. 基于 SOLO 分类理论的小学生深度学习评价研究［D］. 上海：华东师范大学，2017.

［28］刘锌. 小学中低年级学生学习习惯养成的行动研究［D］. 北京：首都师范大学，2008.

［29］刘云艳. 幼儿好奇心发展与教育促进研究［D］. 重庆：西南师范大学，2004.

［30］马丽荣. 初中生家庭教养方式、师生关系与学习倦怠的关系研究［D］. 西安：陕西师范大学，2012.

［31］孟奕彤. 建构游戏对 3~6 岁幼儿学习品质影响的实验研究［D］. 沈阳：沈阳师范大学，2019.

［32］梅苗苗. 幼儿教师游戏化教学设计能力研究［D］. 黄石：湖北师范大学，2019.

［33］南姣鹏. 入学准备视角下幼儿学习品质的研究［D］. 兰州：西北师范大学，2013.

［34］宁爱华. 幼儿歌唱教学活动中教师自主支持行为的研究［D］. 长沙：湖南师范大学，2014.

［35］仇雅琳. 区域活动中幼儿深度学习的研究［D］. 济南：山东师范大学，2018.

[36] 石丽娜. 3~6 岁幼儿合作学习的水平与特点研究 [D]. 长春：东北师范大学，2007.

[37] 孙贺群. 幼儿同伴合作学习的影响因素研究 [D]. 长春：东北师范大学，2008.

[38] 孙艳. 5~6 岁幼儿学习品质与家庭教养方式的相关研究 [D]. 西安：陕西师范大学，2011.

[39] 王超. 教师积极性的言语和非言语评价对中班儿童掌控动机的影响 [D]. 长春：东北师范大学，2013.

[40] 于冬青. 幼儿园生成课程及实施策略研究 [D]. 长春：东北师范大学，2002.

[41] 王璐. 高校混合式课程中学生深度学习影响因素探究 [D]. 武汉：华中师范大学，2018.

[42] 汪宁馨. 深度学习视角下大班主题建构活动的教师言语指导行为个案研究 [D]. 南京：南京师范大学，2018.

[43] 王鹏. 中学生学习适应性与学业自我效能感关系的研究 [D]. 长春：东北师范大学，2012.

[44] 王全亮. 网络环境下大学生深度学习现状及其影响因素研究：以云南大学为例 [D]. 昆明：云南大学，2016.

[45] 王荣. 3~6 年级小学生学习拖延及其与师生关系的研究 [D]. 温州：温州大学，2012.

[46] 王婉纯. 亲子关系、师幼关系与幼儿攻击行为的相关研究 [D]. 黄石：湖北师范大学，2017.

[47] 王晰. 中学生数学问题解决能力影响因素研究 [D]. 延吉：延边大学，2017.

[48] 王雅倩. 高中生学习倦怠及其相关因素的研究 [D]. 长沙：湖南师范大学，2006.

[49] 夏丽洁. 幼儿学习品质的观察诊断与干预研究 [D]. 上海：上海师范大学，2014.

[50] 肖萌. 小学中高年级学生自我效能感、学业情绪和学业拖延的关系 [D]. 天津：天津师范大学，2018.

[51] 宣红萍. 初中生的同伴冲突处理策略及其相关因子研究 [D]. 上海：上海师范大学，2005.

[52] 薛绍聪. 中学生学习倦怠与自尊、应对方式的关系研究 [D]. 重庆：西南大学，2008.

[53] 徐振恒. 初中生数学学习习惯现状的调查与研究 [D]. 武汉：华中师范大学，2014.

[54] 杨静. 小学生拖延行为与其社会性发展因素的相关研究 [D]. 贵阳：贵州师范大学，2009.

[55] 杨阳. 小学生学习拖延与学习动机相关研究 [D]. 上海：华东师范大学，2018.

[56] 杨宇然. 中学生学习倦怠与自尊关系研究 [D]. 上海：华东师范大学，2006.

[57] 于蒙蒙. 高中信息技术教学中构建深度学习课堂的实践研究 [D]. 哈尔滨：哈尔滨师范大学，2018.

[58] 喻衍红. 利用信息技术促进大学生深度学习的研究 [D]. 南昌：江西师范大学，2009.

[59] 张静. 高中生社会支持、学业自我效能感与学习倦怠的关系研究 [D]. 太原：山西师范大学，2012.

[60] 张利. 中学生学习适应性及其衔接教育研究 [D]. 重庆：西南大学，2007.

[61] 张敏. 亲子互动对小学生学习习惯影响的研究 [D]. 长沙：湖南大学，2018.

[62] 张娜. 自我效能感、学业情绪对小学生学业拖延的影响 [D]. 大连：辽宁师范大学，2013.

[63] 张晓梅. 师幼互动质量对学前儿童学习品质的影响及其教育促进 [D]. 长春：东北师范大学，2016.

[64] 张阳. 大班幼儿结构游戏中深度学习的研究 [D]. 济南：山东师范大学，2019.

[65] 张音音. 幼儿园新手教师与专家型教师语言教育活动的比较研究 [D]. 西安：陕西师范大学，2013.

[66] 赵文. 高中生学习倦怠与父母教养方式、心理控制源关系的研究 [D]. 西安：陕西师范大学，2011.

[67] 赵永芝. 小学低年级学生学习习惯养成的成因分析 [D]. 上海：华东师范大学，2010.

[68] 郑卫东. 幼儿合作行为发展特点及合作能力培养的研究述评 [D]. 长沙：湖南师范大学，2012.

[69] 周丽臻. 中学生父母教养方式与学习倦怠的关系：一般自我效能感的中介作用 [D]. 哈尔滨：哈尔滨师范大学，2018.

［70］祝婧媛．中学生学习倦怠及其影响因素［D］．上海：华东师范大学，2006.

［71］朱艳．中学生学业压力、社会支持、学习动机对学习倦怠的作用机制研究［D］．苏州：苏州大学，2007.

［72］夏如波．幼儿园生成课程实施策略的研究［D］．上海：华东师范大学，2006.

［73］唐小华．课程之于主体的生成价值［D］．武汉：华中师范大学，2006.

3．期刊论文

［1］车苗苗．促进幼儿深度学习的教学现场新样态：基于教与学的视角［J］．贵州师范学院学报，2019（7）：80-84.

［2］程晓艳．开展主题探究活动，促进幼儿深度学习［J］．华夏教师，2020（14）：12-13.

［3］顾荷英．生成课程的源泉是关注幼儿［J］．上海教育科研，2010（11）：90-91.

［4］李娜．幼儿园主题活动中的“深度学习”［J］．科学咨询（教育科研），2020（1）：98.

［5］李向群．幼儿深度学习的内涵特征及实现路径［J］．济南职业学院学报，2020（5）：89-92.

［6］刘敏，孙敏．班级生成项目活动中幼儿深度学习的实践与思考：以班本课程“奇妙的蛋”为例［J］．幼儿100（教师版），2020（3）：68-72.

［7］卢素芳，曹霞，顾红云．促进幼儿深度学习的游戏样态创新与实践［J］．上海教育科研，2019（7）：78-83.

［8］卢伟，游云龙．幼儿深度学习的理论与实践：基于大班幼儿积木游戏［J］．教育与教学研究，2019（9）：45-56.

［9］王巧萍．跟随儿童“现”课程：以江东中心幼儿园的生成课程“捉虫子”为例［J］．教育观察，2019（3）：57-58，63.

［10］王雯，李梦圆，彭佳雪．幼儿园区角活动中幼儿深度学习支持策略探析［J］．蚌埠学院学报，2020（4）：68-73.

［11］王娴娴．在区域活动中促进幼儿深度学习的探究［J］．教育观察，2020（32）：33-35，57.

［12］韦国芬，王任梅．从幼儿主体性出发探究幼儿园课程生成［J］．儿童发展研究，2018（3）：28-33.

[13] 吴光东. 论幼儿教师课程意识的生成机制及路径 [J]. 现代教育科学，2012 (2)：66-67，53.

[14] 于洋. 探秘区域游戏中幼儿深度学习能力的发展 [J]. 教育观察，2020 (28)：61-62，93.

[15] 张婷婷，郭灿，徐韵，等. 浅谈基于核心经验的幼儿艺术领域深度学习 [J]. 儿童发展研究，2018 (1)：1-5.

[16] 朱凤. 利用科学活动促进幼儿深度学习 [J]. 学前教育研究，2018 (9)：67-69.

[17] 庄小满. 从幼儿游戏观察中生成课程的路径研究 [J]. 昌吉学院学报，2020 (3)：106.

[18] 何玲，黎加厚. 促进学生深度学习 [J]. 现代教学，2005 (5)：29-30.

[19] 侯丽. 幼儿园与家庭合作关系的重构 [J]. 学前教育研究，2020 (10)：89-92.

[20] 黄伟达，王霞玉. 幼儿冲突与幼儿社会化 [J]. 学前教育研究，2007 (7)：56-58.

[21] 胡春燕. 深度学习，让儿童的学习真正发生：以小学数学教学为例 [J]. 数学学习与研究，2017 (24)：58-59.

[22] 姜勇，庞丽娟. 幼儿园师生交往类型的研究 [J]. 心理科学，2004 (5)：1120-1123.

[23] 金丽，冷英，张志泉. 小学生学习拖延现状和原因探析 [J]. 当代教育论坛，2017 (1)：89-97.

[24] 金永红. 指向深度学习的小学生英语语篇阅读教学设计：以译林版小学英语 6B Unit 2 Cartoon time 为例 [J]. 华夏教师，2018 (18)：49-50.

[25] 鞠亮，邹泓，李一茗. 同伴冲突解决策略及其影响因素的研究进展 [J]. 心理发展与教育，2004 (2)：84-88.

[26] 康淑敏. 基于学科素养培育的深度学习研究 [J]. 教育研究，2016 (7)：111-118.

[27] 李彩玲，祖静. 基于幼儿深度学习诱发条件的探索 [J]. 辽宁教育，2020 (8)：55-58.

[28] 李飞. 同伴冲突：培养幼儿情绪理解能力的契机 [J]. 现代中小学教育，2016 (7)：80-83.

[29] 李嘉雯，李玉斌. 国外深度学习研究的现状与进展：基于 WOS 数

据库中 SSCI 文献的分析［J］. 数字教育，2019（5）：76-82.

［30］李顺雨，田澜. 高中生数学学习适应性现状调查［J］. 教育测量与评价（理论版），2012（9）：55-57，64.

［31］刘娟娟. 建立新型的师幼关系 营造良好的心理环境［J］. 教育导刊. 幼儿教育，2006（7）：40-41.

［32］刘伟，戚万学，宋守君. 致力于知识迁移的深度学习探究［J］. 现代教育技术，2019（3）：25-31.

［33］刘云艳. 好奇心的实质与教师的支持性策略［J］. 学前教育研究，2006（2）：14-16.

［34］刘云艳，张大均. 5 岁儿童探究行为与教师态度关系的实验研究［J］. 心理发展与教育，2005（3）：94.

［35］刘哲雨，王志军. 行为投入影响深度学习的实证探究：以虚拟现实（VR）环境下的视频学习为例［J］. 远程教育杂志，2017（1）：72-81.

［36］李晓巍，刘倩倩，郭媛芳. 改革开放 40 年我国幼儿园、家庭、社区协同共育的发展与展望［J］. 学前教育研究，2019（2）：12-20.

［37］李艳苹，李卓. 幼儿园科学探究活动中深度学习的个案分析：以一次大班集体活动为例［J］. 课程教育研究，2018（39）：252.

［38］李幼穗，张丽玲，戴斌荣. 儿童合作策略水平发展的实验研究［J］. 心理科学，2000（4）：425-429，510.

［39］李玉斌，苏丹蕊，李秋雨，等. 面向混合学习环境的大学生深度学习量表编制［J］. 电化教育研究，2018（12）：94-101.

［40］李钰燕，霍力岩. 幼儿园主题教学活动结构及支持性策略的行动研究［J］. 早期教育（教育科学），2013（12）：8-10.

［41］李志河，刘丹，李宁，等. 翻转课堂模式下的深度学习影响因素研究［J］. 现代教育技术，2018（12）：55-61.

［42］罗云，赵鸣，王振宏. 初中生感知教师自主支持对学业倦怠的影响：基本心理需要、自主动机的中介作用［J］. 心理发展与教育，2014（3）：312-321.

［43］鲁忠义，霍习霞. 合作训练对幼儿合作水平影响的实验研究［J］. 教育研究，2004（11）：52-56.

［44］陆根书. 大学生感知的课堂学习环境对其学习方式的影响［J］. 复旦教育论坛，2010（4）：34-46.

［45］吕林海. 大学生深层学习的基本特征、影响因素及促进策略［J］.

中国大学教学，2016（11）：70-76.

［46］聂衍刚，郑雪，张卫. 中学生学习适应性状况的研究［J］. 心理发展与教育，2004（1）：23-28.

［47］麻彦坤. 最近发展区理论影响下的同伴合作研究［J］. 上海教育科研，2005（7）：39-41.

［48］庞敬文，张宇航，唐烨伟，等. 深度学习视角下智慧课堂评价指标的设计研究［J］. 现代教育技术，2017（2）：12-18.

［49］庞丽娟. 同伴提名法与幼儿同伴交往研究［J］. 心理发展与教育，1994（1）：18-21.

［50］裴瑶瑶. 幼儿学习动机的影响因素与激发策略［J］. 内蒙古教育，2018（2）：32-33.

［51］钱旭升. 论深度学习的发生机制［J］. 课程·教材·教法，2018（9）：68-74.

［52］山水. 关于小学生数学深度学习的思考［J］. 中小学教学研究，2018（2）：84-86.

［53］石常秀. 初中生学习适应性、学习自我效能感与学业成绩研究［J］. 中国科技信息，2007（2）：211-213.

［54］施冬梅. 游戏引发深度学习的路径和策略探寻：从“泡泡乐”说起［J］. 山东教育，2017（32）：39-40.

［55］施跃健. 中职生学习自我效能感及其与学习适应性的关系［J］. 中国学校卫生，2007（6）：515-517.

［56］施钰君. 如何培养和激发学生学习数学的动机［J］. 新课程（中），2015（2）：7-8.

［57］隋光远，李晶. 初中优生和差生学习适应性的比较研究［J］. 心理科学，2004（3）：643-646.

［58］孙晓玲，吴明证，李晓文. 儿童人际冲突解决研究刍议［J］. 宁波大学学报（教育科学版），2003（1）：21-24.

［59］孙维平，邓章君，刘会驰. 小学生自我控制、行为问题与学业拖延的关系［J］. 中小学心理健康教育，2013（13）：42-43.

［60］孙妍妍，祝智庭. 以深度学习培养21世纪技能：美国《为了生活和工作的学习：在21世纪发展可迁移的知识与技能》的启示［J］. 现代远程教育研究，2018（3）：9-18.

［61］索长清. 幼儿学习品质之概念辨析［J］. 学前教育研究，2019（6）：35-44.

[62] 苏莹. 幼儿园数学区的教学方法研究 [J]. 华夏教师, 2018 (16): 33-34.

[63] 唐瑛, 李银芬. 促进小学生深度学习的教师课堂教学行为的研究 [J]. 课程教育研究, 2016 (28): 174-175.

[64] 田波琼, 杨晓萍. 幼儿深度学习的内涵、特征及支持策略 [J]. 今日教育 (幼教金刊), 2017 (7): 18.

[65] 童世斌, 张庆林. 问题解决中的元认知研究 [J]. 心理学动态, 1997 (1): 37-40, 53.

[66] 王宝华, 冯晓霞, 肖树娟, 等. 家庭社会经济地位与儿童学习品质及入学认知准备之间的关系 [J]. 学前教育研究, 2010 (4): 3-9.

[67] 王长新. 促进高中学生深度学习数学的高效作业设计与评价的实践研究 [J]. 中国培训, 2016 (2): 219-220.

[68] 王春燕, 林静峰. 幼儿园集体教学中教师提问的现状及其改进 [J]. 学前教育研究, 2011 (2): 12-18.

[69] 王树涛, 宋文红, 张德美. 大学生课程学习经验与教育收获: 基于深度学习的中介效应检验 [J]. 电化教育研究, 2015 (4): 90-94, 107.

[70] 王小英, 刘思源. 幼儿深度学习的基本特质与逻辑架构 [J]. 学前教育研究, 2020 (1): 3-10.

[71] 王叶, 张莉. 幼儿学习品质形成的影响因素: 基于生态系统理论的分析 [J]. 幼儿教育, 2017 (1): 3-7.

[72] 吴亚婕. 影响学习者在线深度学习的因素及其测量研究 [J]. 电化教育研究, 2017 (9): 57-63.

[73] 向海英, 孙文杰. 中班幼儿同伴冲突应对策略及教师干预态度 [J]. 学前教育研究, 2014 (10): 52-57.

[74] 谢晓非, 孔瑞芬, 陈曦, 等. 儿童合作倾向与家长价值观 [J]. 心理科学, 2000 (6): 699-702, 762-767.

[75] 邢少颖. 幼儿纠纷现象的调查与分析 [J]. 学前教育研究, 1997 (2): 31-33.

[76] 徐慧芳. 教育活动类型对幼儿科学学习方式建构水平的影响 [J]. 北京教育学院学报, 2019 (5): 14-21.

[77] 胥兴春. 幼儿人际冲突及其应对策略 [J]. 幼儿教育, 2006 (5): 6-7.

[78] 徐雪, 胥兴春. 同伴冲突对幼儿社会观点采择的影响: 基于幼儿区域活动的分析 [J]. 教育与教学研究, 2014 (10): 121-124.

[79] 鄢超云. 学习品质：美国儿童入学准备的一个新领域 [J]. 学前教育研究，2009 (4)：9-12.

[80] 杨丽娴，连榕，张锦坤. 中学生学习倦怠与人格关系 [J]. 心理科学，2007 (6)：58-63.

[81] 杨生春. 如何引导高中学生深度学习：以选修课《先秦诸子选读》的教学为例 [J]. 科学大众（科学教育），2018 (6)：4-5.

[82] 杨婷，杨晓萍. 论区域活动中幼儿的深度学习：基于情境认知理论 [J]. 重庆第二师范学院学报，2019 (5)：78-82.

[83] 阎乃胜. 深度学习视野下的课堂情境 [J]. 教育发展研究，2013 (12)：76-79.

[84] 姚兴华，郑祥专. 中学生学习适应性研究 [J]. 中国健康心理学杂志，2005 (3)：222-223.

[85] 叶绿兰. 对幼儿进行合作教育初探 [J]. 山东教育（幼教刊），2004 (33)：59.

[86] 于海琴，李晨，石海梅. 学习环境对大学生学习方式、学业成就的影响：基于本科拔尖创新人才培养的实证研究 [J]. 高等教育研究，2013 (8)：62-70.

[87] 俞燕婷. 家园合作提高亲子阅读的质量 [J]. 幼儿教育，2010 (16)：40-41.

[88] 曾婧. 中学生学习适应性发展特点研究 [J]. 教育心理，2007 (8)：43-47.

[89] 张春兰，李子运. 创客空间支持的深度学习设计 [J]. 现代教育技术，2015 (1)：25-31.

[90] 张浩，吴秀娟. 深度学习的内涵及认知理论基础探析 [J]. 中国电化教育，2012 (10)：7-11，21.

[91] 张浩，吴秀娟，王静. 深度学习的目标与评价体系构建 [J]. 中国电化教育，2014 (7)：51-55.

[92] 张丽玲. 同伴交往在儿童合作行为中的作用 [J]. 天津市教科院学报，2001 (4)：51-53.

[93] 张明红. 幼儿园课程中的小组学习活动与同伴合作 [J]. 幼儿教育（教育科学版），2006 (4)：31-35.

[94] 张琪. e-Learning 环境中大学生自我效能感与深度学习的相关性研究 [J]. 电化教育研究，2015 (4)：55-61.

[95] 张雪芳. 如何培养幼儿的合作能力 [J]. 宁夏教育，2003 (7)：39.

［96］张渝江. 2015 地平线报告基础教育版概述［J］. 中国信息技术教育，2015（13）：181-182.

［97］张治勇，李国庆. 学习性评价：深度学习的有效路［J］. 现代远距离教育，2013（1）：31-37.

［98］赵星，苏明飞. 类比迁移研究及其应用［J］. 社会心理科学，2005（4）：42-45.

［99］赵艳. 自主性区域游戏中幼儿深度学习的引发与思考［J］. 基础教育研究，2018（13）：84-85，88.

［100］钟启泉. 我国教师教育制度创新的课题［J］. 北京大学教育评论，2008（3）：46-59，189.

［101］朱晓斌，王静丽. 中学生学习自我效能感、学习压力和学习倦怠关系的结构模型［J］. 中国临床心理学杂志，2009（5）：63-65.

［102］张立国，谢佳睿，王国华. 基于问题解决的深度学习模型［J］. 中国远程教育，2017（8）：27-33.

［103］韩玥，王毅. 基于蓝墨云班课（Mosoteach）APP 的深度学习研究［J］. 软件导刊，2017（7）：87-89.

［104］段金菊，余胜泉. 学习科学视域下的 e-Learning 深度学习研究［J］. 远程教育杂志，2013（4）：43-51.

［105］安富海. 促进深度学习的课堂教学策略研究［J］. 课程·教材·教法，2014（11）：57-62.

［106］冯晓霞. 生成课程与预成课程［J］. 早期教育，2001（8）：2-3.

［107］曹华. 对幼儿园生成课程的思考［J］. 当代教育论坛，2006（18）：57.

［108］吴亚梅. 精彩来自未曾预设的生成［J］. 物理教师，2009（3）：40-41.

［109］李晓峰，白彦茹. 论课程理解的过程理想［J］. 河北师范大学学报（教育科学版），2009（2）：24-28.

［110］杜丽. 浅谈生成课程［J］. 科教导刊，2010（30）：250.

［111］卜湘玲. 生成课程与预设课程之比较及其反思［J］. 重庆职业技术学院学报，2005（3）：124-125，130.

［112］夏永庚. 课程生成之源：师生的主体性［J］. 四川教育学院学报，2008（12）：11-13.

［113］姜勇. “生成课程”模式初探：兼论幼儿教师在“生成课程”中的角色［J］. 教育导刊，2002（Z3）：13-15.

[114] 熊高飞. 对主题探索活动中幼儿生成课程的思考 [J]. 贵州教育，2005 (21)：23-24.

[115] 张敏. 从“寻找春天”中谈幼儿生成活动的有效性 [J]. 早期教育 (教师版)，2006 (2)：15.

[116] 卜彩丽，冯晓晓，张宝辉. 深度学习的概念、策略、效果及其启示：美国深度学习项目 (SDL) 的解读与分析 [J]. 远程教育杂志，2016 (5)：75-82.

[117] 朱竹林. 近十年我国关于学前生成课程的研究综述 [J]. 早期教育，2008 (3)：14-15.

4. 其他文献

[1] 中华人民共和国国务院. 国家中长期教育改革和发展规划纲要 (2010—2020 年) [A]. 2010.

[2] 中华人民共和国国家教育部. 幼儿园教育指导纲要 (试行) [A]. 2001.

[3] 中华人民共和国国务院. 关于当前发展学前教育的若干意见 [A]. 2010.

[4] 中华人民共和国国家教育部. 3~6 岁儿童学习与发展指南 [A]. 2012.

[5] 中华人民共和国国家教育部. 幼儿园工作规程 [A]. 2016.

[6] 中华人民共和国国家教育部. 基础教育课程改革纲要 (试行) [A]. 2001.

[7] 中华人民共和国国务院. 深化新时代教育评价改革总体方案 [A]. 2020.

[8] 中华人民共和国国务院. 关于学前教育深化改革规范发展的若干意见 [A]. 2018.

[9] 冯晓霞. 区域游戏中的深度学习 [R]. 南京：中国学前教育研究会学术年会，2016.

[10] 上海市教育委员会. 上海市学前教育课程指南 [S]. 上海：上海教育出版社，2004：4.